央财精算科技智库丛书

聚焦保险未来之变局，

科学谋划精算学科与科研的布局发展

闲叙保险

陈 辉——著

中国经济出版社
CHINA ECONOMIC PUBLISHING HOUSE
·北 京·

图书在版编目（CIP）数据

闲叙保险 / 陈辉著 . -- 北京：中国经济出版社，
2021.1

ISBN 978-7-5136-6358-8

Ⅰ . ①闲… Ⅱ . ①陈… Ⅲ . ①保险学 Ⅳ . ① F840

中国版本图书馆 CIP 数据核字（2020）第 186571 号

责任编辑 张梦初 陈宇慧 戴 瑛

责任印制 巢新强

封面设计 任燕飞

出版发行 中国经济出版社

印 刷 者 北京力信诚印刷有限公司

经 销 者 各地新华书店

开　　本 710mm × 1000mm 1/16

印　　张 17.5

字　　数 263 千字

版　　次 2021 年 1 月第 1 版

印　　次 2021 年 1 月第 1 次

定　　价 65.00 元

广告经营许可证 京西工商广字第 8179 号

中国经济出版社 网址 www.economyph.com 社址 北京市东城区安定门外大街 58 号 邮编 100011

本版图书如存在印装质量问题，请与本社销售中心联系调换（联系电话：010-57512564）

身闲时序好，且随想，且随笔，自序谓保观；无关经学，不切世务，故命为闲叙。闲叙保观，不是为了说闲话、看闲书、管闲事，而是希望透过现象看清本质，邃于经学，达于世务。凡所保险观察，固非闲话时序。

“央财精算科技书系”序言

精算：从更数理走向更技术

中央财经大学中国精算研究院自2003年建院以来，无论是在学术研究还是在学生培养上都取得了卓越的成绩，被教育部列为“人文社会科学重点研究基地”，被教育部、国家外国专家局列为“高等学校科技创新引智计划——保险风险分析与决策学科创新引智基地”，被北美精算师协会（SOA）授予Centers of Actuarial Excellence（CAE）认证，取得英国精算师协会和北美精算师协会精算职业考试免考认证等。在学校颁布的“中央财经大学一流学科建设高校建设方案”里，更是对精算未来的发展寄予了厚望。

回忆过去，精算学科取得了优异的成绩。面向未来，面向业界，精算将走向何方？这成为精算学科必须思考和解决的问题。只有发展面向未来和业界的精算技术，方能打造具有一流影响力、支持多学科发展的中国精算智库。

2019年，根据中央财经大学建设世界一流大学（学科）方案要求以及“打造具有一流影响力的中国财经高端智库”的宏伟蓝图，中国精算研究院规划了“面向未来和业界应用的精算科技研究与精算智库建设”一流学科建设项目，致力于把精算基础研究和应用研究、学术研究与智库服务紧密地结合起来，构建面向未来和业界应用的精算技术体系，打造具有一流影响力、支持多学科发展的中国精算科技智库——央财精算科技智库。

为推动“面向未来和业界应用的精算科技研究与精算智库建设”项目的落地，中国精算研究院在原中国精算研究院大数据中心、金融科技中心的基础上成立了中国精算科技实验室（CIAS Lab）①，为“央财精算科技智库”搭建了研究平台和服务平台。

为推动“央财精算科技智库”建设，中国精算科技实验室面向业界，坚持问题导向和需求导向，聚焦保险业未来之变局，科学谋划精算学科与科研的布局及发展，把精算基础研究和应用研究、学术研究与智库服务紧密地结合起来，构建了面向未来和业界应用的“央财精算科技书系”②。

“央财精算科技书系”将全面展示中央财经大学精算学科的特色，充分发挥中央财经大学精算学科的优势，努力走出一条具有鲜明学科特色的精算、保险智库建设之路，成为国内国际具有一流影响力的精算、保险思想库和智囊库。

中国精算科技实验室

2020年3月

---

① 中国精算科技实验室是中央财经大学中国精算研究院下设的研究机构，在原中国精算研究院大数据中心、金融科技中心的基础上发展成立的，是基于中央财经大学一流学科建设项目“面向未来和业界应用的精算科技研究与精算智库建设”搭建的研究平台和服务平台。

② “央财精算科技书系”编审委员会秘书处设在中央财经大学中国精算研究院（地址：中央财经大学沙河校区，邮箱：fintech@yangcai.org），由中国精算研究院联合央财国际研究院等团队策划统筹编辑，由教育部人文社会科学重点研究基地重大课题（16JJD790060）、高等学校学科创新引智计划（111 计划 B17050）、中央财经大学“双一流”建设项目、中央财经大学“科研创新团队支持计划”等资助。

前言

精算作为一个历史悠久的学科，在当今时代受到了大数据、人工智能、区块链等科技的影响。我们可以肯定这些新技术和新业态未来将有所改变，甚至颠覆传统精算。

最近几年，人工智能、大数据等技术已经引起精算行业的高度重视。中国精算师协会、英国精算师协会、北美精算师协会等都成立了专门的跨领域研究工作组，致力于前沿技术的研究，并与传统精算模型和技术相结合，探索精算师如何将这些技术运用于日常工作，并为保险业务带来更大价值。

毋庸置疑，精算是现代保险制度的数理基础，“数理”是精算的当然属性。但随着科技的进步，精算被赋予越来越多的科技内涵，其属性也在渐变。我们已经能够明显地感觉到，科技在精算中的作用和地位变得更加重要和突出。

因此，精算将从一个更数理的平台走向一个更技术的平台。这是一种必然的趋势，也是一个不争的事实。值得我们思考的是，这种变化带来的不仅是提升效率，也不仅是提供可能，它的背后还有一些更深层次的东西，即精算存在的基础和方式。

面向未来，面向业界，精算将走向何方？这成为精算学科必须思考和解决的问题。只有发展面向未来和业界的精算技术，才能引领全球精算变革方向。为此，我们需要重新思考未来的精算，重新定义未来的精算，并借此构建全新精算学科体系。

我们的一个基本判断是：精算的未来将属于科技，科技将成为构建精算未来的核心力量。所以，我们要厘清“融合金融科技的精算与风险量化”的发展思路；规划“精算：从更数理走向更技术”的发展路径；设计“面向未来和业界应用的精算技术”的发展研究；提出“构建全新精算支撑体系，引领全球精算变革”的发展方向；确立“打造具有一流影响力、支持多学科发展的中国精算学科体系”的发展目标。

精算科技能产生蝴蝶效应，加速事物发展的进程。关于精算科技的影响，我们总是看到各种各样的碎片化信息和思考，但很少有人能将精算科技与其对保险、精算等的影响结合在一起进行研究。为此，我们希望通过“央财精算科技书系”，重新思考未来的精算，重新定义未来的精算，借此构建全新精算支撑体系，引领全球精算变革方向。

“央财精算科技书系”初步规划了《数说保险》《漫谈保险》《闲叙保险》《保险与疫情》等；本书基于笔者在公众号“小城不小”连载内容整理而成。闲叙保险，保险闲叙。身闲时序好，且随想，且随笔，自序谓保观；无关经学，不切世务，故命为闲叙。闲叙保观，不是为了说闲话、看闲书、管闲事，而是希望透过现象看清本质，邃于经学，达于世务。凡所保险观察，固非闲话时序。

未来简单的链接和映射可以交给人工智能（AI），但复杂和深度的链接和映射一定是经由人们的深度思考完成的。同样，每个保险公司所处情境下的思维方式决定了其未来的前景，这正是笔者所论的“保险力量”：真正决定你能走多远的，是你深度思考的能力。

本书由陈辉撰写，感谢央财国际研究院提供的数据支持，关于本书内容可以通过笔者公众号“小城不小”讨论。

笔者在撰写过程中，参考了国内外的相关著作、论文、报告和案例，中央财经大学中国精算研究院的多位专家学者提出了许多有益的修改意见，在此一并表示感谢。由于时间紧迫和笔者水平有限，书中疏漏、错误之处在所难免，敬请读者批评指正。

最后，再次重申一点，本书观点难免偏颇，但笔者只想通过数据说明问题，且仅代表个人观点，欢迎讨论。

中央财经大学中国精算研究院　陈辉

2020 年 4 月于北京

目录

第一篇　保险十大属性

第二篇　保险廿思辨

第三篇　保险哲学反思

第一篇

保险十大属性

2019年末，中国银保监会发布了《关于推动银行业和保险业高质量发展的指导意见》（银保监发〔2019〕52号）（以下简称《指导意见》）。何谓保险业高质量发展？如何实现保险业高质量发展？关键是厘清保险的国家属性、社会属性、经济属性、金融属性、思想属性、风险属性、科技属性、数据属性、历史属性、未来属性；重点是理解保险属性的微观、中观、宏观变化，以及这些变化背后的历史逻辑；目标是实现中国保险业由高速增长阶段转向高质量发展阶段。

从保险国家属性的高度理解保险业高质量发展，保险变成了一种治理术、一种治理的方式，而不是一套“政府”机构。

从保险社会属性的高度理解保险业高质量发展，保险变成了一种上层建筑结合体、一种自然形态，而不是

"上层建筑"本身。

从保险经济属性的高度理解保险业高质量发展，保险变成了一种人与财富的结合体，是"人的欲望、努力、满足"的外在表现，其目的是使人的获得感、幸福感、安全感得以提升。

从保险金融属性的高度理解保险业高质量发展，保险变成了一种金融资产，金融属性是其所具备的共性和差异性特征的具体体现，这种具体体现是一种"货币现象"。

从保险思想属性的高度理解保险业高质量发展，其是人们关于保险的系统化、理论化认识，是人们关于保险"互助、共享、合作"核心理念的认同。保险归根结底是资源的优化配置。

从保险风险属性的高度理解保险业高质量发展，保险公司提供的是风险管理服务，对个体或机构而言可以减少风险成本和减弱恐惧影响，对整体经济而言可以减少资源浪费和改进资源配置。

从保险科技属性的高度理解保险业高质量发展，保险公司的科技战略是"保险+科技"战略，而不是"科技+保险"战略，其目的在于通过科技赋能"风险服务"，为消费者带来"满足感"。

从保险数据属性的高度理解保险业高质量发展，保险是"从数据中来，到数据中去"的过程，数据是保险经营的科学基础，更是驱动保险经营模式变革的重要力量。

从保险历史属性的高度理解保险业高质量发展，保险是现实的和未来的，千真万确；但保险不只是现实的和未来的，也不容置疑，因为保险也是历史的。

从保险未来属性的高度理解保险业高质量发展，保险就是在适应未来社会的复杂性和群体的多样性基础上，构建的面向未来的金融网和安全网。

属性之一　保险的国家属性

保险业高质量发展与国家

高质量发展是2017年中国共产党第十九次全国代表大会首次提出的表述，表明中国经济由高速增长阶段转向高质量发展阶段。

2018年3月5日，十三届全国人大一次会议审议的《政府工作报告》提出的深度推进供给侧结构性改革等九个方面的部署，都围绕着高质量发展展开。

全国政协委员、中国人民大学校长刘伟表示，在微观上，高质量发展要建立在生产要素、生产力、全要素效率的提高之上，而非靠要素投入量的扩大；在中观上，要重视国民经济结构包括产业结构、市场结构、区域结构等的升级，把宝贵资源配置到最需要的地方；在宏观上，则要求经济均衡发展。

因此，保险业高质量发展根本在于保险的活力、创新力和竞争力，而供给侧结构性改革是根本途径。

2019年末，中国银保监会发布了《关于推动银行业和保险业高质量发展的指导意见》（银保监发〔2019〕52号）（以下简称《指导意见》），开篇提出“随着我国经济由高速增长阶段转向高质量发展阶段，金融供给与需求之间不平衡不适应的矛盾日益凸显，银行业和保险业高质量发展面临多重挑战”。

何谓保险业高质量发展？如何实现保险业高质量发展？笔者认为已经有了答案，关键是厘清保险的国家属性、社会属性、经济属性、金融属性、思想属性、风险属性、科技属性、数据属性、历史属性、未来属性；重点是理解保险属性的微观、中观、宏观变化以及这些变化背后的历史逻辑；目标是实现中国保险业由高速增长阶段转向高质量发展阶段。

保险的国家属性

保险的国家属性主要是指保险在国家现代治理体系中的作用日益增强。保险已不再是一个单纯的“风险工具”或“金融工具”，而是成为国家机器的重要组成部分。

国家机器（State Apparatus）是一个政治术语。按照马克思列宁主义的解释，国家机器是一个阶级统治另外一个阶级的工具。其含义是，统治阶级必须建立一整套法律、制度、执行机构，并依赖这些法律、制度和执行机构实现对被统治阶级的统治。军队、警察、法庭、监狱等专政机关都是国家机器的重要组成部分。

现如今，国家机器已经突破了其传统政治范畴的局限，其是指国家在实施其大战略活动过程中担负职责和功能的载体，主要用于维护实现国家大战略一切活动的有序化。国家机器包括国家体制、政府机构、立法与司法、国家职能等。

国家机器的一个重要作用是保护社会上的弱者，并且不断地谋求社会公正。基于此，国家机器逐步产生了社会福利国家（Welfare State）概念，这是对传统国家思想的一个补充。福利国家是指国家通过创办并资助社会公共事业，实行和完善一套社会福利政策和制度，对社会经济生活进行干预，保证社会秩序和经济生活正常运行。

在社会福利国家的基础上，国家机器逐步形成的另外一个重要作用就是提升社会的安全感，并先后出现了风险社会理论、保险社会理论和国家保险理论。

（一）风险社会理论

风险社会是指在全球化发展背景下，由于人类实践所导致的全球性风险占据主导地位的社会发展阶段，在这样的社会里，各种全球性风险对人类的生存和发展存在着严重的威胁。

究竟什么是风险社会呢？不同的学者有不同的界定。

第一种是现实主义者，以劳（C. Lau）的“新风险”理论为代表，认为风险社会的出现是由于出现了新的、影响更大的风险，如极权主义增长、种族歧视、贫富分化、民族性缺失等以及某些局部的或突发的事件可能导致或引发的潜在社会灾难，比如核危机、金融危机等。

第二种理解是文化意义上的，认为风险社会的出现体现了人类对风险认识的加深。比如凡·普里特威茨（Von Prittwitz）的“灾难悖论”理论以及斯科特·拉什（Scott Lash）等提出的“风险文化”理论。

第三种理解是制度主义的，以乌尔里希·贝克（Ulrich Beck）、安东尼·吉登斯（Anthony Giddens）等为代表，他们是“风险社会”理论的首倡者和构建者。

在贝克看来，工业社会的核心问题之一是财富分配以及不平等的改善与合法化。而在风险社会，我们必须把伤害的缓解与分配作为核心问题。在古典现代性中，财富和权力是其标志性概念，而风险和不确定性则是反思现代性的概念。风险具有四个特点：

（1）风险造成的灾难不再局限于发生地，而是经常产生无法弥补的全球性破坏，导致风险计算中的经济赔偿无法实现。

（2）风险的严重程度超出了预警检测和事后处理的能力。

（3）由于风险发生的时空界限发生了变化，甚至无法确定，所以风险计算无法操作。

（4）灾难性事件产生的结果多样化，使得风险计算使用的计算程序、常规标准等无法把握。

（二）保险社会理论

弗朗索瓦·埃瓦尔德（Francois Ewald）提出的保险型社会是指一种广义的社会转型。它是西方国家特别是欧洲国家，在将风险和安全问题提升到公共生活的核心位置后，社会意识的变化推动社会生产生活方式的改变，进而推动社会组织构成和社会目标重新调整的广义社会转型。

对于保险型社会的实现过程，埃瓦尔德认为随着保险的普及，保险以经济契约关系重组社会中人与人之间原本较为孤立的相互关系，由此带来社会联结本质发生根本性的转变。保险通过精算技术，将风险社会化（Socializing Risks），实现损失赔偿社会化，使得每个个体成为社会整体的一部分。

当“保险型社会”的保障因素几乎无形地、广泛地渗透到生产生活中时，人们就将它视作社会生活的基础，并最终成为新形态社会中社会正义的一种基石。或者说，当保险从一种经济现象延伸到一种社会范畴，当社会契约成为一种类似保险合同的关系，保险处于现代社会的核心，社会也就迈进现代社会。

在埃瓦尔德的保险型社会中，事物是从风险概念角度被理解的。“保险型社会”的绝大多数事物以货币衡量价值，并且通过对事件概率的计算、对风险种类的细分，使得世界成为数学化和分类化的世界。

（三）国家保险理论

贝克尔（Tom Baker）在埃瓦尔德理论的基础上，提出了另一个略有差异的概念——保险国家。借用米歇尔·福柯（Michel Foucault）的术语来表达，保险国家就是一种治理术（Governmentality），一种治理的方式，而不是一套“政府”机构。

在这一治理方式下，政府的主要目标是保护公民免受风险的侵害。保险国家对于风险的责任由两部分构成：防止风险，即防止风险的伤害；补偿损失，即当风险的伤害未能得到阻止时，补偿那些遭受伤害的人员。

贝克尔强调，保险国家不是一系列紧密联结、从事明确定义行为的机构，而是关于治理目标和责任的一整套行为和理念，是由大量、广泛的机构发展和实践得到的，其中许多是“官方政府”之外的机构，包括私人保险团体、社会保险管理部门、健康福利信托、市政公共健康部门、风险管理组织，以及任何其他从事风险预防、风险分散和损失补偿的机构。

贝克尔的“保险国家”理论与保险型社会理论具有很大的相似性，且都源自福柯的治理术理论，但是它又有自身的特点，即更加强调保险的治理含义或治理能力，包括（社会）保险对避免社会剧烈动荡（以及社会革命）的重要作用。

（四）美国保险型社会的发展

美国普林斯顿大学霍顿（Caley Dawn Horan）对美国“二战”后的保险型社会建设进行了回溯和深入分析。霍顿提出，欧洲保险型社会构建的重要原因是社会保障日益受到人们重视。美国保险型社会的建设动因不同于欧洲，更多的是受美国社会强调依靠个人而非政府的社会传统推动。因为保险能够有效保障个人的生产生活，由此降低对政府的依赖。

霍顿详细回顾了美国社会从不接受保险这一与灾难、不幸相联系的事物（包括主流宗教排斥其将金钱与生命健康画等号）到社会充分接受保险，将购买保险视为个人和社会的一种重要责任，同时精算思想深入人心、全面融入社会文化的历史过程。

在美国保险型社会的构建过程中，保险在人口减贫、疾病防控、郊区购物中心建设、建筑范式引领、美国天然气管道建设等众多重大社会事件中发挥了重要作用；与此同时，保险在教育、外交政策、犯罪学和医学等领域的重要性不断提升；在文化领域，保险及相关概念也成为诗歌、小说、电影的重要主题，催生了大量保险题材的文学艺术作品以及代表性作家、诗人。

霍顿对“二战”后美国保险型社会理论和实践，特别是实践，作了全面分析，再一次表明保险之于社会的深刻影响和重要意义绝不仅仅局限于经济领域。因此，保险理论的研究需要结合多学科视角，仅局限于经济领域的保险理论必然是难以全面分析保险对社会的深刻影响的。

基于保险国家属性的高质量发展

保险（金融）有多重要？习近平总书记指出，金融是国家重要的核心竞争力，金融安全是国家安全的重要组成部分，金融制度是经济社会发展中重要的基础性制度。

2019年2月22日，中共中央政治局就完善金融服务、防范金融风险举行第十三次集体学习。习近平总书记在主持学习时发表了重要讲话，指出金融是国家重要的核心竞争力，并就推动金融业高质量发展作出了重要部署。

“金融活，经济活；金融稳，经济稳。经济兴，金融兴；经济强，金融强。”习近平总书记阐述了经济与金融的关系，他进一步以生命体为喻：“经济是肌体，金融是血脉，两者共生共荣。”

所以，我们要深化保险国家属性的认识，立足中国实际，走出中国特色保险业高质量发展之路。如何从保险国家属性的高度理解保险业高质量发展？《指导意见》的指导思想给出了答案：“以习近平新时代中国特色社会主义思想为指导，全面贯彻党的十九大和十九届二中、三中、四中全会精神，坚持党中央对金融工作的集中统一领导，坚持以人民为中心的发展思想，落实‘创新、协调、绿色、开放、共享’新发展理念，深化金融供给侧结构性改革，扩大金融业开放，健全具有高度适应性、竞争力、普惠性的现代金融体系，不断提升金融服务实体经济质效，有效防范化解金融风险。”

《指导意见》的指导思想已经把保险提升到了“国家保险理论”的高度，保险是一种治理方式，而不仅仅是一个“金融”类型。正如《关于加快发展现代保险服务业的若干意见》（国发〔2014〕29号）所要求的那样，我们要立足于服务国家治理体系和治理能力现代化，把发展现代保险服务业放在经济社会工作整体布局中统筹考虑，基于《指导意见》明确保险业发展的新定位，设立保险业发展的新目标，实现保险业的高质量发展。

从保险国家属性的高度理解保险业高质量发展，保险变成了一种治理术（Governmentality）、一种治理的方式，而不是一套“政府”机构。

属性之二 保险的社会属性

保险业高质量发展与社会

2019年12月30日，国务院常务会议审议通过了《关于促进社会服务领域商业保险发展的意见》（以下简称《意见》），这是继《关于加快发展现代保险服务业的若干意见》（国发〔2014〕29号）（以下简称“新国十条”）后再一次对保险进行了定位。

近年来，保险业认真贯彻落实习近平新时代中国特色社会主义思想，坚持以人民为中心的发展理念，持续深化供给侧结构性改革，积极参与多层次医疗、养老保障体系建设；探索在社会服务领域创新产品，提升保障水平；投资养老、健康产业，增加服务供给，取得一定成效。但总体来看，社会服务领域商业保险的支撑作用的发挥仍不够充分，保障功能和资金支持力度有待提升。

《意见》明确，要促进社会服务领域商业保险发展，提高相关领域风险保障水平，增加长期资金供给，重点应做好以下五个方面工作：

一是完善健康保险产品和服务。鼓励保险机构适应消费者需求，提供综合性健康保险产品和服务。力争到2025年，商业健康保险市场规模超过

2万亿元。完善保险机构承办大病保险运行及监管机制。加快发展商业长期护理保险。推动健康保险与健康管理融合发展。

二是强化商业养老保险保障功能。积极发展多样化商业养老年金保险、个人账户式商业养老保险。在安全审慎的基础上，拓宽商业养老保险资金运用范围。力争到2025年，为参保人积累不低于6万亿元的养老保险责任准备金。发挥保障功能，提升60岁及以上老年人保障水平。优化老年人住房反向抵押养老保险支持政策，完善公证赋予合同强制执行效力、公证机构担任遗产管理人等制度。促进养老服务产业发展。

三是大力发展教育、育幼、家政、文化、旅游、体育等领域商业保险，积极开发专属保险产品。鼓励地方政府及有关部门更多运用保险机制加强和改进社会治理。

四是支持保险资金投资健康、养老等社会服务领域。发挥保险资金期限长、稳定性强等优势，为社会服务领域提供更多长期股本融资，降低融资成本，更好服务创新创业及民营、中小微企业发展。

五是完善保险市场体系。鼓励商业保险机构在风险可控前提下，适度提高定期寿险产品定价利率。强化保险市场行为监管，保护保险消费者合法权益。加快推进保险市场对外开放，完善配套政策。

如果说“新国十条”从保险的国家属性上进行了定位，那么《意见》就是从保险的社会属性上进行了定位。

保险的社会属性

按照马克思主义政治经济学的说法，商品有社会属性和自然属性，价值是商品的社会属性，使用价值是商品的自然属性。价值之所以是商品的社会属性是因为商品的价值是通过人们劳动创造的，是通过社会关系才有的。这个界定感觉很宽泛，因为所有商品都具有社会属性，据此很难分清到底哪些商品具有更强的社会属性。

具体到保险，我们可以参照《马克思主义政治经济学》关于商品社会属性的界定，给出保险社会属性的定义。

在一定经济社会基础下的、保险本身固有的、不可缺少的性质与上层建筑的结合体，随着经济社会的变化而形成的自然形态，它所反映的内容叫作保险社会属性。

可见，保险的社会属性并不是一成不变的，而是随经济社会、上层建筑而变化的。我们知道市场经济是一种社会属性，但是社会主义不是一种社会属性，而是一种社会意识形态。

通俗地讲，保险社会属性就是在某一个国家或某一个地区，根据该区域的经济水平、种群状况、环境水平、民族风俗等条件所制定并能够影响、促进该区域经济和社会发展的保险法律、保险制度、保险文化等意识形态，通过这些意识形态所反映并区别于其他国家或地区的保险风格。

保险社会属性就是保险的性质本身（保险的本质），所以我们谈论保险时，都不能忽略其社会属性。保险社会属性是保险国家属性的延续，更是保险国家属性的实践。

基于保险社会属性的高质量发展

自诞生之日起，保险就是人与人之间的一种互助机制，是将个体风险分散到社会的一个桥梁。

在高度分工与协作的现代社会，保险的社会属性越发明显。作为汇聚和分散风险的行业，保险业在风险管理方面兼具绝对优势和比较优势，不但能够实现“千家万户保一家”“平时投入一滴水，难时拥有太平洋”的风险分散和经济补偿的功能，还是个人、家庭、企业财富管理和资金保值增值的工具，更重要的是保险业通过专业的风险管理，能够减少事故发生的概率，降低损失，防患未然，将威胁人民生命财产安全的风险事故消弭于萌芽状态，协助政府和社会组织有效地管理社会风险，服务公共安全，服务社会治理创新，维护社会的安全和稳定。

保险的社会属性有哪些？如何充分发挥保险的社会属性？如何发挥保险的社会管理职能？关键是我们对于保险价值的理解。评估保险的不同价值，可以更深入地了解保险在经济增长和发展中的角色，下述为保险的三项主要价值：①保险促进经济发展和激发个人的创业精神，并通过事前风险管理实施风险缓解；②保险可帮助家庭、企业和经济在保险事件发生后更快获得复苏；③保险在将储蓄引向投资中发挥重要作用。图1-1简明扼要地概述了保险对经济增长和社会发展的贡献。

《意见》指出，银行保险监管部门认真贯彻落实习近平新时代中国特色社会主义思想，坚持以人民为中心的发展理念，持续推动保险业供给侧结构性改革，引导行业积极参与多层次养老、医疗保障体系建设；探索在社会服务领域创新产品，提升保障水平；在投资养老、健康产业，增加服务供给方面，取得了一定成效。

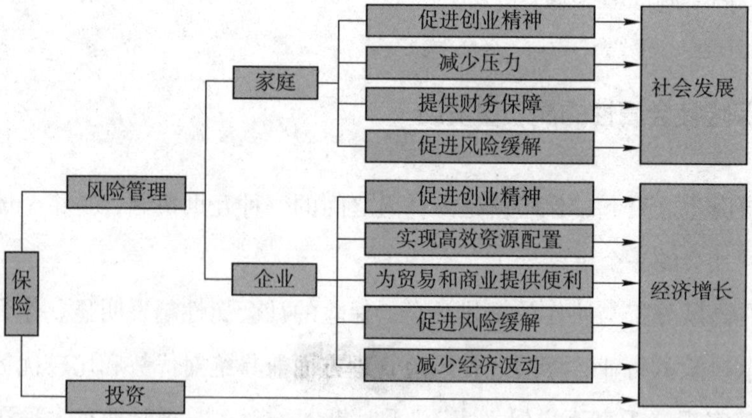

图 1-1　保险的价值

《商业保险参与多层次社会保障体系的方式、作用与评估——基于一个初步的分析框架》（郑秉文）一文在对新中国成立70年以来商业保险和社会保险简单回顾的基础上，对改革开放以来40年构建多层次社会保障体系的政策框架和制度建设进行了论述，对进入人口老龄化社会20年来商业保险参与社会保障体系的发展脉络和不同板块进行了全面回顾和完整评价。尤其是在对党的十八大以来商业保险参与社会保障体系做了详尽分析之后，首次在学术界提出了一个商业保险参与社会保障体系的分析框架，对中国特色社会主义的社会保障体系的绩效评估进行了理论诠释和制度解析，进而将商业保险参与社会保障体系的方式分为五种类型并逐一做出评价，认为：

（1）“普通型”商业保险得到了跨越式发展，为全面社会保障体系建设打下了基础。

（2）“合作型”商业保险在社会保障体系中发挥了不可替代的作用，影响深远，趋势不可逆，是商业保险参与社会保障体系的样板。

（3）“补贴型”商业保险作为涉老适老商业保险产品，均应得到一定的财政补贴，以实现一定的“普惠性”。但由于政策执行的差异性，养老机构综合责任保险和老年人意外伤害保险的供需双方均表现冷淡，市场不旺。

（4）“创新型”商业保险处于起步阶段，由于政策供给短缺，承保主体的观望情绪浓厚，止步不前，难以满足社会需求。

（5）“税优型”商业保险虽然得到税收政策的支持，但税优健康保险和税延养老保险均遭遇发展瓶颈，难以承担起第三支柱的重任。

从保险社会属性的高度理解保险业高质量发展，保险变成了一种上层建筑结合体（Superstructure Combination）、一种自然形态，而不是“上层建筑”本身。

属性之三　保险的经济属性

保险业高质量发展与经济

保险是一种经济保障活动，是整个国民经济活动的一个组成部分。保险体现的是一种经济关系，即商品等价交换关系；所以，保险具有商品属性和经济属性，保险业的发展不能脱离经济社会发展和人民群众的需要。

2006年，国务院下发《关于加快保险业改革发展的若干意见》(国发〔2006〕23号)(以下简称“国十条”)，明确指出“保险具有经济补偿、资金融通和社会管理功能，是市场经济条件下风险管理的基本手段，是金融体系和社会保障体系的重要组成部分，在社会主义和谐社会建设中具有重要作用”。

2014年，国务院下发《关于加快发展现代保险服务业的若干意见》(国发〔2014〕29号)(以下简称“新国十条”)，明确指出“保险是现代经济的重要产业和风险管理的基本手段，是社会文明水平、经济发达程度、社会治理能力的重要标志”。

随着我国经济由高速增长阶段转向高质量发展阶段，我国面临的风险和不确定性也逐渐上升。保险有助于增强各类市场主体的自我修复能力，缓解社会公众对疾病和养老的担忧。然而，由于保险业的市场空间并未充分释放，保险公司同质化经营、恶性竞争较为突出。全国车险占比超过60%，致使财险市场变成车险市场。低保障的投资类人身险产品仍是主流，使寿险市场变成理财市场。保险业健康发展应坚持回归本源，突出保险的经济补偿功能，以服务实体经济和人民生活为本，拓展更广泛的蓝海市场，形成高水平差异化的竞争格局，在促进经济转型升级和维护社会稳定方面发挥更大的作用。

保险的经济属性

保险具有经济属性，但如何界定这种经济属性却是一个问题，因为关于什么是“经济”，没有一个明确的定义。

政治经济学中，经济是指社会生产关系的总和，是社会物质资料的生产和再生产过程，是一个国家国民经济的总称。

西方经济学中，经济学家给经济学下了各种各样的定义，但对经济的定义却比较模糊。经济学家认为经济学的研究对象自然是经济，而经济这个最基本的概念是一个清晰自明的实体，无须定义，故迄今为止在西方经济学中“经济”一词还没有一个明确的定义。

既然无法从“经济”定义本身对保险经济属性进行界定，我们不妨从经济学的研究对象进行分析。

（1）财富说。基于此说，保险无论是投资型产品还是保障型产品，都是我们的财富。投资型产品是财富的分配，保障型产品是财富风险的对冲。按照保险经济属性，保险就是财富，我们要从财富的角度来重新审视保险的功能，从经济学的财富说来研究保险。

（2）历史或制度说。基于此说，保险经济属性的前提是保险国家属性、保险社会属性，在保险研究中始终将历史放到极端重要的地位，并且坚持以国家为中心来建立保险学。保险研究有两重目的：既追求个人利益的极大满足，又使整个国家得以富强，并且后者是主要的。

（3）人的欲望及其满足说。基于此说，“欲望、努力、满足，就是经济观点中的人”，所以，保险经济属性要以人类为满足其欲望而展开的互助共济活动为条件。保险产品的设计开发要遵循人的“欲望、努力、满足”，使人民群众的获得感、幸福感、安全感更加充实、更有保障、更可持续。

（4）人与财富综合说。基于此说，保险经济属性决定了保险既要研究财富，也要研究人；保险任何时候都是人和财富的综合体。虽然我们排斥风险，但是我们不能排斥保险。

（5）人类选择行为说。基于此说，保险学是门研究目的（财富）与具有可供选择的用途的稀少手段（风险对冲）之间关系的人类行为科学。这就说明，保险的产生就像人类无尽的欲望与物品稀少性的矛盾。保险就是研究人和财富如何作出最终抉择的科学。

（6）宏观经济行为说。基于此说，保险经济属性的表现就是保险是整个经济体系的一部分，我们要研究的就是如何使保险在经济体系中实现帕累托最优。在全面建设小康社会、加快推进现代化建设的新阶段，保险作为社会经济协调发展的重要手段这一观念，在党和国家制定的发展战略中得到了突出和强化，并正在成为全社会的重要共识。

（7）微观经济行为与宏观研究合流说。基于此说，保险经济属性是在一定经济体制下，对稀缺资源进行配置和利用的科学。该定义涉及四个问题：一是稀缺资源，这是经济学产生的基础和研究的出发点；二是资源配置，属于微观经济学的研究对象；三是资源利用，属于宏观经济学的研究对象；四是经济体制，因为无论是微观经济学还是宏观经济学都涉及经济体制问题。

（8）广义对象说。基于此说，从横向角度，保险经济属性涉及保险的理论、问题和政策；从纵向角度，保险经济属性涉及保险的六个方面，即渊源、流派、理论、方法、问题、政策。

由于经济思想和学说受社会、历史、阶级等因素的影响，经济学的研究对象也必然随着历史时代的更迭而发生变化。相应地，保险经济属性的界定也将随之变化，但无论如何变化其本质都是“经济”。

基于保险经济属性的高质量发展

在新时期新形势下，要充分认识保险经济属性，只有这样才能发挥保险对社会经济协调发展的作用，才能有利于拓宽保险发展空间，使保险业在更深层次和更广领域参与到国民经济和社会发展的全局工作中，提升保险业在社会经济中的地位。

保险演变是和经济发展密切相关的。在经济发展的不同阶段，保险经济属性也不同，如图1–2所示。

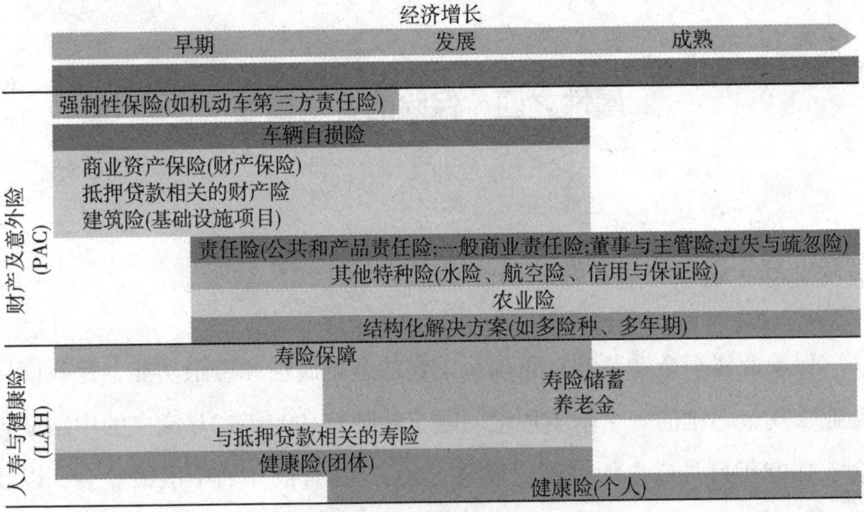

图 1–2　保险的演变

注：经观察阴影区域通常表示与经济增长同步发展的险种。

综上，研究保险业高质量发展时，我们要认识保险经济属性背后的两个问题：

第一，要正确认识保险业和经济发展的关系。保险对经济协调发展具有促进作用，而经济发展则是保险赖以生存发展的基础，保险业的发展不可能长期脱离经济发展水平而一枝独秀。

第二，保险在经济发展中的作用主要靠保险业自身的努力，同时也受到经济因素和非经济因素的制约，其中政府决策支持是关键因素，体现在两方面：一是政府能否理顺政策、法制、制度框架，影响到保险业发展的外部环境；二是基本社会保障的深度、广度是否与经济发展水平、财政承受能力以及社会、文化、制度沿革相适宜，关系到商业保险发挥作用的空间。

从保险经济属性的高度理解保险业高质量发展，保险演变成了一种人与财富的结合体，是一种“人的欲望、努力、满足”的外在表现，其目的是使人的获得感、幸福感、安全感得以提升。

属性之四　保险的金融属性

保险业高质量发展与金融

保险业属于金融范畴，正确认识它的金融属性和金融功能，是我国保险业实现金融化的一个基本理论问题。伴随着1992年10月成立的中国证监会、1998年11月成立的中国保监会、2003年4月成立的中国银监会，以及2018年4月中国保监会与中国银监会合并成立的中国银保监会，中国的金融业发生了翻天覆地的变化。

在这个过程中，我们见证了中国金融的成长，见证了中国金融“三驾马车”之银行业、保险业、证券业的发展。

中国人民银行公布的数据显示：2019年末，我国金融业机构总资产为318.69万亿元，同比增长8.6%。其中，银行业机构总资产为290万亿元，同比增长8.1%；证券业机构总资产为8.12万亿元，同比增长16.6%；保险业机构总资产为20.56万亿元，同比增长12.2%。

2019年末，金融业机构总负债为289.43万亿元，同比增长8.1%。其中，银行业机构总负债为265.54万亿元，同比增长7.7%；证券业机构总负债为5.81万亿元，同比增长20.4%；保险业机构总负债为18.08万亿元，同比增长10.8%。

2019年末，金融业机构净资产（所有者权益）为29.25万亿元，同比增长13.4%。其中，银行业机构净资产为24.47万亿元，同比增长13.0%；证券业机构净资产为2.31万亿元，同比增长8.1%；保险业机构净资产为2.48万亿元，同比增长23.1%。

中国金融业总资产从2002年的24.88万亿元增加到2019年的318.69万亿元，年均增长16.18%；总负债从2002年的23.86万亿元增加到2019年的289.43万亿元，年均增长15.81%；净资产从2002年的1.02万亿元增加到2019年的29.25万亿元，年均增长21.81%。

保险作为风险社会的重要管理工具，具有保障程度高、费率低、社会效益好等突出特点，一直是欧美发达国家居民确保家庭财富健康安全的主要途径之一，特别是健康保险、养老保险、房屋保险等，有助于金融风险的分散，有助于缓解金融风险过于集中于银行业的突出问题，有助于国家金融安全，有助于构筑国家安全网，有助于提升人民的获得感、幸福感、安全感。

保险是现代金融的重要组成部分，虽然2019年保险业总资产占比仅为6.45%，但其提供的保险金额为6470.04万亿元，为GDP的65.30倍，为国家安全稳定提供了重要保障。但是我们也应知道，我国保险密度和保险深度相比世界平均水平还有一定的差距，因此中国保险业急需从保险大国向保险强国转变。

保险的金融属性

要阐明保险的金融属性，需要回答三个问题：第一，保险作为一种经济保障劳务商品，是否具有金融属性？第二，保险交易活动，是否属于一种金融性的活动？第三，保险市场与金融市场之间是否具有共同性？

保险的金融属性体现保险的资产性，是不同保险产品作为一项资产形式时所具备的共性和差异性特征的具体体现。

一方面，所有的保险产品从更广泛的意义而言都可以看成是一项资产，为持有人提供保值、增值和资金融通等功能；另一方面，不同保险产品在稀缺性、流动性和可储存性等方面存在差异，导致其作为一项资产形式时的优劣条件存在差异，进而表现为一些保险产品的金融属性较强，另一些保险产品的金融属性较弱。

宽松的货币环境使前几年成为保险金融属性表现最为活跃的时期，所以才会产生“保险姓保”这个问题，引用“通货膨胀是一种货币现象”这一经典名言，从货币的角度可以把保险的金融属性理解为货币现象在不同金融产品间的具体体现。

基于上述保险金融属性的特征，保险的金融属性是指众多投保人以保险人为金融中介，以保险单为金融资产，运用金融市场机制，相互融通补偿资金，从而使被保险人的资产得到保障的一种特殊金融方式。

保险的金融功能是保险金融属性的内在“基因”，它是指保险在聚集资金、金融中介、创造金融资产、高效营运资产等方面所发挥的有力的作用与效能。

基于保险金融属性的高质量发展

在研究保险业高质量发展这个问题之前，有必要厘清保险金融属性背后银行的金融逻辑，这样才能明确保险在金融范畴活动的主体、客体及其性质和市场机制。

下面给出了一些金融逻辑的基本概念。保险如果作为金融属性存在，其背后的金融逻辑又是什么呢？

（1）金融本质（Financial Nature）是指价值流通。那么，保险本质（Insurance Nature）是什么？

（2）金融创新（Financial Innovation）是指变更现有的金融体制和增加新的金融工具，以获取现有的金融体制和金融工具所无法取得的潜在利润，它是一个为盈利动机推动、缓慢进行、持续不断的发展过程。那么，保险创新（Insurance Innovation）是什么？

（3）金融变革（Financial Reform）是指变革现有的金融制度。那么，保险变革（Insurance Reform）是什么？

（4）金融逻辑（Financial Logic）是指金融发展的客观规律与金融学的科学规律。那么，保险逻辑（Insurance Logic）是什么？

（5）金融演变（Financial Evolution）是指借鉴达尔文的生物进化论和拉马克的遗传基因理论来研究金融市场的一门学科，其核心思想是进化、突变和复制。那么，保险演变（Insurance Evolution）是什么？

（6）金融秩序（Financial Order）是指在有关融资方面的法律调整、规范之下形成的法律秩序，是由以下几个组成部分构成的统一体，包括股票发行交易秩序、债券发行交易秩序、基金发行交易秩序、保险管理秩序、信贷秩序、民间借贷秩序。那么，保险秩序（Insurance Order）是什么？

（7）金融交易（Financial Transaction）是指涉及机构单位金融资产所有权变化的所有交易，包括金融债权和负债的产生和清偿。那么，保险交易（Insurance Transaction）是什么？

（8）金融重构（Financial Refactoring）是指通过调整金融要素来改善金融服务能力，使其与新科技、新经济、新社会、新思想相适应。那么，保险重构（Insurance Refactoring）是什么？

（9）金融格局（Financial Structure）是指金融在认知层面的一种描述，不仅包括金融的规模大小，还包括金融的渗透大小。那么，保险格局

（Insurance Structure）是什么？

以上这些问题是我们必须思考的问题，答案是什么并不重要，重要的是我们要把保险当金融来思考。

从保险金融属性的高度理解保险业高质量发展，保险就变成了一种金融资产，金融属性是其所具备的共性和差异性特征的具体体现，这种具体体现是一种“货币现象”。

属性之五　保险的思想属性

保险业高质量发展与思想

改革开放四十多年来，中国保险业取得了巨大的发展，我们是时候对保险进行深刻反思和总结了。如果说保险的国家属性、社会属性、经济属性、金融属性的观点帮助生活在保险穹顶之下的我们拨开了迷雾，看透了保险的本质，我们还需要一针“清醒剂”，帮助我们认清保险是人类生存智慧进化的事实。为此，我们需要放慢脚步，重新审视保险的思想属性，审视保险人文文化对我们的影响，调动大脑来思考：

（1）我们是否有稳固的思想内核？特别是保险思想内核？

（2）我们是否有坚信的理念、价值观、方法论，而且在反复实践？

（3）我们是否能把新知识整合到内部知识体系，特别是新保险对我们的影响？

保险的思想基础并非凭空出现，一方面，它与人类历史上最高尚的或者最先进的价值理念一脉相承。一则，中国儒家思想中关于人类社会的最高理想——大同社会——以共享和公平为准绳。《礼记·礼运》曰:“大道之行也,天下为公”,“使老有所终,壮有所用,幼有所长,鳏、寡、孤、独、废疾者皆有所养”。二则,在西方,无论是古希腊先哲柏拉图的“理想国”,抑或中世纪末空想社会主义的杰作“乌有之乡”,都表达了相似价值理念。三则,共享和公平贯穿于马克思和恩格斯构建的科学社会主义理论体系,及其中国化的代表性理论之中。另一方面,自20世纪初福利经济学诞生后,主流经济理论也开始关注公平问题。近年来,阿玛蒂亚·森(Sen A. K.)、迪顿(Deaton A.)等诺贝尔奖学者的理论贡献,就聚焦于福利分配、经济平等等领域。在此前,价值无涉(Value-free)的西方经济思想导致很多国家的贫富差距悬殊、阶级矛盾尖锐。不难看出,主流经济价值理念变化也与保险的内涵相通。

随着新科技的发展,特别是数字化进程的深入和信息化时代的降临,互联网由电子信息交换网络升级为全民交流与社会经济活动的纽带,新型技术和应用在互联网上涌现,Web 4.0、云计算、大数据、人工智能、区块链、移动互联网等是其中的典型代表。这些技术简化了互联网的使用门槛,强化了整个社会与互联网的连接与融合。对平民化、个性化、碎片化需求的关注(当然它并不排斥大量的共性需求)与有效解决是互联网经济的关键特征,也将是信息时代与工业时代的重要分野。它构建于柔性、自动化、低成木的生产(包括实物的生产与信息的生产)与销售技术之上,反映出互联网这一巨大创新在解决人类需求问题上的革命性进步,更揭示互联网对社会的影响已经远远超越技术,触及社会结构和权力契约层面。

保险的思想属性

保险思想是人们在长期实践中形成的应对风险的方式、制度等的认识及保险心理和主张。中国古代的荒政思想与仓储制度是中国传统的保险思想的起源。在几千年的长期实践中，“养恤说”推动了民间保险的实施。在国际上，保险思想最早产生于古巴比伦和古希腊。

保险意识是人们关于保险的思想、观点及心理反应，它体现人们对保险概念、性质、职能作用的认识及由此产生的理论观点，以及对保险的需求、感觉和评价。保险意识分为两大部分：保险思想，即人们关于保险的系统化、理论化认识；保险心理，即人们关于保险的非系统化的、自发形成的感性认识。

相对于保险思想，保险心理对保险现象的认识比较表面和直观，但保险心理是保险思想的萌芽状态，后者是在前者基础上产生的。因此，二者互相依赖，互相作用，共同构成保险意识。由于物质生产关系决定着人们对待保险的态度，所以，保险意识受社会环境、经济模式的影响和上层建筑诸因素的制约。

互助是保险的本质特征，是保险的核心理念。保险自诞生之日起，就是人与人之间互助的一种机制，诚如谚语“千家万户保一家”所言。无论是几千年前东方扬子江上船户们共担风险的承诺，还是修建埃及金字塔时工匠们汇聚丧葬基金的行为，都是同行之间为应对共同风险而相互扶助开创的保险萌芽。今日之现代保险虽已远离其滥觞期的形态，但却未能改变其人人互助的精髓。

（1）互助是自然法则的一种，是描述一种通过合作方式实现合作双方都获得利益的生物关系。俄国克鲁泡特金在《互助论》一书中指出，俄国动物学家凯斯列尔观察到在西伯利亚草原的高等脊椎动物，在严冬是通过互助来克服严酷的自然条件的。他认为动物界中存在着互助的规律，从而否定了生物界和人类社会中生存竞争是普遍规律的说法。《互助论》认为人类依靠互助的本能，就能够建立和谐的社会生活，无须借助权威和强制；而没有权威和强制的社会较之有国家权力支配的社会，更能保障人的自由及理想的实现和更富有生命力。

（2）共享是保险最基础的特征。共享又名分享，其概念早已有之。传统社会，朋友之间借书或共享一条信息，邻里之间互借东西，都是一种形式的共享。但这种共享受制于空间、关系两大要素，一方面，信息或实物的共享受制于空间的限制，其局限于个人所能触达的空间之内；另一方面，共享需要有双方的信任关系才能达成。

（3）合作是保险最重要的表现形式。合作就是个人与个人、群体与群体之间为达到共同目的，彼此相互配合的一种联合行动、方式。

穿越历史的长河，保险制度发展到今天，已经形成“互助、共享、合作”的保险思想体系，关于“互助、共享、合作”的详细论述请参阅笔者在《相互保险丛书》中的论述。

“互助、共享、合作”是以分享、合作、互助、共赢为基础，将社会海量、分散、闲置的资源，平台化、协同化地集聚、复用和供需匹配。“互助、共享、合作”不仅是中华文明的核心价值观，同时也是西方社会追求的理想境界。

《相互保险丛书》中，笔者研究了保险思想属性，综合“互助、共享、合作”三个方面，同时参考“乌托邦”“共和国”“罗虚代尔”的模式，希望保险回归最初的互助本质，建立一种更加安全高效的全民互助保障体系，最终实现保险的使命和担当，建立保险体系下的“理想共和国”。

基于保险思想属性的高质量发展

党的十八届五中全会通过了“十三五”规划建议，描绘了我国未来五年经济社会发展的宏伟蓝图，提出了创新、协调、绿色、开放、共享五大理念，也对保险业下一步改革发展提出了多方面要求。《指导意见》的指导思想也强调了“落实创新、协调、绿色、开放、共享新发展理念”，基于保险思想属性的高质量发展，我们需要认真思考“互助、共享、合作”的意义。

“互助、共享、合作”是互助思想、共享主义、合作思想的本质，归根结底是资源的优化配置，三者主要的关键词是去中心化、社交化、信任感、使用权，三者的主要特点如下：

（1）相互认同和相互依存。“互助、共享、合作”是人类社会赖以生存的最基本的观念和行为之一。从原始社会开始，人类就过着群体生活，“有福同享，有难同当”，这种生活方式使个人产生了对群体的认同感；人类社会的共同利益又进一步使人与人之间必须构成这种以积极的互动关系为经纬的社会支持网络，于是便又产生了相互依存感。

（2）行为规范和价值准则。为了维护整体的利益，每一个社会成员都不得为所欲为，都必须学会妥协、学会让步、学会约束自己，克制自己的欲望。约定俗成就产生了每一个社会成员都必须信奉和遵守的行为规范和价值准则。只有这样，人类社会才具有凝聚力，才能成为一个整体。

（3）利他主义和功利主义的社会互助。从人类社会的发展历史看，共有两个层次的“互助、共享、合作”：一是从人类最为朴素的情感出发纯粹利他主义的相互支持；二是从功利主义的理性出发的相互依存。

第一层次的“互助、共享、合作”是贯穿人类社会始终的，只要有人类社会，就得有这种相互支持；第二层次的“互助、共享、合作”从原始社会末期人类社会有了剩余产品之后就逐渐突出了。

阶级社会的出现，有了阶级矛盾和阶级斗争。从理性出发，相互依存就显得极为重要，甚至成为国家的一个重要的职责。这种现象可能要一直延续下去，直到阶级消灭。

而在当代，这两个层次的“互助、共享、合作”交织在一起，已经成为现代社会的社会支持网络的一个特征，这是建立社会保障制度的基本立足点，也是现代保险必须具备的思想属性。

从保险思想属性的高度理解保险业高质量发展，是人们关于保险的系统化、理论化认识，是人们关于保险“互助、共享、合作”核心理念的认同。保险归根结底是资源的优化配置。

属性之六　保险的风险属性

保险业高质量发展与风险

风险的客观存在是保险产生与发展的自然基础，即无风险便无保险。这就是我们常说的“保险是一种风险转移工具和财务稳定器，核心价值在于能够提供风险保障和管理”。保险最基本的功能，就是分摊风险和补偿损失。

一般而言，风险与不确定性有关，若某一事件的发生存在着两种或两种以上的可能性，即可认为该事件存在风险。在保险的领域，风险特指和损失有关的不确定性，包括发生与否的不确定性、发生时间的不确定性和导致结果的不确定性。

前面谈到的保险的国家属性、社会属性、经济属性、金融属性和思想属性，以及后面将要探讨的科技属性、数据属性、历史属性和未来属性，都紧紧围绕保险的风险属性而展开。如果脱离风险这个本质属性，保险就不是保险，保险行业也就没有了存在的价值。

今天，不确定性正在自我进化，人们在解决不确定性的过程中，不确定性并没有减缓而是加剧了。作为解决不确定性的金融工具，我们的保险需要变化（风险已经变化），需要简化（简化才能穿透风险），更需要进化（进化才能成长）。

当未来依旧被迷雾所笼罩，我们从过去的不确定性中发现规律，使保险变化、简化和进化，这样才能保障我们走得更远，才能帮助我们未雨绸缪。

保险的风险属性

在风险管理和保险界，风险具有许多不同的定义。在本书中，风险（Risk）被定义为有关积极或消极结果的不确定性。

本书定义的风险（关于消极或积极的结果的不确定性）是相对狭窄的。因为风险能被用于许多领域，我们应该知道风险有许多其他的意义，包括：①保单项下的标的，比如，一座建筑、一个车队或者源于被保险人行为可能导致的索赔责任；②投保人（被保险人）；③损失或伤害的可能性；④损失（或事故）原因，例如火灾、雷电、爆炸；⑤与未来结果有关的各种变动性。

按照保险常识，风险的构成要素包括风险因素、风险事故和损失。

（1）风险因素指那些会影响某一特定风险事故的发生，或发生的可能性、损失程度的原因或条件。根据风险因素的性质不同，分为有形风险因素和无形风险因素两种类型。

（2）风险事故指造成人身伤害或财产损失的偶发事件，是导致损失的直接的或外在的原因。

（3）损失的含义是指非故意的、非预期的、非计划的经济价值的减少，即经济损失，一般以丧失所有权、预期利益、支出费用和承担责任等形式表现，精神打击、政治迫害、折旧等行为的结果一般不能被视为损失。保险实务中，常将损失分为直接损失和间接损失。

由上可见，风险因素的存在，可能引发风险事故，最终导致损失。风险因素、风险事故、损失和风险这四者的关系见图1–3。

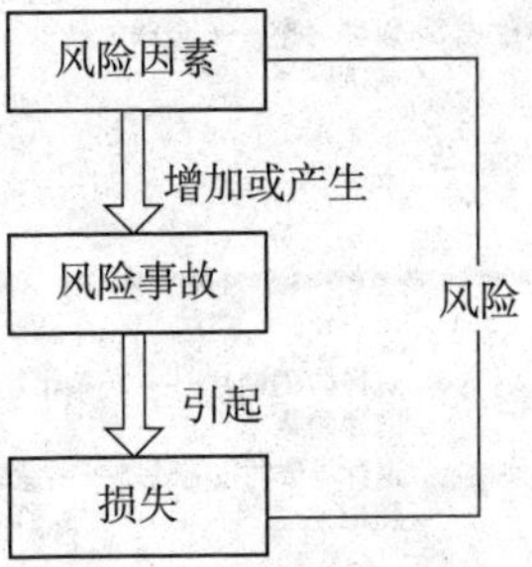

图 1–3　风险要素关系

根据不同的标准，风险有不同的分类，常见的有：依据风险产生的原因不同，风险分为自然风险、社会风险、政治风险、经济风险与技术风险；依据风险标的的不同，风险可分为财产风险、人身风险、责任风险与信用风险；依据风险的后果不同，风险可分为纯粹风险与投机风险；依据产生风险的行为分类，风险可以分为基本风险与特定风险。

现代社会是一个风险社会，充斥着各类自然风险和人为风险。由于技术发展和制度创新带来的巨大变革，社会、经济、文化环境越来越复杂，主体间的交互关系更加紧密、多元，整个社会的不确定性急剧攀升，新兴风险不断涌现，挑战传统的风险管理体系。新兴风险除了具有传统风险的不确定性、复杂性和模糊性以外，还具有陌生性、系统性和极端性，对社会影响巨大。

瑞士再保险研究院发布的“2019年度SONAR报告”介绍了保险行业应当密切关注的23个宏观趋势、15个新兴风险主题和5个新兴趋势观察点，其中15个新兴风险主题和1大特殊风险如图1–4所示。

社会在不断地发展变化，新的风险也随之产生、演变。虽然新兴风险通常难以量化和觉察，却可能在未来对行业和社会产生重大影响，因此预测、识别从而为新兴风险做好应对的准备至关重要。

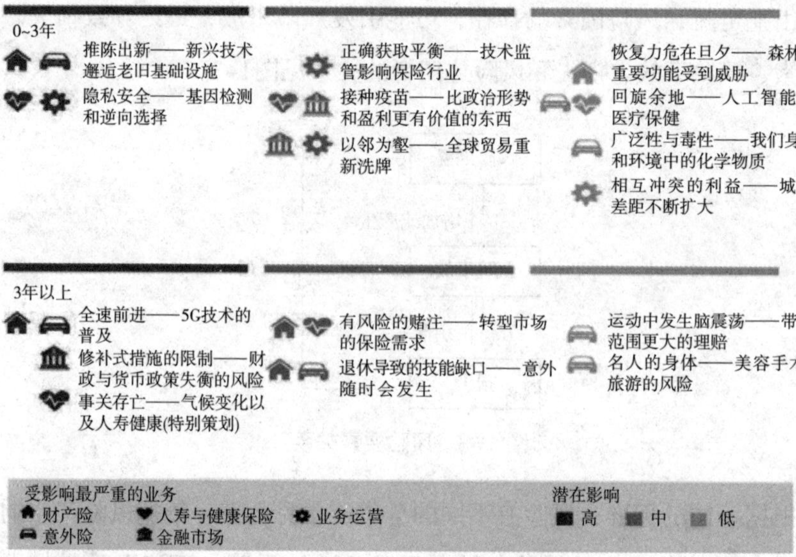

资料来源：2019年度SONAR报告。

图 1-4　15 个新兴风险主题和 1 大特殊风险

基于保险风险属性的高质量发展

保险公司必须了解对所承保风险进行风险管理的“成本与收益”。在市场经济条件下，任何一个经济主体在进行经济活动时，都要考虑具体经济行为在经济价值上的得失，以便对投入与产出关系有一个尽可能科学的估计。

由“意外损失——实际的和潜在的——产生的成本”可划分为下列三大类：

第一类，风险成本。由于财产损失或人身伤害造成的财产价值、收入、盈利能力或生活质量的降低。

第二类，机会成本。被取消的活动导致的收益损失，即这些活动没有进行是因为它们被认为风险太大。

第三类，风险管理成本。用于处理意外损失的资源的成本，即如果没有风险威胁，本可以投入其他用途的资源。

保险公司的风险管理成本即一般意义上保险公司应该收取的保费，保险公司存在的意义就在于通过风险管理处理好前两类成本而获得利益。因此，一个有效的风险管理方案能够将三类成本的总额最小化。

为识别能将各类成本最小化的方法，保险公司要考虑风险管理对于一个特定的个体或机构乃至对整体经济的影响。

（一）对个体或机构而言

所有的个体或机构都面临潜在的意外损失，因此其生活或经营会自然产生风险费用。除此之外，个体或机构可能因为风险太大而规避某些具有潜在利润性（或其他利益）的活动。对一个特定个体或机构来讲，风险管理带来的好处表现在两个方面：一是减少其现有活动的风险成本，二是减少规避行动的后果，也就是说，它使个体或机构能够以有效的成本去进行它原本认为不值得冒险的活动。

（1）减少风险成本。更具体地说，与特定资产和活动有关的个体或机构的风险成本包括下列各项：不能从保险或其他外部来源得到补偿的意外损失费用；保险费和为获得非保险补偿而支出的费用；用于阻止或减少意外损失的风险控制技术费用；风险管理活动的行政费用。

（2）减弱恐惧影响。降低不确定性可给个体或机构带来以下利益：减轻或者减少个体或机构对潜在损失的忧虑，从而提高那些曾经看起来风险太大的冒险活动的可行性；参加更多的投资或生产活动，提高盈利的潜在能力；使个体或机构成为更加安全的投资项目，吸引更多的投资资金，从而使个体或机构实现扩张。

（二）对整体经济而言

无论在地方层面还是在全国层面，经济都会发生与风险、风险管理以及未来损失不确定性有关的成本。比如，一次地震可能会对整个国家的经济产生广泛影响，而不仅是对个别个体或机构。除了像地震这样单一的巨灾事件，许多较小损失的累积也会影响国家和地方的经济。比如，一个核心仓库因意外损失关闭，购物街上的众多零售商店会遭受销售额减少的损失，当地社会将会承受失业、税收缩减以及生活质量的全面下降——这样的生活在商业街正常经营和繁荣时是被普遍接受的，而可承受的程度要取决于核心仓库所受损失的程度及修复所需的时间。

一个经济的风险管理成本包括抵御意外损失所消耗或投入的资源。比如，整个经济的不确定性会使各个个体或机构更倾向于风险厌恶。这就顺次导致对经济资源的配置会远离那些看起来风险太大的资产或活动，从而使经济达不到其本来可以达到的产出，这将导致平均生活水平的降低。保险公司所采取的风险管理通过减少资源浪费、提高生产资源的分配使整个经济获得利益。

（1）减少资源浪费。任何经济都拥有一定的资源用于生产商品和服务。如果一个意外损失了这些资源，比如一场火灾或者一次地震破坏了一间工厂或者摧毁了一条公路，那个经济的生产资源总量就会减少。风险管理就是要避免或最小化生产资源的浪费。

（2）改进资源配置。风险管理也能改进资源的配置，因为个体或机构所面临的经济不确定性减少的时候，资源的配置就能得到改进。风险管理使那些拥有资源的个体或机构更愿意从事先前被认为是风险大的活动，因为他们在对抗那些活动带来的意外损失时得到了更好的保障。更高的承担风险的意愿使个体或机构更加自由地去追求利润和投资回报最大化、工资最高的活动。此种变化提高了经济的整体生产力，也改善了每个人的平均生活水平。

从保险风险属性的高度理解保险业高质量发展，保险公司提供的是风险管理服务，对个体或机构而言可以减少风险成本和减弱恐惧影响，对整体经济而言可以减少资源浪费和改进资源配置。

属性之七　保险的科技属性

保险业高质量发展与科技

前面谈到，保险业高质量发展的根本在于保险的活力、创新力和竞争力，显然科技创新应用是根本途径，所以我们要利用科技来推动保险供给侧结构性改革。

我们处在一个超越时空的全新时代，一个连接无处不在的变革时代，这个时代与启蒙运动时期、工业革命时期完全不同。在这个时代，我们必须既要感知现实世界——拥有汽车、学校和战斗机的现实世界，又要看清虚拟力量——拥有人工智能、DNA数据库、计算机病毒的虚拟世界。在这个时代，各种信息、应用、通信数据及出乎意料的事情充斥并改变着人们传统的生存状态，使我们已经无法以固有的感知来理解和认识这个蕴藏着巨大潜能和冲击力的网络连接时代。

保险科技概念诞生于这股全新的浪潮中，它是金融科技在保险领域的分支，能够彻底改变保险业务的潜力与能力，是赋能保险行业的各类新兴科技和创新性商业模式的总和。

不管承认与否，未来已来。相信在不久后，科技将会从四面八方渗透到人们的日常生活当中，也将通过多种方式参与到高精尖的医疗产业、前沿的科学创新研究、复杂的基础设施建造工程、大型体育赛事及演出活动甚至是永恒的哲学思考领域中去。到那时，“科技”的保险服务也将自然而然地成为人们生活的一部分，进而使保险真正成为社会与经济发展的助力引擎。

保险的科技属性

“保险+科技”即所谓的保险科技，从概念上讲可以理解为科学技术在保险行业中的具体运用。保险科技以保险产品与服务为外在表现形式，以诸如大数据、云计算、车物联网、人工智能、区块链等新兴科技为内在核心基础，在保险公司产品创新、产品营销、公司运营与管理方面得到广泛应用，为消费者提供个性、全面、高效的风险管理与保障服务。从这个维度上讲，保险产品或保险服务是科技的载体。

然而，与制造业不同的是，“金融服务”为消费者带来的“满足感”才是实现经济利益的本质所在。从这个维度上看，在“保险科技”概念所涵盖的内容中，保险作为一种风险管理技术，其优先级要高于“科技”。保险作为一种特殊的风险补偿机制，对其依赖的内在要素与外部环境有特殊的要求，一旦偏离保险的本质，那么保险科技本身也就失去了价值。因此，在理解保险内涵的基础上，研发或寻找适合保险业发展的科学技术，似乎更加合理。

当然，科技同样不是一个死板而固化的概念。当今时代，科技的发展使得保险能够更细微地渗透进普通人的行为中：有时只是一闪而过的念头，如果被技术捕捉到了，也能转化为各类服务。

随着大数据、人工智能、区块链、云计算等技术的运用，科技正在赋能保险业，正在帮助保险公司和保险市场逃离无序竞争、同质竞争的环境，在碎片化、场景化、生活化的镜头切换中凭借科技“自发”地产生保险需求，实现保险生态的整体跃迁。

整体上说，科技赋能保险可分为三类：第一类是数字化保险技术，包括电子保单、自动核保、大数据处理等；第二类是连接型保险技术，包括远程定损、SaaS保险分销、物联网等；第三类是智能化保险技术，包括无人驾驶、虚拟现实、保险机器人等。科技赋能保险业，使得保险业出现了两个角度的变化（见图1–5）：一是从保险行业角度，实现了重塑服务、重塑数据和重塑平台；二是从保险技术角度，实现了数字化保险、连接型保险和智能化保险。

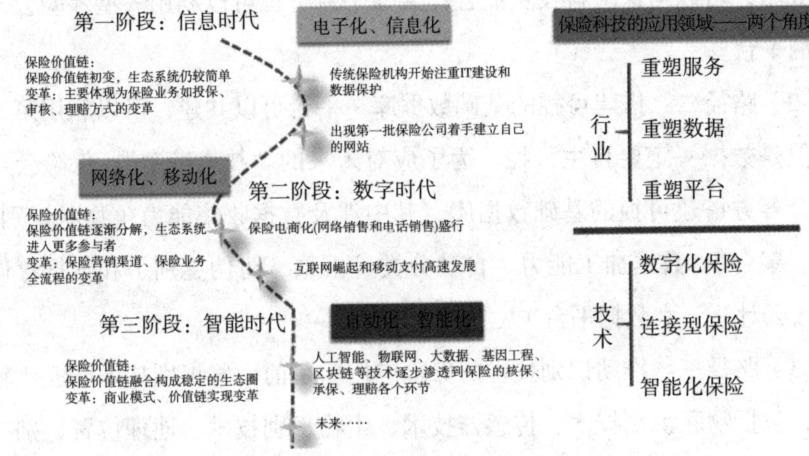

图 1–5　科技推动了保险价值链的变革

基于保险科技属性的高质量发展

防灾避祸、寻求保障是人类亘古不变的主题，而保险则是一种历史悠久的“互助共济、风险共担”形式。今天，科技正在给它注入新的内涵。保险在科技的加持之下，从基于技术驱动的产品创新，再到用科技赋能整个服务生态系统，将会发生一场普惠大众的衍变。

《指导意见》基本原则中提出“坚持科技赋能。转变发展方式，为银行保险机构创新发展提供有力支撑”。笔者梳理了保险的科技属性，即保险的科技实施路径。保险业可以据此梳理出自己的“保险+科技”战略，或者自己公司的科技属性，从而实现高质量发展。

（1）路径一：调整保险科技战略。随着保险科技的“智能化、数据化”，保险公司之间已经产生了“技术壁垒”，主要包括数据壁垒、智力壁垒、资本壁垒，因此对于大多数中小保险公司的科技战略而言，创新的能动体是自己，但创新的升级体不再是自己，而是保险价值链条上的各行各业。所以，保险公司的科技战略是“保险+科技”战略，而不是“科技+保险”战略，可以与保险科技企业合作共建平台，也可以利用大型保险公司输出的平台。

（2）路径二：搭建可控的基础数据库。平台可以共建，可以利用第三方，但是数据一定要自主可控。为了应对未来的“技术壁垒”，保险公司要联合各方搭建可控的基础数据库，其中涉及数据收集能力（物联识别、爬虫、聚合）、数据加工能力（自动分类、去重、防伪鉴别）和数据存储能力（云计算、大数据平台）。

（3）路径三：推动识别技术的保险应用。目前一些识别技术已经比较成熟，包括物联识别技术、传感器技术、生物识别技术、地理位置识别技术、AR技术等。高效率、高质量、低成本的识别技术的应用可以实现数据收集、远程检验、现场监测，继而产生实时监控报警、远程控制现场、自动化触发处理等各种创新应用技术。

（4）路径四：实现保险产品的智能化。未来不仅科技产品需要智能化，保险产品也需要智能化。智能化需要有智能操作系统，需要联网互动，需要大数据收集训练与人工智能算法技术驱动。智能化和数据、识别技术等紧密联系。智能化可以通过随时升级、远程升级来增强功能，可以远程监控、远程诊断、远程控制，可以远程收集数据，可以联网互动。这会给消费者和管理者带来便利，也会给保险公司带来新的服务业务、新的服务流程和新的商业模式。

（5）路径五：助推保险产业链互联互通。智能化和识别技术只是方便了终端数据收集，只有保险产业链实现了互联互通，才能真正做到柔性供应、柔性生产、联动研发、联动营销，才能极大提高社会协同效率，节约行业总体成本。例如，保险行业已经出现了一批SaaS服务平台，为保险产业链互联互通奠定了良好的基础。

（6）路径六：实现保险能力单元网络协同。保险产业链互联互通，有利于保险产业供需信息快速到达每个能力单元节点，使各个环节的能力单元可以按照自己的能力按需接单、按需生产。

（7）路径七：通过科技向社会开放能力与服务。过去，各行各业的能力与资源基本被固化封锁在企业内部。现在，因为“技术壁垒”和平台化战略的实施，所有的企业开始向消费者开放服务，也开始向竞争对手开放能力。我们已经看到，大型保险公司开始为保险业开放自己的技术平台，而中小保险公司也开始接受这种开放的平台，使自己成为保险产业互联互通能力输出的一个节点。可以预见，未来保险公司将如同互联网一样连接在一起。

（8）路径八：逐步实现数据开放共享。除了通过科技开放自己的技术与服务之外，保险公司还可以向保险产业链或社会开放自己的数据。通过设计机制，大家一起来建设丰富数据、校正数据。数据开放后，各行各业就可以结合自己的业务优势，通过“1+1>2”的跨界创新，创造出新的产品、新的服务、新的盈利模式。

（9）路径九：通过数据优化保险业务。未来保险公司一定是开放的保险产业服务平台，类似于阿米巴组织单元（Amoeba）。没有数据，这种互联交叉的叠加因素影响，任何一个人都无法想透看清；没有数据，阿米巴组织单元没有能力做正确的自主决策；没有数据，整个互联协作网络就会变化共振产生混乱噪声。保险公司通过识别技术、智能设备、产业互联互通，建立真正的大数据。

（10）路径十：利用科技向服务型产品转型，做服务产品创新。保险公司作为金融服务行业，未来也一定立足于服务，所以保险公司要利用科技向服务型产品转型，通过科技输出自己的服务，包括风险管理、生活习惯分析、健康管理等服务。

互联网、云计算、大数据、人工智能、区块链等新技术是保险业重新焕发生机的重要助推器。保险业未来发展应顺应“保险+科技”的趋势，充分利用新兴科学技术，优化产品设计，改进业务流程，创新运营模式，促进“保险+科技”深度融合，积极推进中国保险业由高速增长阶段转向高质量发展阶段。

从保险科技属性的高度理解保险业高质量发展，保险公司的科技战略是“保险+科技”战略，而不是“科技+保险”战略，其目的在于通过科技赋能“风险服务”，为消费者带来“满足感”。

属性之八　保险的数据属性

保险业高质量发展与数据

大数法则是近代保险业得以建立和发展的基础，所以谈到保险一定不能忽略其数据属性。从这个角度来理解，保险是“数”的集合。

保险的基础是大数法则（Law of Large Numbers），也称为风险大量原则、大数定律、平均法则。人们在长期的实践中发现，在随机现象的大量重复中往往出现几乎必然的规律，即大数法则。险经营作为一种特殊的商品经营，除了要贯彻一般商品的经营原则以外，还要遵循特殊的经营原则，包括风险大量原则（大数法则）、风险分散原则、风险选择原则等，这些原则的背后都是数据。

保险公司正是利用在个别情形下存在的不确定性将在大数中消失这种规则性，来分析承保标的发生损失的相对稳定性的。按照大数法则，保险公司承保的每类标的数目必须足够大，否则，缺少一定的数量基础，就不能产生所需要的数量规律。但是，任何一家保险公司都有它的局限性，即承保的具有同一风险性质的单位是有限的，这就需要通过再保险来扩大风险单位及风险分散面。

保险的数据属性决定了保险经营的科学基础，也保障了原保险和再保险的经营模式的科学性。

保险的数据属性

《数学辞海》中对数据给出这样的解释：数据是对客观事物、事件的记录、描述，是可由人工或自动化手段加以处理的数字、文字、图形、图像、声音等符号的集合。数据是指对客观事件进行记录并可以鉴别的符号，是对客观事物的性质、状态以及相互关系等进行记载的物理符号或这些物理符号的组合。它是可识别的、抽象的符号。

数据始终是统计学的研究对象，为了得到它、认识它、剖析它和利用它，统计学家们可谓历经苦难，才取得了令人欣慰的伟大成就。1693年，世界上第一张生命表是英国天文学家哈雷制定的《哈雷生命表》，它奠定了近代寿险的经营基础。

保险是数据驱动的行业，如果没有一个好的数据基础，也不会有一个科学的经营基础。保险数据是精算师的研究对象，从保险精算角度来说，只有收集大量的数据，才能从中分析出规律。精算工作的三大关键：一是数据，二是数据，三还是数据。

2017年，原中国保监会发布《保险业务要素数据规范》，从保险业务活动出发，覆盖财产险、人寿险、健康险、意外险等不同险种，明确了承保、保全、理赔、收付、再保等核心业务流程的系列数据规范，可见数据贯穿了保险经营活动的全过程。相应地，保险数据是技术问题，更是管理问题，解决保险数据问题需要认识保险数据属性。

保险数据由数据对象组成，一个数据对象代表一个实体。数据对象又称样本、实例、数据点或对象。属性（Attribute）是一个数据字段，表示数据对象的一个特征。保险属性有不同类型：标称属性、二元属性、序数属性、数值属性、离散属性与连续属性等。

另外，保险数据可以分为：定量的，反映事物数量特征的数据，如长度、面积、体积等几何量或重量、速度等物理量；定性的，如表示事物属性的数据；定位的，如各种坐标数据；定时的，反映事物时间特性的数据，如年、月、日、时、分、秒等。

基于保险数据属性的高质量发展

保险的数据属性也不是一成不变的，从小数据到大数据再到小数据，是螺旋上升的；保险数据属性的特征表现为更加透彻的感知、更加全面的互联互通和更加深入的智能化，继而实现数字化的世界和世界的数字化。

过去，保险精算主要以风险单位的静态特征判断分析风险发生率，进而拟定保险费率。现在，借助大数据可以帮助保险公司分析和追踪客户的行为特征。未来，借助小数据能够推动保险精算的产品定价，实现深层次的公平。

我们对于保险数据的追求，将从数量到质量，再从质量到维度。过去精算师关注更多的是因果关系，而未来将会更关注基于维度的相对关系。因此，从保险数据属性来看，保险业的未来一定属于基于小数据和大数据创新应用的商业模式创新。

“大”就是大数据，就是全量数据；“小”就是小数据，就是个体数据。所以，对于保险数据属性，我们必须在了解情况的基础上懂得哪些是大、哪些是小，怎样处理大小辩证关系，这样才能在具体数据应用中做到抓大放小、以大兼小，以小带大、小中见大。

在研究保险小数据时，要以大兼小、小中见大，必须考虑目标的正确性、可操作性和决策的科学性、可行性。

在研究保险大数据时，要抓大放小、以小带大，既要考虑整体共性，又要注重个体特征。

保险数据应用中，大能与小数据量化的自我保持高度一致，小能与大数据预见的未来保持一致，既不能见小不见大，也不能见大不见小。对于保险数据属性，从数据中来，到数据中去，既要见大，也要见小，以小带大、小中见大，才能真正用好数据。

面向未来，无论是保险大数据，还是保险小数据，我们都需要深刻认识保险数据属性背后的逻辑：

（1）需要对保险数据属性有专业、深刻和前瞻性的认识；

（2）需要一种基于保险数据属性的思维模式，这个思维模式最重要的特征就是“去边界”；

（3）需要发现并认知保险数据属性，解构和重构保险数据属性，解构和重构是认知保险数据属性的关键能力；

（4）需要用保险数据属性的思维去思考保险业未来的商业模式再造问题；

（5）需要重视重要保险数据技术保障措施，包括计算隔离、IO隔离、分布式防火墙、网络隔离、数据备份、入侵检测、漏洞扫描、登录防护、DDos防护、DNS劫持监测、Web安全防护、数据访问、数据传输、数据存储、病毒防护等。

从保险数据属性的高度理解保险业高质量发展，保险是“从数据中来，到数据中去”的过程，数据是保险经营的科学基础，更是驱动保险经营模式变革的重要力量。

属性之九　保险的历史属性

保险业高质量发展与历史

尽管中国的民族保险业已有200多年的发展历史，然而其真正成为社会再生产中的一种损失补偿机制，是改革开放以后的事情。从1979年国内保险业务全面恢复算起，至今已有40余年。保险业从无到有，从小到大，市场规模不断扩大，市场体系逐渐形成。中国保险业的快速发展及其取得的非凡成就，不仅奠定了它在国内金融体系中的市场地位，而且吸引了世界保险市场的关注目光。

1979—2019年，我国保费规模从4.6亿元增长至4.26万亿元，年均增长26.4%。2019年末保险业总资产达20.56万亿元，净资产达2.48万亿元，当年利润总额共3133亿元。多层次保险市场体系初步形成，市场主体从1家增加到231家（不含互助保险机构5家），其中产险共88家，人身险共91家，再保险共13家，集团和控股共13家，保险资产管理共26家。专业中介机构共2647家，兼业代理机构共3万余家。231家保险公司，正是我们所谓的保险大牌照。

相对于保险大牌照，还有保险小牌照，主要是指保险中介主体，包括：保险中介集团公司共5家；保险专业中介机构共2665家（全国性保险代理公司共240家，区域性保险代理公司共1531家，保险经纪公司共497家，保险公估公司共397家）；保险兼业代理机构共3.2万余家（代理网点共22万余家），其中银行类保险兼业代理法人机构共1971家（代理网点近18万余家）；个人保险代理人共1200万名。

在新的历史时期，国家对保险业提出了更高的要求。2019年12月30日，国务院常务会议审议通过了《关于促进社会服务领域商业保险发展的意见》，这是继《关于保险业改革发展的若干意见》《国务院关于加快发展现代保险服务业的若干意见》后再一次对保险进行了定位，明确了新时代下保险业的历史责任。

保险是现实的和未来的，千真万确；但保险不只是现实的和未来的，也不容置疑，因为保险也是历史的。保险除了国家属性、社会属性、经济属性、金融属性、风险属性、科技属性、数据属性以外，还有思想属性、历史属性、未来属性等“非保险”性。只有充分认识到这一点，我们才能够把握住保险的特质和保险的边界，找到保险业高质量发展的道路。

保险的历史性

我们都知道经济学是研究稀缺资源的配置问题的，任何经济问题和现象都是在确定的社会历史背景下出现的，经济学的研究时刻都离不开具体的历史环境与条件。尽管在具体的经济问题与现象的研究过程中，经济学家们会有一些研究方面的假定与超越历史阶段的理论，如逻辑分析、数学模型分析等，但都不能脱离其研究对象特定的历史背景。

保险的经济属性决定了我们需要运用经济学对其进行研究，任何保险问题或保险现象都天然存在历史属性，任何保险理论观点的提出都不能没有历史环境与条件的描述，即具有清晰可辨的历史属性。当前的保险市场环境下，笔者认为只有了解历史、认识历史，才能总结出保险理论，从实践中获取真理，不断总结完善真理，应用到现实生活中指导保险发展。

保险具有历史属性，这就需要我们认真思考保险的“历史规律”，但是不要认为中国保险业的未来发展是由历史决定的，避免陷入历史主义的“决定论”。

历史学派认为，没有一般性理论，理论都是从经验中总结出来的。比如，有的经济学家认为可以从中国的经验中总结出“中国经济学”，这种说法值得斟酌。不存在“中国经济学”，经济学是普适的。如果中国经济学家可以从中国经验中得出一般性结论，那是对经济学的贡献。

同样，中国保险业的高质量发展也没有一般性理论，中国保险业高质量发展的理论一定是从经验中总结出来的。

基于保险历史属性的高质量发展

2019年，中国保险业保费收入达到4.26万亿元，总资产达到20.56万亿元，保费规模占世界保险市场的11.6%。保险密度为436.6美元/人，同比增长10.2%；保险深度为4.3%，同比增长4.1%。保险业为全社会提供风险保障6470万亿元，同比下降6.2%；赔款和给付为12894亿元，同比增长4.9%。保险行业的国际地位大幅提升，世界排名从2010年的第6位上升至2019年的第2位，2019年度对全球保费增长的贡献为93.6%，全球保险市场增幅基本由中国保险市场贡献。

《中国保险业发展“十三五”规划纲要》指出：到2020年，全国保险保费收入争取达到4.5万亿元左右，保险深度达到5%，保险密度达到3500元/人，保险业总资产争取达到25万亿元左右。总体来看，除保费收入以外，其他几个指标很难在2020年达成，我们需要重新思考全球第二大经济体下的第二大保险体的发展问题。

从保险历史属性的高度理解保险业高质量发展，保险是现实的和未来的，千真万确；但保险不只是现实的和未来的，也不容置疑，因为保险也是历史的。

属性之十　保险的未来属性

保险业高质量发展与未来

40亿年来，地球生物进化的准则始终没有改变，那就是物竞天择。不管你是一个蘑菇、一只长颈鹿，还是一个人，我们所有的生命进化都由大自然来决定。但是，在接下来的一两百年，物竞天择的法则有可能被颠覆，我们不愿意再等几十万年，让大自然来做这个选择。

未来，智能可能会取代物竞天择，转化成进化的基础原则，我们会用各类云计算来决定我们的“智能设计”，而这些“智能设计”又将会控制我们未来的生命体，这些生命体有可能突破现有有机世界的限制，超越我们想象的极限。

人工智能为人类带来更智能的硬件、更智能的医疗、更智能的无人码头，甚至是更智能的保险顾问和精算师。不可否认，科技正重新定义我们的未来，无人机、智能穿戴、智能家居、智能医疗、应用与安全和虚拟现实等前沿科技正在重新书写着人类生活的未来。

同时，科技也在改变保险的未来，正如笔者在《保险知识经济智能进化时代》一文中所言，我们只有了解与未来发展趋势相贴合的保险未来属性，才能够真正在未来立足甚至定义保险未来。

保险的未来属性

风险是指向未来的，指向我们未知的一切。我们每时每刻都在考虑关于未来的问题，却从不知道确切的答案。人类对待风险的态度是划分传统社会和现代社会的一个重要标准。

人类管理风险的能力以及进一步承担风险以做长远选择的偏好，是驱动经济系统向前发展的关键因素。风险与其说是一种命运，不如说是一种选择，它取决于我们选择的自由程度。通过解释如何理解风险、衡量风险以及估计其后果，风险承受成为驱动现代西方社会向前发展的主要动力之一。

《与天为敌：风险探索传奇》写道，“像普罗米修斯一样，不接受上帝的摆布，在黑暗中探寻出一道光明，把未来从敌人变成了一种机遇”。这带来了人们对风险管理态度的转变，所以人们将对风险的认知从游戏和赌博的热情转向经济的增长、生活质量的提高以及技术的进步。

通过考察人类探索风险的艰难历程及战胜风险的传奇故事说明：风险不仅是可以认识的，也是可以控制和掌握的。

因此，保险未来属性不仅是保险发展必须经历的一个过程，也是我们人类走向未来、超越本能的一个思考路径。

即便人类的生存与发展仍然长路漫漫，保险的发展道路也充满荆棘，我们依然可以积极锤炼自己透过事物看本质的能力，唤醒人类思想精神世界的第七感，从而更好地提前规划，融入未来。

这既是世界发展不可逆转的潮流，亦是整个人类的使命。所以我们所要做的，就是思考当下，从保险的未来属性出发，使保险能融入未来。

基于保险未来属性的高质量发展

每个时代都有各自的主旋律，每隔一段时间，人类会发现自己所处的环境再次变得陌生，原先能够解释的很多规律和现象不再成立。我们一边承受着信息过载的压力，一边眼看着学到的一切很快又被颠覆。恐惧和焦虑便源于越来越看不懂的世界。

但是，这是一个超越时空的全新时代，同时也是一个连接无处不在的变革时代。连接是一切可能性的基础。在万物节点、万物感知、万物智能、万物互联的今天，人们不断与电脑和机器产生连接，这样的连接正在改变我们的思维模式。我们周围的一切现在或不久的将来都将连成一体，所有的一切不再是孤立的，而是互联网、物联网、智能网、超能网中的一个点、一个线、一个面、一个体。

连接人与人，连接人与物，连接物与物，连接一切的背后是互联网、物联网、智能网、超能网。保险就是在适应未来社会的复杂性和群体的多样性基础上，构建的面向未来的金融网和安全网。

保险的国家属性、社会属性、经济属性、金融属性、思想属性、风险属性、科技属性、数据属性、历史属性、未来属性等十大属性的背后是保险的十维空间，要求我们必须对保险进行十维思考。

无论未来怎样，保险终究会回到现实，也需要回到现实。关于保险的种种讨论，对的错的，都会逐一得到验证。正如阿摩司·奥兹在《爱与黑暗的故事》中所说的那样，“我们需要谈论现在与未来，也应该深入谈论过去，但有个严格条件：我们始终提醒自己我们不属于过去，而是属于未来”。我们需要思考保险的未来属性，需要展望保险的未来。

展望未来，互联网（5G）、物联网、云计算、人工智能、区块链等新兴技术迅速走向规模化商用，保险的未来以及面向未来的转型正进入深水区，以“万物节点、万物感知、万物智能、万物互联”为特征的心智社会即将来临。连接是一切可能性的基础。未来，基于“互联网+保险”“物联网+保险”“智能网+保险”“超能网+保险”的未来保险生态将构建在万物节点、万物感知、万物智能、万物互联的基础之上。

从保险未来属性的高度理解保险业高质量发展，保险就是在适应未来社会的复杂性和群体的多样性基础上，构建的面向未来的金融网和安全网。

保险十大属性背后的十维空间

保险的十大属性

2019年末，中国银保监会发布了《中国银保监会关于推动银行业和保险业高质量发展的指导意见》（银保监发〔2019〕52号）（以下简称《指导意见》）。何谓保险业高质量发展？如何实现保险业高质量发展？

（1）从保险国家属性的高度理解保险业高质量发展，保险变成了一种治理术，一种治理的方式，而不是一套“政府”机构。

（2）从保险社会属性的高度理解保险业高质量发展，保险变成了一种上层建筑结合体，一种自然形态，而不是“上层建筑”本身。

（3）从保险经济属性的高度理解保险业高质量发展，保险变成了一种人与财富的结合体，一种“人的欲望、努力、满足”的外在表现，其目的是使人的获得感、幸福感、安全感得以提升。

（4）从保险金融属性的高度理解保险业高质量发展，保险变成了一种金融资产，金融属性是其所具备的共性和差异性特征的具体体现，这种具体体现是一种“货币现象”。

（5）从保险思想属性的高度理解保险业高质量发展，其是人们关于保险的系统化、理论化认识，是人们关于保险“互助、共享、合作”核心理念的认同。保险归根结底是资源的优化配置。

（6）从保险风险属性的高度理解保险业高质量发展，保险公司提供的是风险管理服务，对个体或机构而言可以减少风险成本和减弱恐惧影响，对整体经济而言可以减少资源浪费和改进资源配置。

（7）从保险科技属性的高度理解保险业高质量发展，保险公司的科技战略是“保险+科技”战略，而不是“科技+保险”战略，其目的在于通过科技赋能“风险服务”，为消费者带来“满足感”。

（8）从保险数据属性的高度理解保险业高质量发展，保险是“从数据中来，到数据中去”的过程，数据是保险经营的科学基础，更是驱动保险经营模式变革的重要力量。

（9）从保险历史属性的高度理解保险业高质量发展，保险是现实的和未来的，千真万确；但保险不只是现实的和未来的，也不容置疑，因为保险也是历史的。

（10）从保险未来属性的高度理解保险业高质量发展，保险就是在适应未来社会的复杂性和群体的多样性基础上，构建的面向未来的金融网和安全网。

至此，关于保险属性的研究告一段落。我们不停反思对保险业高质量发展的研究，也在不停纠结、不停思索，是结束亦是开始。

我们总是在回顾过去，在构思未来，却很少安心于现在。但对于保险业从业者而言，做好当下的保险是唯一真正的高质量发展路径。过去已经消失，我们所有的只是记忆；未来还没有来到，我们有的只是想象。

保险十大属性背后的十维空间

人们从直观上观察到三维（或三度）空间和一维时间，相对论称为“四维时空”。对于超四维空间的存在观点人们有的支持，有的反对。超弦理论认为，世间的一切都是由极小的弦（能量环）的振动产生的，是由不同的振动模式形成的不同的粒子。弦的运动是非常复杂的，仅三维空间，不足以让弦产生众多模式的振动。于是在数学的推算下，超弦理论得出了一个结论：至少九个空间维才能让弦完成这么多模式的振动，即九个空间维度，加上一个时间维度，构成十维空间。

保险十大属性的背后是所形成的十维空间，国家属性、社会属性、经济属性、金融属性、思想属性、风险属性、科技属性、数据属性、历史属性、未来属性背后分别对应了国家空间、社会空间、经济空间、金融空间、思想空间、风险空间、科技空间、数据空间、历史空间、未来空间。

（1）从国家空间的高度理解保险业高质量发展，保险已经提升到“国家保险理论”的高度，国家更加重视保险的治理含义或治理能力，包括保险对避免社会剧烈动荡的重要作用。随着保险的普及，保险以经济契约关系重组社会中人与人之间原本较为孤立的相互关系，由此导致“社会联结本质”发生根本性的转变。保险通过精算技术，将风险社会化（Socializing Risks），实现损失赔偿社会化，使得每个个体成为社会整体的一部分。

（2）从社会空间的高度理解保险业高质量发展，在新的历史时期，国家对保险业提出了更高的要求。2019年12月30日，国务院常务会议审议通过了《关于促进社会服务领域商业保险发展的意见》，这是继《关于保险业改革发展的若干意见》《国务院关于加快发展现代保险服务业的若干意见》后再一次对保险进行了定位，明确了新时代下保险业的历史责任。

（3）从经济空间的高度理解保险业高质量发展，作为全球第二大经济体，2019年我国人均GDP突破1万美元以及总人口量突破14亿，为我国保险业描绘了美好蓝图，如2025年健康险年化保费收入将突破2万亿元，2025年末将累计为参保人积累6万亿元养老保险责任准备金。

（4）从金融空间的高度理解保险业高质量发展，2019年末，我国金融业机构总资产为318.69万亿元，同比增长8.6%。其中，银行业机构总资产为290万亿元，同比增长8.1%，占比91.00%；证券业机构总资产为8.12万亿元，同比增长16.6%，占比2.55%；保险业机构总资产为20.56万亿元，同比增长12.2%，占比6.45%。总体来看，保险业总资产占比稳步提高，银行业总资产占比逐年下降，证券业总资产占比基本和股票市场波动同步。

（5）从思想空间的高度理解保险业高质量发展，党的十八届五中全会通过了“十三五”规划建议，描绘了我国未来五年经济社会发展的宏伟蓝图，提出了创新、协调、绿色、开放、共享五大理念，保险的“互助、共享、合作”思想契合了国家对新时代下保险业的要求，保险的“互助思想、共享主义、合作思想”说到底是社会资源的优化配置。

（6）从风险空间的高度理解保险业高质量发展，在全球化发展背景下，由于人类实践所导致的全球性风险占据主导地位，各种全球性风险对人类的生存和发展存在严重的威胁。由于技术发展和制度创新带来的巨大变革，社会、经济、文化环境越来越复杂，主体间的交互关系更加紧密、多元，整个社会的不确定性急剧提升，新兴风险不断涌现，挑战传统的风险管理体系。新兴风险除了具有传统风险的不确定性、复杂性和模糊性以外，还具有陌生性、系统性和极端性，对社会影响巨大。

（7）从科技空间的高度理解保险业高质量发展，未来科技在潜移默化的发展中，将给保险带来巨大的进步，也为我们从事保险的思维、逻辑等带来新的冲击与活力。未来科技改变保险的同时，保险也在改变着未来科技，二者相辅相成，相互促进，相互发展。当前未来科技已经渗透到保险的各个领域，极大提升了保险服务社会的能力。

（8）从数据空间的高度理解保险业高质量发展，保险数据应用中，大能与小数据量化的自我保持高度一致，小能与大数据预见的未来保持一致，既不能见小不见大，也不能见大不见小。对于保险数据属性，从数据中来，到数据中去，既要见大，也要见小，以小带大、小中见大，才能真正用好数据。

（9）从历史空间的高度理解保险业高质量发展，鉴于中国保险业的独特国情，我们需要思考保险经济学范式创新，使保险域观经济学得以建立和发展。而且，中国所面临的需要解决的保险发展问题，也对保险经济学范式创新提出了紧迫性需求。中国保险经济学的升华可以有两个主要的突破方向：攀登保险经济学的高地山巅（实际上，在40余年里读懂500年的保险历史、看透500年的保险真谛，是一件颇有难度的事情）和开拓保险经济学范式变革的创新蓝海，都是中国保险经济学发展需要努力的方向。而对于中国保险业的互助共济使命而言，后一个努力方向恐怕更具现实紧迫性和更可能做出重大学术贡献。

（10）从未来空间的高度理解保险业高质量发展，展望未来，互联网（5G）、物联网、云计算、人工智能、区块链等新兴技术迅速走向规模化商用，保险的未来以及面向未来的转型正进入深水区，以“万物节点、万物感知、万物智能、万物互联”为特征的心智社会即将来临。连接是一切可能性的基础。未来，基于“互联网+保险”“物联网+保险”“智能网+保险”“超能网+保险”的未来保险生态将构建在万物节点、万物感知、万物智能、万物互联的基础之上。

基于保险十大属性和十维空间的高质量发展

2019年1月21日，习近平总书记在“省部级主要领导干部坚持底线思维着力防范化解重大风险专题研讨班”开班式上强调，面对云谲波诡的国际形势、复杂敏感的周边环境、艰巨繁重的改革发展稳定任务，我们必须始终保持高度警惕，既要高度警惕“黑天鹅”事件，也要防范“灰犀牛”事件，着力防范化解国家风险，保险肩负着重要的历史使命。

保险在国家现代治理体系中的作用日益增强，已不再是一个单纯的“风险工具”或“金融工具”，而是成为国家运行的重要组成部分。

党的十九大和十九届二中、三中、四中全会以及2019年中央经济工作会议对保险业提出了更高的要求：保险如何助力“人民的获得感、幸福感、安全感”？保险如何参与国家现代治理体系建设？保险如何助力构架国家安全网（安全是广义概念，包括自然灾害、养老、就业）？这些问题的背后正是保险风险社会理论、保险社会理论和国家保险理论等在新时代的体现。

《指导意见》的指导思想已经把保险提升到了“国家保险理论”的高度，保险是一种治理方式，而不仅仅是一个“金融”类型。正如《关于加快发展现代保险服务业的若干意见》所要求的那样，我们要立足于服务国家治理体系和治理能力现代化，把发展现代保险服务业放在经济社会工作整体布局中统筹考虑，基于《指导意见》明确保险业发展的新定位，设立保险业发展的新目标，实现保险业的高质量发展。

当保险型社会的保障因素几乎无形地、广泛地渗透到生产生活中时，人们就会将它视作社会生活的基础，并最终成为新形态社会中社会正义的基石。或者说，当保险从一种经济现象延伸到一种社会范畴，社会契约成为一种类似保险合同的关系时，保险将处于现代社会的核心，社会也将迈进现代社会。

不管承认与否，未来已来。相信在不久后，保险将会从四面八方渗透到人们的日常生活当中，也将通过多种方式参与到我国经济社会转型与社会治理创新中。到那时，保险服务也将自然而然地成为人们生活的一部分，进而使保险真正成为社会与经济发展的助力与引擎。

保险是现实的和未来的，千真万确；但保险不只是现实的和未来的，也不容置疑，因为保险也是历史的。保险除了国家属性、社会属性、经济属性、金融属性、风险属性、科技属性、数据属性以外，还有思想属性、历史属性、未来属性等“非保险”性。只有充分认识到这一点，我们才能够把握住保险的特质和保险的边界，找到保险业高质量发展的道路。

在新时期、新形势下，要充分认识保险经济属性，只有这样才能发挥保险对社会经济协调发展的作用，才有利于拓宽保险发展空间，使保险业在更深层次和更广领域参与到国民经济和社会发展的全局工作中，提升保险业在社会经济中的地位。

综上，研究保险业高质量发展时，我们要认识保险十大属性以及背后的保险十维空间：

一是要正确认识保险业和保险属性的关系。厘清保险的国家属性、社会属性、经济属性、金融属性、思想属性、风险属性、科技属性、数据属性、历史属性、未来属性；重点是理解保险属性的微观、中观、宏观变化，以及这些变化背后的历史逻辑；目标是实现中国保险业由高速增长阶段转向高质量发展阶段。

二是要正确认识保险业和保险空间的关系。明晰保险的国家空间、社会空间、经济空间、金融空间、思想空间、风险空间、科技空间、数据空间、历史空间、未来空间；重点是理解保险属性和非保险属性的相互制约，理顺政策、法制、制度框架等影响到保险业发展的外部环境；目标是使保险的密度、深度、广度等与我国的社会、经济、文化、体制沿革相适宜，提升保险发挥作用的空间。

保险十大属性引申的学说适用

保险损失说

前文我们梳理了保险的十大属性，在这个过程中不停地思考保险的学说是否还适用的问题。针对这个问题笔者通过保险的20个思辨关系来回答，在此之前我们先来回顾一下保险的有关学说。

保险损失说，又称保险损害说，是以损失补偿观点作为保险理论的核心来剖析保险补偿机制的。

（1）保险损失赔偿说。此学说产生于英国，是海上保险以后逐渐形成的一种学说，代表人物是英国的马歇尔和德国的马修斯。这一学说认为，保险的目的在于补偿人们在日常生活中因各种偶然事件发生所导致的损失，保险是一种损失赔偿合同。就财产保险而言，此学说是正确的，但在人寿保险出现之后，这一观点就显得不足了。

（2）保险损失分担说。此学说强调损失赔偿中多数人互助合作、共同分担损失的事实，并认为此学说适用于各种保险。德国的华格纳首倡此学说，对后世有很大影响，当代许多美国保险学者都强调保险具有分摊损失这一特殊职能。华格纳主张："从经济意义上说，保险是把个别人由于未来特定的、偶然的、不可预测的事故在财产上所受的不利结果，使处于同一危险之中，但未遭遇事故的多数人予以分担，以排除或减轻灾害的一种经济补偿制度。"这一学说从经济学的角度阐明保险，是其独到之处，但对分担损失是否是保险的最本质属性这一点，仍有较多的争议。

（3）保险风险转嫁说。此学说源于美国，认为把被保险人的风险转嫁给保险人是保险的实质。美国学者威尔特说："保险是为了赔偿资本的不确定性而积聚资金的一种社会制度，它是依靠把多数人的个人危险转嫁给他人或团体来进行的。"日本学者也赞同此学说。此学说是从宏观经济的角度来论述保险的，但同样无法兼顾财产保险和人寿保险。

保险二元说

保险二元说，亦称"择一说"或"不能统一说"，强调财产保险和人身保险不能作统一的解释，而应分别给予不同的定义。保险二元说的代表人物是德国学者爱伦伯格，其认为，保险合同的统一定义既不可能使用危险、损失、被保险利益以及经济损失等概念，也不可能使用保险人的给付或给付条件的事故等不确定的概念。因此，爱伦伯格给保险定义为："当事人的一方获得报酬后，当发生合同规定的、未必发生或发生时期的作用不确定的事故时，承担弥补因此而产生的损失或支付约定的金额或养老金的义务，有计划地大量地缔结具有这样内容的合同就是保险。”爱伦伯格还认为，“保险合同不是损失补偿的合同，就是以给付一定金额为目的的合同”，二者必择其一。这个学说比较流行于各国保险法学界，并为各国保险立法所普遍采纳。

（1）保险人格说。此学说认为保险不仅可以赔偿由于人身事故而引起的经济损失，而且可以赔偿道德和精神上的损失。该学说的代表人物柯勒主张：人身保险之所以是保险，不仅因为其能赔偿由于人身事故所引起的经济损失，还在于它能赔偿道德和精神方面的损失。很显然，人格保险说将人的生命价值与财产的经济价值作为评价的客体，他们认为人身保险既然以保障生命价值的丧失为目的，当然它就与财产保险是一样的，它们都是非损失保险，人身保险就是人格的保险。

（2）保险非人格说。此学说认为人格保险说的理论并不能阐述保险的实质，要阐明保险的实质，只有从损失赔偿和损失分摊上来考察。该学说为大多数法学家所倡导。他们认为，按照人格保险说以损失去解释保险的实质，实际上是做不到的。该学说的代表人物是经济学家科恩。科恩在解释该理论时说：“因为在人身保险中，损失赔偿的性质极少，它不是真正的保险，而是混合性质的保险。”该学说的另一个代表人物埃斯特亦说：“在人身保险中完全没有损失赔偿的性质，从国民经济看，人身不过是储蓄而已。”

从这里可以看出，非人格保险说的理论在实践中是无法成立的。按照他们的理论，必然会得出人身保险或人寿保险不是保险的结论。人身保险（准确地说应该是人寿保险）的确与财产保险有重大的性质区别，人身保险带有储蓄投资的性质，但这并不能就此否定人身保险的互助性质，只有人寿保险的互助性质得以实现后，人寿保险的储蓄与投资性质才有保障。

（3）保险择一说。又称为不能统一说，此学说认为损失保险与人寿保险不可能统一在一个单独的定义中，保险合同不是损失补偿合同，就是以给予一定金额为目的的合同，二者只能择一。他们主张将财产保险与人寿保险分别作概念性的阐述，这就是说在一个保险合同中，既不能使用风险、损失、被保险人利益等概念，又不能使用保险人的给予或以给予为条件的事故等不确定的概念。

该学说理论在各国的保险立法实践中被广泛采用，如日本、法国、瑞士、德国等国家的保险合同法条文，就是根据这个学说的实质内容来制定的。需要指出的是，虽然许多国家采用该学说的理论，但是，这个学说仍然存在较大的缺陷：它混淆了保险与保险合同的概念，仅仅是对保险进行了一个简单的分类而已。

保险非损失说

保险非损失说，是指保险损失说不能全面概括保险的属性，应摆脱损失的概念换个角度解释保险。

（1）保险技术说。此学说以技术的特殊性作为保险的实质。它认为保险是把可能遭受同样事故的多数人组织起来，测定事故发生的概率，按照这个比例进行分摊，根据概率论的科学方法，测定分摊金额要有特殊技术，这就是财产保险和人身保险的共同特点。意大利学者费芳德是这一学说的代表。与过去的学说相比，此学说重视计算分摊金额这一特殊技术，是其进步。

（2）保险欲望满足说。此学说以保险能满足经济需要和金钱欲望来解释保险的性质。认为被保险人以缴付少量的保险费为代价，在灾害事故发生后能取得全部或部分补偿。实际上，此学说是由损失补偿说发展而来的，以满足代替补偿，以需要代替损失。此学说的代表人物是意大利的高彼和德国的马内斯。

（3）保险经济确保说。又称财产共同准备说，此学说认为，现实生活中偶然事件的发生将导致经济生活的不安定，保险集合多数经济单位，形成最经济的后备基金，使被保险人可能遭遇的事故的损失得到经济上的保障。就是说，所有参加保险的动机，都是使不确定的未来的灾害事故得到经济上的保障。这一学说的代表人物是日本学者小岛昌太郎和近藤文二。

（4）保险金融说。又称相互金融机构说，此学说的代表人物是日本的米谷隆三和酒井正三郎。保险作为应对经济不安定的善后措施，需要以调整货币的收支为目的，所以，保险是金融机构，是以发生偶然性事件为条件的相互金融机构。这一学说认为，保险与金融一样，是一种互助合作基础上的金融机构，它起着融通资金的作用。

第二篇 保险廿思辨

未来简单的链接和映射可以交给人工智能（AI），但复杂和深度的链接和映射一定是经由人们的深度思考完成的。同样，每个保险公司所处情境下的思维方式决定了其未来的前景，这正是笔者所说的“保险力量”：真正决定你能走多远的，是你深度思考的能力。

明确保险十大属性之后，我们一直在思考保险的学说是否还适用于保险十大属性背后的十大空间的问题。这直接关乎保险业将何去何从，也许只有回到经济学乃至哲学，回到经济学的基本原理，回到哲学的基本思想，我们才能找到答案。

回到经济学，我们从中国保险业的20条思辨关系来展开这个话题：经济人与行动人、主观价值与客观价值、唯理主义与无知性、数据与信息、计算与发现、均衡与过程、集体主义与个体主义、最大化效率与协调效率、分配与创造、刺激需求与创造供给、历史与理论、实证与理解、数量与意义、目标与规则、权宜与原则、设计与自发、人为与演变、直觉与逻辑、数学与经济学、十维空间与十维思考等。

保险二十思辨关系，研究了我国保险发展的时与势、形与型、近与远、破与立以及变与不变。在思辨的过程中，我们了解了经济学对中国保险业的重要性。阻碍保险发展的错误政策，会因为错误的观念而出台，而错误的观念又是受错误经济学的影响。凯恩斯和哈耶克是“死对头”，但他们都认识到观念的力量。凯恩斯认为，“讲求实际的人自己以为不受任何理论的影响，其实他们是某个已故的经济学家的俘虏”，“危险的东西不是既得利益，而是思想”。哈耶克认为，“长远而言，是观念，因而也是传播观念的人主宰着历史发展进程”。

第一，保险的学说是保险发展的起点，也是保险发展的基石。无论身在何处，须时刻不忘初心。第二，保险背后的经济学原理是保险发展的方向，是光明之灯，指引前路。第三，保险十大属性是保险发展的手段工具。“工欲善其事，必先利其器”，因此，必须顺应时代的潮流，充分发挥保险十大属性背后的十大空间作用。第四，实现保险的全面发展是最终目的，即“方得始终”，这部分内容将在“保险哲学反思”中阐述。

思辨之一　保险业：行动人与经济人

行动人与经济人

经济学的流派众多，根据其对“人”的假设的不同，大致可以分为两派，一派是以“经济人”假设为前提的经济学，另一派是以“行动人”假设为前提的经济学。本书着眼点并非具体比较这两者，而是想借此说明，以“行动人”假设为基础的经济学与保险业发展和变革的要求更相符合，从而对现实更具有借鉴和指导意义。可以说，这是由“经济人”假设与“行动人”假设的不同所得出的必然结论。

“经济人”通常被理解为追求自利的人，当然“追求自利”实乃人之本性，因此如此假设是没有问题的。以“经济人”假设为前提的经济学就是“给定的约束条件下的最大化”。这里的约束条件既可以是“目标”，也可以是“手段”，通常都用“函数”来表示。事实上，用函数描述人，等同于用物理属性描述“物”，这相当于将人“机械化、程序化”。可见在这种理论体系中，“人”已经被“人为地”简化成了“劳动力”或“人力资本”等这样的“物”。于是在给定函数之后，这种经济理论的研究重心在于给定函数下“经济人”如何实现最优。

“行动人”假设认为人会自己选择目标，也会自己选择实现目标的手段。虽然说这些目标和手段在当时都不一定是最优的，也就是说人未必总能选择出最理想的目标，也未必总能发现最有利于实现其目标的手段。但人会学习，会在学习中不断调整自己的目标和手段，使自己在下一次做得更好。此外，与“经济人”不同的是，“行动人”是有自主意识的。因此，他的目标和手段无法用函数来表示，也就是说，经济学家根本不可能用函数来描述或模拟他的行动。如提出“行动人”概念的著名经济学家米塞斯所言：人具备心智。

正是这种心智让他决定自己的目标，并采取相应的行动以争取实现这些目标。可见，“行动人”的这一基本特征是“经济人”所望尘莫及的。

实现由“行动人”向“经济人”转变

2019年，我国保险业实现保费收入共42644.75亿元，同比增长12.17%。从产寿险公司来看，产险公司共13016.33亿元，同比增长10.72%；人身险公司共29628.42亿元，同比增长12.82%。目前，保险业多举措支持实体经济发展，“纾困民企”“鼓励投资”“支持小微企业”等各项举措纷纷登场。对此，我们必须认识到，“监管姓监”“保险姓保”之后的保险业发展、保险业改革，应该是一项非常重要、非常谨慎的经济政策，离不开正确经济理论的指导。

理论之所以至关重要，其原因在于，“理论、理念和行动”三者之间存在必然的因果关系，一个人接受了什么样的理论，往往就会形成什么样的理念，而有什么样的理念，往往就会引发什么样的行动。

那么，究竟什么样的经济理论与保险业现阶段改革的要求才是最为吻合的呢？对此，我们首先需要认识到，保险业现阶段改革的关键词是解决“供给和需求之间的矛盾”，也即党的十九大所提出的“不平衡、不充分”的矛盾。而“供给”“需求”最终都是由“人”做出的。所以在这里，对“人”的假设是否正确尤为关键。经济学的流派众多，根据其对“人”的假设的不同，大致可以分为两派，一派是以“经济人”假设为前提的经济学，另一派是以“行动人”假设为前提的经济学。

回顾中国保险业40余年的发展，不管是保险公司，还是保险消费者，我们不难发现，实际上是“行动人”在推动保险业的发展。我们非常清楚，过去40余年中国保险业更多的是由“供给”推动的，而不是由“需求”拉动的，每一个保险公司、每一个保险销售人员都是一个“行动人”

（供给者），每一个保险消费者都是一个“被行动人”（需求者）。

保险公司（行动人）在实现其自身目标的过程中，推动了保险市场的供给；保险公司实现了自己的目标，提供了保险产品，为社会增加了保险供给。此外，我们还看到，虽然保险消费者（普通人）与“行动人”假设也是相符的，但最能体现出“行动人”之特征的还非“保险企业家”莫属。其原因在于，相比保险消费者，保险企业家的行动能力更强，他们更具创新精神，更能警觉、发现和判断市场发展趋势。这也就意味着，凡是着眼于把人的这种行动能力，也即企业家才能发挥出来的保险公司（如平安、阳光、安邦、明天系、生命、前海等），都取得了“成功”。忆往昔，我们不难发现，40余年发展起来的保险公司，无一不是把保险人，尤其是保险企业家的创造力释放了出来。

2017年，我们开始反思“监管姓监、保险姓保”的问题，除了原中国保监会最高领导者的问题之外，更重要的是消费者已经由“行动人”开始向“经济人”转变，或者说由“被行动人”开始向“经济人”转变；再就是被保险业高速增长（保险牌照价值）所掩盖的“行动人”的“非理性”问题开始显现，保险资本要求保险公司由“行动人”向“经济人”转变。

经过三年的变革，我们不难发现，指望“行动人”解决保险“供需之间的矛盾”无望，此时我们需要回归被函数设定好运转程序的“经济人”，虽然其与机器没有什么本质区别，但是其深知保险业的运行规律。保险业作为一个建立在“数理”基础上的产业，需要按照给定模式进行生产，不能完全靠创新能力。

回顾过去40余年保险业的发展，我们更多的是挖掘保险销售人员的潜能，挖掘保险消费者的非理性消费，挖掘保险企业家的创造性潜能，挖掘保险监管的漏洞（或者俘获监管），却很少去研究保险背后的逻辑、原理、规律。因此可以说，这种以“行动人”假设为前提的经济学所指导的中国保险业变成了保险企业家、保险资本家的“玩具”，对现实中的保险困境或者保险乱象不具任何实质性的指导意义。

在现实中，我们发现保险“需求”已经开始向“经济人”转变（保险消费者更理性），保险“供给”也开始向“经济人”转变（保险资本更理性），如此将会逐步实现保险供给和需求之间的平衡，可见以“经济人”假设为基础的经济学正好可以解决当下中国保险业改革发展中的问题。

由此可见，未来保险业改革发展所需要的理论，其关键在于“经济人”假设，对于当下的保险的监管政策，也应该是从“经济人”假设出发，这些都是毋庸置疑的。这是经济学理论存在的价值和意义所在。

试问：当前我们的决策是基于“经济人”假设吗？如果我们自己不能做一个“经济人”，又谈何“经济人”假设！

思辨之二　保险业：主观价值与客观价值

主观价值与客观价值

主观价值论是经济学的价值理论，认为产品和服务本身并没有经济价值，是由于个人对它们的需求才使其有存在价值。而这些价值是依据购买者肯为此付出多少代价（如货币）来计算的。由于世界上每个人都有不同的需求和情况，因此所谓“正确”的经济价值或价格在客观上是不存在的。

客观价值论是指世界上所有的物品都有客观的、内在的、不以人的意志为转移的价值，而价格只是围绕这个本质进行上下波动的一个现象。而主观价值论则是指所有的物品本身并没有什么内在的价值，只是人对它做出了判断，认为它有价值，它就有价值。

确保“主观价值”与“客观价值”的统一

我们对保险具有什么样的认知水平，在相当程度上将影响甚至决定中国保险市场未来的走向。这里所说的认知水平，不仅是指社会对保险的经营和宣导的管理能力，同时也是指在上述管理能力背后的价值判断及取向，而这些判断和取向往往又与国家的社会发展阶段联系在一起。人们对保险的认知水准有时难以完全超越其所处的历史发展阶段，从而增加了认知的难度。提升全社会对保险的认知水准，既需要时间和耐心，也需要努力和智慧。

显然，对于保险的价值来说，很难单独用主观价值论或客观价值论来进行定义、解释。主观上，消费者虽然认为保险具有经济价值，但是很难做出一个合理的价值判断。客观上，保险公司提供任何保险产品都是有成本、有其内在价值的，但是又很难给出一个完全客观的价值定义。

事实上，对于保险的价值来说，主观是人脑对于客观（或者说“耕三余一”等经验）的反映，我们对所有“保险”形式的主观心理现象都是“保险”客观存在的主观反映；“保险”主观边际效用的递减规律必定对应着“保险”客观边际效用的递减规律，即“保险”主观边际效用的递减规律必定是“保险”客观边际效用的递减规律在我们头脑中的主观反映。

看来，对于保险，我们需要统一主观价值论与客观价值论的观点，即用“统一价值论”进行解释、认知。

消费者对于保险的各种主观情感（反感、喜欢、失望、安全、幸福、痛苦等）在本质上都是消费者对于“保险公司”所提供的“保险产品”客观价值的主观反映，是保险消费者在购买保险产品中所展现的识别价值、表达价值、计算价值、消费价值和创造价值的“情感”过程。

对于保险来说，“情感与价值”的关系更复杂。情感与价值的关系实际上就是主观与客观的关系，情感以价值为基础，情感的变化在根本上取决于价值的变化；情感与价值存在着复杂的、动态的、非线性的对应关系；价值观的客观目的在于识别“事物的价值率”，情感的客观目的在于识别“事物的价值率高差”；情感的强度与事物的价值率高差的对数成正比（即情感强度第一定律）；情感表达、情感识别、情感计算、情感体验在本质上分别代表着价值表达、价值识别、价值计算与价值消费；主观心理的边际效用规律实际上就是客观价值的边际效用规律的表现形式；等等。

通过上述的理论观点，就可以把消费者对于保险产品的“主观价值论”与保险公司对于保险产品的“客观价值论”统一起来。只有这样，才能把“保险”真正建立在经济学的基础之上，建立在科学的基础之上。

保险大道，简而言之就是“敬天惜命”。“敬天”者，尊重自然规律也；“惜命”者，珍惜人的生命也。然而这个容易被人接受的道理在实践中常常被人误读，出现片面的保险认知。

（1）片面的保险认知在保险供给者方面的表现主要是两个方面：一是保险业的功能被人为缩小；二是保险人的作用被人为放大。

（2）片面的保险认知在保险需求者方面的表现主要是两个方面：一是保险是“万能”的；二是保险是“无用”的。

对于保险的认知，显然不是客观价值论所解释的“决定论”，虽然保险价值是由客观因素决定的，但是保险公司不能忽视消费者自己“决定价值”的可能性，更不能排除消费者自己选择的可能性。如果从客观价值论出发，保险公司与保险消费者之间将产生“冲突”“阶级”等问题，保险公司眼中也没有“稀缺性”概念，但是我们又知道“稀缺”是与保险消费者的主观评价相关的。

对于保险的认知，显然也不是主观价值论所解释的“供需论”，虽然保险的成本、目标、价值、利润、知识和结构等都是主观变量，但是真实的保险世界还是存在客观的市场变量的，由于保险公司或者保险消费者对这些变量的理解因人而异，导致变量不完全客观。

对于保险的认知，我们可以从主观价值和客观价值的角度进行理解，即保险“价值中立”：每个人（保险公司、保险消费者）都有且只有自己的评价，评价是个体性的；同时，每个人（保险公司、保险消费者）都有且只有对于保险产品的供给或需求的客观价值认知。经济学要做的事情就是统一保险公司和保险消费者的价值，实现“价值中立”。

放眼未来，保险的主观价值指向自由，客观价值指向约束，统一价值指向有约束的自由。可见，未来的保险业，关键在于处理好“自由与约束”的关系，关键在于认知“有约束的自由度”。

思辨之三　保险业：唯理主义与无知性

唯理主义与无知性

唯理主义，也称唯科学主义、科学至上主义（Scientism）。笛卡儿是唯理主义的奠基人，他指出：检验真理的标准和获取正确知识的途径不是感觉经验，而是理性。

唯理主义与集权主义是一体的：某些“聪明人”可以通过“科学的”方法来改造世界。承认无知性是获得自由的基本前提。

切忌盲目的“唯理主义”，正视未来的“无知性”

当前，我们处在一个结构复杂、不断变化的经济系统中，不存在一个万能的理论。而且，人类在自然灾害风险和生命科学风险的认知上，尚处在“必然王国”阶段，要到达“自由王国”的境界，还有很长的路要走。

既然路还要走，并且还有很长的路要走，那么对于保险业来说，就一定存在很多“无知性”，也就一定不存在一个放之四海而皆准的理论体系。

当前，对于中国保险业来说，无论是从政策层面，还是从公司层面，我们看到了太多的“唯理主义”，却无视自己的“无知性”，这样发展下去可能是致命的，因为我们指望“聪明人”通过“科学的”方法来改造保险显然是错误的。

因此，我们必须充分地利用保险市场，发挥个体的创造性来根除我们的无知性。当然，我们的无知性是永远不可能彻底根除的，假如有一天真的根除了，那么也就不需要保险市场了。《无知的经济学与中国经济》指出，我们应时刻保持一种谦卑的心态，永远不要忘记自己所在学科、所处时代的局限性。

正如马克思所说：“每个历史时期都有它的规律。一旦生活过了一定的发展时期，由一个阶段进入另一个阶段时，它就受另外规律支配。旧经济学家不懂得经济规律的应用，他们把经济规律同物理定律和化学定律相比拟。”

《自由秩序原理》（英国自由主义经济学家弗里德里希·奥古斯特·冯·哈耶克创作的政治哲学著作）一书指出，自由作为一种理念，是人类的自然愿望。但是对于在文明社会如何实现自由理念的方法论和价值观的不同取向，导致了民主社会和集权社会的分野。这是因为自由的实现首先有赖于制度。

可见，我们要构建一个自由的保险市场，要在承认无知性的基础上，把“法律”“道德”的制度框架搭建起来，把个体（保险公司、保险消费者）放到规则之下。换句话说，假如“无所不知”，那就意味着不需要法律、道德，无法无天。如果真的是这样，保险也就不再“保险”。

从保险业来看，未来保险业的成败将取决于人们对保险经营性质和风险管理规律的认知水平。无论是在变幻无常的自然风险面前，还是在神秘莫测的生命风险面前，我们永远都是一名学生。

任何一个人，任何一个企业，任何一个国家，都没有足够的骄傲资本。远的不说，就中国保险业手上已经承保的4千多万亿元的风险而言，本身就是一个被集聚的国家“风险库”，客观上存在着一种“爆炸”的可能。因此，不能心存侥幸，不能相信权威，只能依靠现代科技力量，运用人类共同智慧，在与风险共舞的同时，逐步认知我们的“无知性”。

我们处在一个结构复杂、不断变化的保险系统中，不存在一个万能的保险理论。我们最需要的是脚踏实地、实事求是，只有这样，中国保险业才能继续前进。

思辨之四　保险业：数据与信息

数据、信息和知识

信息是对世界上人和事等的描述，它比数据更加抽象。信息是隐藏在数据背后的规律，需要人类的挖掘和探索才能够发现，比如地球的面积和质量、物理学中的参数、圆周率等。

数据是信息的载体，从数据到信息不仅是一门技术，也是一门艺术。以胡夫大金字塔为例，该金字塔的周长和高度的比值大约为6.29埃及古尺，金字塔的长为20埃及古尺，宽为10埃及古尺，但高度为11.18埃及古尺。为什么不是一个整数？通过考古专家的分析，这是为了保证对角线都是整数，分别是15和25。通过对这些数据进行处理，我们可以得到古埃及人已经懂得了勾股定理的结论。

对数据和信息进行处理后就会得到知识。知识是数据和信息更加高级和抽象的概念。知识具有系统性、规律性和可预测性。信息（数据）是客观的，知识是主观的。对同样的信息，不同的人有不同的理解。

从“数据”到“信息”再到“知识”

保险业在未来的发展中，难免会遇到“黑天鹅”事件或者“灰犀牛”事件，这就要求我们选择正确的应对方式。不能用应对“黑天鹅”风险的方式去应对“灰犀牛”风险，也不能用应对“灰犀牛”风险的方式去应对“黑天鹅”风险。

无论是“黑天鹅”，还是“灰犀牛”，都与保险的“数据”“信息”“知识”密切相关，保险的存在一方面是为了应对“黑天鹅”，另一方面也可以应对“灰犀牛”，解决这二者带来的不确定性。所以，面对风险，保险应该更从容，以应对“信息”与“知识”。

我们回顾保险的发展、保险的理论，正是由数据、信息和知识构成的，保险原理构建在“数据”基础之上，保险运营构建在“信息”处理之上，保险销售构建在“知识”认知之上。

以斯蒂格利茨为代表的信息经济学排除了知识问题，强调信息不对称，把信息问题变成搜寻成本最低的问题，把成本最低问题变成求解函数极值问题。信息经济学没看到市场对知识的利用是以难以函数化的方式实现的。

回顾40余年保险业的发展，我们不难发现保险公司“人为”地把保险停留在“信息”层面，利用“信息不对称”运营保险公司，而忽视保险的“知识”，结果是保险消费者和保险公司（包括保险销售人员）对于保险“知识”的理解完全不在一个层面。

我们知道，保险市场是个体（保险消费者）充分利用知识的制度安排，是分散地利用自己以及他人的知识的机制（互助）。

保险的奇妙之处在于，风险信息很多，但保险是一个简化风险信息的机制。保险把大量的风险信息都简化为价格，使个体只要利用相对稀少的风险信息就能进行理性的行动。这是保险的伟大之处。保险是简化选择的机制，它把选择“剪裁”到人类心智能够处理的“尺寸”。

可见，真正的保险是利用每个人的知识生产出保险产品信息（而不是风险信息），又使这种信息为每个人所利用。

从“数据”到“信息”再到“知识”，清晰界定各概念的范围，有利于我们重新认识大数据时代的保险，有利于我们重新认识智能时代的保险。从数据到信息，涉及不同的处理方法，不仅包括传统的精算方法，还将涉及机器学习处理技术。不同的技术处理，可能会得到不同的信息。而从信息到知识，更加体现一个人的概括总结能力，同时也体现一个行业的传播培育能力，它直接决定了后期的数据的应用场景和使用价值。

从“数据”到“信息”再到“知识”，基于此对于保险的认知，才能帮助我们到达保险的最高层级，即具有智慧的保险层级，不论是“黑天鹅”事件还是“灰犀牛”事件，我们都能将其化解于萌芽之中。

思辨之五　保险业：计算与发现

计算与发现

经济学的研究不是“计算”出什么东西，而是发现什么东西，把自己的“发现”表达出来，这就是经济学研究的本质。这是经济学的创造，和企业家的创新没有区别。“数学滥用”的现象不仅在经济学研究中存在，在其他人文社会科学，如管理学、法学、史学等研究中也一定程度上存在。

保险研究要少点“计算”，多点“发现”

现实中，保险的管理、运营等实践有很强的独立性，套用数学模型或大样本的统计方法，往往会掩盖成功保险管理、运营等实践活动的独特性，得到的结论反而没有借鉴意义。

保险从萌芽时期的互助形式逐渐发展到冒险借贷，再发展到海上保险合约，进而发展到海上保险、火灾保险、人寿保险和其他保险，逐渐发展成为现代保险，经历了世界保险史上的多个“第一”：

第一份具有现代意义的典型保险契约是1384年签订的比萨保单。这张保单承保了从法国南部的阿尔兹运到意大利比萨的一批货物。

第一家海上保险公司1424年在意大利热那亚问世。

第一部有关海上保险的法律是1601年伊丽莎白女王颁布的。法律规定在保险商会内设立仲裁法庭，以解决日益增多的海上保险纠纷。

第一家皇家交易所是1568年12月22日经伦敦市长批准开设的。这为当时海上保险提供了交易场所，从而取代了从伦巴第商人沿袭下来的一日两次在露天广场交易的习惯。

第一部比较完整的保险条例是1523年意大利佛罗伦萨市制定的，条例规定了标准保险单的格式。

第一张船舶保单是意大利热那亚商人乔治·勃克维纶于1347年10月23日签订的。这张保单是目前世界上所发现的最古老的保单。

第一起人寿保险出现在1536年的英国。当年6月18日，英国人马丁为一个名叫吉明的人承保了2000英镑的人寿险，保险期限为12个月，保费为

80英镑。

第一个火灾保险组织是德国汉堡46家合作社联合成立的市营公众火灾合作社。

第一张防盗保险单是19世纪末由英国劳合社设计的。

第一家被公认的真正的人寿保险组织是1699年成立的英国孤寡保险社。

第一个飞机承保团是劳合社和白十字保险协会共同组建的，他们起草了最早的航空保险条款。

第一份分保合同是1821年法国巴黎国民保险公司和布鲁塞尔业主联合公司签订的。

第一家金融界保险学术团体是1873年在曼彻斯特成立的“英国特许保险学会”。

第一张完整科学的生命表是1693年由英国著名数学家、天文学家哈雷制定的。

第一批开办航空保险的国家是1914—1918年的英国和美国，而世界上第一架飞机于1903年在美国试飞成功。

第一张汽车保险单于1898年问世，而之前只有一种专门承保因马匹而引起的责任。

第一张盗窃保险单是1887年由英国劳合社设计的。它为世界上第一辆汽车和第一架飞机出立保单。

第一家专门承保火灾保险的营业所是由英国一个名叫尼古拉斯·巴蓬的牙医独自创办的。他是1666年9月2日伦敦大火中第一个醒来的人。

第一个以股份公司出现的保险组织是1710年由英国人查尔斯、波文创办的“太阳保险公司”。它是英国迄今仍存在的最古老的保险公司之一。

第一家独立的专业再保险公司是德国创立的科隆再保险公司。

第一份人身保单是伦敦皇家交易所的16个属于保险行会的商人于1583

年共同签发的。

第一份正规的汽车险保单是英国劳合社于1901年签发的。它借鉴海上保险的做法，将汽车视为在陆地上行驶的船，保费按汽车马力的大小来确定，每1马力收取保费1英镑。

第一件航空失事保险大赔案的赔付额为5亿美元，对象是1985年日本航空公司的一架波音747客机。

……

世界保险史上的“第一”还在延续。我们可以看出，这些“第一”的保险是“计算”出来的，更是“发现”出来的。

谈到未来的保险创新发展，我们需要多一点“发现”。因为我们知道，保险产品与人类本性有巨大的冲突，至少到目前为止，我们很难通过“计算”去改变人类的本性。

首先是自私与互助的矛盾。人类的本性是自私的，尽管也有利他之心，但从人类进化过程可以看出，个体利他是有条件的，通常仅限于其亲戚朋友或亲眼见到受害者的情况。保险这种通过第三方平台实施的大规模互助显然已经超出了人类进化出来的利他范围，难以被人们彻底理解和接受。

其次是短视与长远的矛盾。人类的本性是短视的，尽管也有一定的规划未来的能力，但人类的直觉思维系统或大脑边缘系统几乎是不考虑未来的，这使得保险业所从事的长期储蓄业务，尤其是养老年金业务，难以被人们接受。

人类的自私和短视本性是利用保险机制解决灾难损失问题和养老问题的最大障碍，因为人性亘古不变，只能通过某种机制来激励或克服。这些都是我们对于保险的“发现”，不能靠“计算”来解决。

随着生命科学的发展，未来我们能否通过“计算”去改变人类本性，也许是一件非常值得期待的事情。

思辨之六　保险业：均衡与过程

均衡与过程

经济学新古典主义学派认为，市场经济总是处在一种一般的长期均衡状态；奥地利学派，从门格尔（Menger）、坎蒂隆（Cantillon）开始，关注的不是均衡而是市场走向均衡的过程。

现实世界，即市场的日常世界，是市场总是朝着均衡运动但从来没有到达它的世界。因为市场活动的决定因素——价值、资源、技术、知识、产品等，总是在不断变化。因此，奥地利学派关注市场过程，而非最后的均衡状态。

经济学是考察人的行为与社会合作过程的科学，均衡学说中假设合作已经自动实现了，剩下的是计算最大化问题，这样也就是把过程这一真正的经济学问题排除了。虽然我们可以接受“个体是追求最优的”这一假设，但现实中没有最优存在。比如教科书中说，厂商在边际收益等于边际成本的点上生产是最优的。但厂商真的知道自己的最优点吗？能计算出最优点吗？都不可能，因为不能把厂商当作一个“黑箱”。

真实世界中的厂商只能根据市场状况和自己的目标不断调整生产。最优点是经济学家的想象，是均衡思想的产物。所以，市场是一个“过程”，如哈耶克所说，“竞争是一个发现的过程”。

显然，从监管部门的角度来看，是为了某种“均衡”，才有这样的“过程”；但是，我们好像忽视了“均衡”与“过程”的关系。

车险的“均衡”与“过程”

最近看到很多关于车险的报道，一家又一家公司被停业、被处罚，目的是什么？百思不解。商业车险问题变成了“骨头”问题。我们都知道，不同的骨头得有不同的啃法，虽然有时候吃相并不雅观，但是为了吃点肉，有时难免顾此失彼。

供给与需求的矛盾是市场经济中始终存在的一种基本矛盾。供给与需求的绝对均衡只是人们的一种主观愿望。没有供给与需求的矛盾，就没有市场经济。市场经济的发展是供给与需求矛盾存在和运动的结果。从这种意义上说，供给与需求矛盾的存在是市场经济发展的前提条件。保险是市场经济的产物，作为市场经济组成部分的保险市场，不得不受到市场经济一般规律的支配和影响。保险供给与保险需求之间的矛盾，也成为保险市场长期存在的一种现象。

车险市场的空前失序和严重失衡，不仅引起了保险监管者的关注，而且引起了保险经营者的焦虑。但是这些问题的解决不可能一蹴而就，而是需要一个过程才能实现供需的 均衡。因为，我们对车险具有什么样的认知水平，在相当程度上将影响甚至决定我国车险市场未来的走向。

这里所说的认知水平，不仅是消费者对车险的认知水平，更重要的是保险公司对于车险经营的认知水平。车险经营中，保险公司、保险中介机构、保险销售人员等通过各种名目给消费者返手续费、返加油卡等各种名目的利益，甚至各种通融赔付，这就是社会对车险的认知，同时也直接反映了保险公司在车险业务管理能力背后的价值判断及取向，而这些判断和取向往往又与一个国家保险的发展阶段联系在一起。

人们对车险的认知水准有时难以完全超越其所处的历史发展阶段，从而增加了认知的难度。提升保险公司，也包括消费者，对车险的认知水准，既需要时间和耐心，也需要努力和智慧。

思辨之七　保险业：集体主义与个体主义

集体主义与个体主义

“物以类聚，人以群分”。群体与个体相对，是个体的共同体。不同个体按某种特征结合在一起，进行共同活动、相互交往，就形成了群体。个体往往通过群体活动达到参加社会生活并成为社会成员的目的，并在群体中获得安全感、责任感、亲情、友情、关心和支持。《集体的社会心理学》一书中，作者彼得罗夫斯基根据群体发展的水平和群体成员之间联系的密切程度，把群体分为松散群体、联合群体和集体。

松散群体（Loose Group）是指成员间的关系并不以共同活动的目的、内容、意义和价值为中介的共同体。许多情况下，松散群体中根本没有共同活动。例如，飞机上的乘客、音乐厅的听众、宾馆中的房客、旅途中的游伴等，都属于松散群体。

联合群体（Joint Group）或合作群体是指通过共同活动而逐渐凝聚成为有组织的集合体，建立起成员之间带有各种情绪色彩的人际关系的群体。各个成员认识到彼此都属于同一个社会共同体，群体内部互相吸引日益明显。在这样的群体中，情绪等心理关系占主导地位。彼得罗夫斯基认为联合群体或合作群体似乎是松散群体与集体之间的过渡群体。

集体（Collective）是指群体发展的最高阶段，成员间的关系是以有个人意义和社会价值的群体活动内容为中介的群体。这就是说，集体成员不仅认识到群体活动对个人和集体的价值，而且还认识到其对整个社会的意义。一般地，真正的集体应兼顾个人、集体和整个社会的利益。

基于均衡思想的微观经济学抹杀了真正的个体，宏观经济学更是如此：在总量与个体福利之间画上等号，认为总量目标达到，个体福利就增进。这并不成立。经济学中的个体主义和集体主义（包括松散群体、联合群体和集体）一直纷争不断。这种"个体—整体"的二选方案源于在社会科学尚未完成学科分离的"大"社科时代，"能动性与结构"（Agency and Structure）这一社会理论者面对的基本问题。

能动性与结构是社会科学中的经典问题之一。其中，"能动性"（Agency）是指个体行为者独立行动并做出他们自由选择，而"结构"（Structure）则指诸如信仰、伦理、习俗等能够影响或限制个体选择和机会的"可再现的模式化安排"（Recurrent Patterned Arrangements）。

对社会科学而言，能动性与结构的问题之所以重要，是因为任何社会科学，首先要面对的问题就是：何谓社会？是先有社会还是先有个体？在进一步解释社会现象时，这一问题就进一步演化成为：是从个体（能动性）入手，还是从结构入手？结构是否可以独立于个体而存在并有独特特质？

（1）集体主义把无数个体构成的人视为一个集体，赋予这个集体以意识，把这个集体当作个人来看。方法论集体主义认为个人不具有独立自主的决策权力，制度不是个体行动的结果，是设计的。

（2）个体主义认为要从个体角度去思考，行动都是个体产生的。要从个人行动的差异和变化去观察与分析集体现象的形成与变化。《人的行为》一书指出，要认识整个的集体，就得从对个人行为的分析着手。个体追求个体自己的目标，而不是为总体目标服务。

（3）个体不是实现集体目标的工具。个体的自由、生命先于集体目标。

重新认识集体主义与个体主义

从保险的角度来看，几百年来，我们更多的是从集体主义角度来研究保险，基于大数法则来设计保险产品。此时的保险是一种制度，是设计出来的。

随着互联网的发展，个体的“组织与权力”或者说“能动性与结构”发生了变化，基于“集体主义”的保险研究、产品设计已经无法适应社会发展的需要。因为个体开始追求个体自己的目标，而不是总体目标。

按照美国人本主义心理学家亚伯拉罕·马斯洛的需求层次理论，人类需求分为生理需求、安全需求、社交需求、尊重需求和自我实现需求五个层次。这五种需求像阶梯一样从低到高，按照层次依次推进。只有当最低层次的生理需求得到充分满足时，才会产生旺盛的较高层次的安全需求等。因为每一个人的需求层次是不一样的，对于保险的需求也是不一样的，因此，在保险设计中我们既要追求集体主义（大数法则），也要兼顾个体的个性化需求（个体主义）。

可见，保险研究和保险产品的设计，其实本质上也是“集体主义”与“个体主义”的发展，关键是我们如何处理好二者之间的关系。

最后，我们一定要切记一点：个体不是实现集体目标的工具。个体的自由、生命先于集体目标。

思辨之八　保险业：最大化效率与协调效率

最大化效率与协调效率

著名经济学家黄春兴教授区分了一人世界、二人世界和多人世界。一人世界，如实行计划经济的朝鲜；二人世界，如恋人；多人世界，如市场经济。对一人世界来说，效率是技术问题；对二人世界来说，效率是合约问题；对多人世界来说，效率是规则问题。

一人世界是可以求最大化的，但对于多人世界是不能求最大化的，因为不同人的效用不能加总和比较。如果是对多人世界求某个整体的最大化，那就是把多人世界变成一人世界。主流经济学是均衡经济学，是求最大化的，将多人世界变成一人世界，是一个“技术问题”。

多人世界的效率是“协调”概念，不是技术效率。对多人世界来说，不是某个个体或组织确定的目标的实现，就意味着所有人福利的提升，相反，要把不同人的行动协调起来，让每个个体充分发挥创造性，才是多人世界的“效率”。企业家创新就是协调，组织创新也是一种协调。

对多人世界采用技术效率是错误的。如控制金融风险这样的概念，究竟是谁的金融风险？怎么算是控制金融风险？都经不起推敲。资产价格下跌是风险吗？对某些人来说不是风险，是机会，如果为了控制金融风险，就限制价格波动，等于干预了市场。

经济学是有关个体选择的科学，选择与他的价值和意义相关，也就是与他的成本收益相关，总量分析、平均分析把这些都排除了，没有“协调思想”在里面。

在动态的真实社会中，“最大化”效率无法为我们提供一个有效的、可操作的标准，但经济学却不能没有“效率”的概念。因此，我们必须寻找一个更为动态的、现实的和更具有可操作性的效率标准。相比“最大化”效率，奥地利学派经济学提出的“动态效率”更有优势，它基于企业家才能理论，强调人的创造性和协调性。

从“动态效率”的角度看，无论是个人、企业还是整个经济系统，越是能够充分地发挥人的创造性和协调性，社会成员之间的行为就越协调，经济社会的发展也越具有可持续性。

谋求最大化效率的同时更要重视协调效率

以传统保险经营与管理为例，保险经营与保险管理是范畴不同的两个概念。保险经营属于市场经济范畴，保险管理属于组织协调范畴；保险经营通常属于实体形态，最终体现在保险产品和保险服务上，保险管理通常属于非实体形态，最终体现在环境氛围和文化认同上；保险经营是以客户为中心，代表着经营者与外部环境之间的互动，保险管理是以员工为中心，代表着管理者与员工或员工之间的互动；保险经营的目的主要是提高效益——增加利润，保险管理的目的主要是提高效率——降低成本。

这是我们对于传统保险经营与管理的理解，显然无论是保险经营还是保险管理，都是在处理“多人世界”的问题，因此我们要更加重视协调效率。我们要把保险中不同人的行动协调起来，让每个个体充分发挥创造性，进而实现多人世界的“效率”。

《保险业：重新认识集体主义与个体主义》一文中，笔者谈到了保险业正在从“集体主义”向“个体主义”发展，同样保险业也正在从“二人世界”向“多人世界”转变，此时保险的经营原则、规则也要随之发生变化，这样才能实现“效率”。

“二人世界”中的保险是保险公司与消费者之间的合约约束，“多人世界”中的保险是保险公司与消费者之间的规则约束。合约与规则的内容是不同的，这正是保险变化的底层逻辑。

我们来看相互保险，相互保险从组织与权利上进行了创新，本质上就是一个“多人世界”，显然如果我们还停留在“二人世界”，是无法发挥相互保险的优势的。

我们再来看互联网保险，互联网保险的内核是“保险”，但是其外观是“互联网”，互联网是一个“多人世界”，这也就是我们所看到的“互联网保险”发展存在的问题，内核保险的“二人世界”不愿意融入外观的“多人世界”。

如果我们无法理解我们到底是一人世界、二人世界还是多人世界，我们又如何实现“效率”？

思辨之九　保险业：分配与创造

分配与创造

价值创造和价值分配是商品经济条件下人类社会基本的经济活动，是构成社会生产和再生产的主要环节。价值创造研究的是生产领域中价值是由什么创造的，即价值的源泉是什么。价值分配研究的是价值创造出来以后，在各个要素所有者之间按照什么原则进行分配。因此，价值创造和价值分配是两个不同的问题。

谈到分配，我们首要关注的是分配效率。分配效率指分配中讲求效率的意义和维护公平。效率与公平是一对矛盾体，两者看似不可调和，却又互相依存。因此要正确处理效率和公平的关系。

主流经济学中的分配效率，关注的是把政府的资金分配到哪里去，怎么分配才是最优的。比如根据产业结构变化，合理分配资金，把资金分配到他们认为比较有前途的产业，从而促进产业升级和经济结构的转型。

创造是指将两个或两个以上概念或事物按一定方式联系起来，主观地制造客观上能被人普遍接受的事物，以达到某种目的的行为。简而言之，创造就是把以前没有的事物生产或者创造出来，这明显是一种典型的人类自主行为。因此，创造的一个最大特点是有意识地对世界进行探索性劳动。

保险“严管”是分配，不是创造

2019年2月25日，国务院新闻办公室举行“坚决打好防范金融风险攻坚战”新闻发布会。中国银行保险监督管理委员会副主席王兆星表示，过去两年，银保监会加大监管力度，严厉治理违规、违纪、违法的金融活动，金融乱象得到了有效遏制，金融风险总体上得到了有效控制。

过去两年当中，银保监会先后制定和修订了近百个监管制度、法规、办法，来弥补监管制度的漏洞和空白，同时也对十几万家银行保险机构进行了现场检查，处罚违规银行保险机构近6000家，处罚相关责任人7000多人次，认定禁止一定期限乃至终身进入银行保险业的人员300多人次。同时还有取消一定期限直至终身银行保险机构董事及高管人员任职资格454人次。

这就是我们今天所处的金融环境——一个严管的市场。这样的市场是有效率的吗？

严管的保险市场，其本质已经变成了一个分配市场，保险主体之间进行着分配与博弈，其结果一定是市场越来越乱。

我们看看今天的车险市场和寿险市场，通过“严管”的分配，强者更强，弱者更弱。这显然不符合保险市场发展的初衷。

我们都知道，新产品是企业家创新的结果，不是事先就可以预测的。监管部门不可能比企业家先知道什么技术是有市场的。既然不知道，那么监管部门的“严管再分配”（变相补贴）也就无从谈起。

另外，我们知道，创新和金钱无关，创新是思想活动的产物。米塞斯说劳动并不是创造性的，思想才是创造性的。

不管是我们学习的西方经济学，还是政治经济学，主流的经济学派都认为，大、中、小公司的并存，科学合理的市场集中度，是市场充满活力的前提。从这种意义上说，保险监管的大方向应该是鼓励市场主体大胆创新，提升市场竞争力和国际竞争力。

为了创新，显然我们需要营造一个公平的竞争环境，为保险市场发展铺设一条创新的道路，帮助所有保险公司而不是前几家，更不是国资背景的保险公司创新兴业、做大做强做实。培养保险市场的市场意识，减少“严管”的出手频率，是保险监管的最高境界。

我们应该明白，“严管”是分配，不是创造。

思辨之十　保险业：刺激需求与创造供给

刺激需求与创造供给

对整体经济来说，总供给量必须等于总需求量，但关于这些因素如何互动，各家有不同的观点。其中一派认为总供给驱动总需求，另一派则认为恰好相反。

萨伊定律（Say’s Law）是以19世纪初期法国经济学家让·巴蒂斯特·萨伊（Jean-Baptiste Say）的名字来命名的，主张“供给创造其自身的需求”（Supply create sits own demand）。这句话过度简化了萨伊的观点，但也算易读易懂。该理论指出，每当商品或服务生产和销售时，表示某人赚到了钱，无论他是生产商品的厂商，还是生产链上的供货商。基于这个理由，宏观经济意义上的供应价值，必定在社会某处创造了等值的收入及需求。

支持萨伊定律的现代经济学家，称为新古典派经济学家。

萨伊定律及新古典派经济学面临的主要挑战是经济衰退。在经济衰退时，失败的企业远多于成功的企业，假如供给能创造其自身的需求，很难解释为什么会有经济紧缩。毕竟，假如总供给总是能创造充分的总需求，为什么还会发生经济衰退呢？平心而论，萨伊当时已充分意识到了这个问题，因此，他并不完全相信这个以他名字命名的法则。

相对于萨伊定律，另一个理论是凯恩斯法则（Keynes's Law），它是以20世纪英国经济学家约翰·梅纳德·凯恩斯（John Maynard Keynes）的名字命名的，主张“需求创造其自身的供给”（Demand create sits own supply），这句话也是这位经济学家观点的一个粗略但有用的简化版。凯恩斯在经济大萧条时期撰写了《就业、利息和货币通论》一书，他指出，在大萧条时期，供给商品与服务的产能并没有多大改变。

1933—1935年，美国的失业率超过20%，但合格的劳动力数量没有明显减少。工厂倒闭了，但机器、设备和产能并没有消失。20世纪20年代发明的技术，在30年代不会凭空消失。因此，凯恩斯认为，经济大萧条以及很多一般性的经济衰退，不是由潜在供给（例如劳动力、实物资本和技术）下降引起的。相反，经济衰退是因为整个社会缺乏需求，以致厂商没有足够的动力生产。因此，凯恩斯认为，更大的总需求才能让社会摆脱经济衰退。

凯恩斯法则的主要挑战是什么？假如总需求是宏观经济面的关键，那么政府可以通过大量增加支出或大幅减税来促进消费，以刺激总需求，让经济尽可能增长。但社会在任何时间点能生产的商品数量确实面临限制，这取决于劳动力数量、实物资本、可获取的技术，以及结合这些生产因素的市场结构与经济制度，而这些限制也不会仅因为政府想增加总需求而消失。

刺激需求更要创造供给

经济主体是需求与供给的统一，不能离开供给谈需求，也不能离开需求谈供给。目前国内保险有效需求不足，制约保险增长的根源在于无效供给过剩，有效供给不足；同时，国内保险有效供给不足，制约保险增长的根源在于无效需求被激发，有效需求未被满足。这就是中国保险业目前面临的“双不足”问题。

中国保险供求存在“双不足”问题，即保险供给不足，保险需求也不足。中国保险市场经营主体面临双重压力，既要增加供给，又要激发需求。过往的中国保险市场，发展的引擎主要是增加保险供给，以此拉动保费收入总量的增加，实现保险规模的扩大。加之选择保险供给拉动发展的动机，不是为了满足社会的保险需求，而是为了扩大保险的市场规模，其结果是保险市场内部结构失衡，保险供给不足，保险需求也不足。因此，中国保险既需要刺激需求，又需要创造供给。

解决中国保险业“供给不足”问题的根本出路是调整保险产业结构、业务机构、机构结构，促进技术和制度创新，以启动和创造有效供给，同时完善市场机制，创造良好的市场环境。

解决中国保险业“需求不足”问题的根本出路是认清商业保险与社会保险的关系，创新保险产品的保障、服务内容，改善现有保险产品内在缺陷，根除打着保险牌子行投资之实的做法，从推销保险向保险专业化服务转变，真正做到“一人一保险，一家一保险”。

凯恩斯主义强调刺激需求，用通货膨胀来达到目标。米塞斯认为，“通货膨胀是把石头变成面包”。奥地利学派强调的是创造供给，奥地利学派先驱萨伊说“供给创造需求”，也就是萨伊定理，大家都熟悉，它的另外一个表述是“要得到，得先生产”。然而如何理解“双不足

（贫穷）”？不足（贫穷）是没有能力创造“供给”的问题，又是没有方法刺激“需求”的问题。这显然是一个“公说公有理，婆说婆有理”的问题。

回到经济学，回到保险的本质，无论是保险机构，还是保险消费者，我们都要重新认识这个问题。保险业本质上是竞争性服务业。保险业和保险市场具有三大职能。

一是有效配置资源。我国储蓄率高，一边是风险消费者，另一边是风险投资者，如何把巨大的风险转换为保险产品，配置在各种金融产品上，是保险业配置资源的重要内容。

二是管理风险。保险市场的一个重要职能是风险管理，主要通过风险分散和风险融资提供各种保险产品来进行。保险市场需要不断进行风险量化，进行准确的定价，通过保险产品完成风险的管理。

三是提供保险服务，服务于居民和企业。保险服务大部分都和配置资产和管理风险有关，前面已经讲了。这里笔者想强调的是，专业的保险服务可以降低交易成本和节约时间。可以用节约的时间来衡量保险服务效率的提高。

举个例子：20年以前，我们购买保险必须面对面出单，可能要花半天的时间；10年以前，一些简易保险可以通过互联网直接出单，烦琐的流程大概要花一个小时；今天，我们购买大多数保险都可以通过互联网或者手机移动支付，只花5分钟。这些时间的节约说明保险服务的效率大大提高，所以，保险本质上是竞争性的服务业。

保险要做好以上三个职能，就要进行供给侧结构性改革和需求侧结构性改革。一方面，保险机构要通过业务、产品、服务等创新，增加保险有效供给，更好地满足消费者收入差异化、个性化的保险服务需求。另一方面，保险消费者要主动学习借鉴美国等发达国家的保险消费的经验，在保险产品选择、组合等方面有专业的判断能力。

这就是中国保险业的“双不足”问题，更是中国保险业认知水平有待“双提高”的问题。

思辨之十一　保险业：历史与理论

历史与理论

历史学派认为，没有一般性理论，理论都是从经验中总结出来的。比如，有的经济学家认为可以从中国的经验中总结出“中国经济学”，这种说法值得斟酌。不存在“中国经济学”，经济学是普适的。如果中国经济学家可以从中国经验中得出一般性结论，那是对经济学的贡献。

为什么反对历史主义？因为人的行为是观念的产物，不是由环境决定的。历史主义隐含了“决定论”。未来是未来人的观念决定的，不存在“历史规律”。卡·波普尔在《历史主义的贫困》一书中批评了历史决定论。

从历史中很难得出理论

2019年，中国保险业保费收入为42644.75亿元，同比增加4628.13亿元，增长12.17%，增幅同比上升8.25个百分点。其中，产险业务为11649.47亿元，增加879.39亿元，增长8.17%；寿险业务为22754.14亿元，增加2031.28亿元，增长9.80%；健康险业务为7065.98亿元，增加1617.85亿元，增长29.70%；意外险业务为1175.16亿元，增加99.61亿元，增长9.26%。

实际上，2016—2019年的经营结果远低于《中国保险业发展“十三五”规划纲要》的预期，我们需要重新思考全球第二大经济体下的第二大保险体的发展问题。前几年，我们一直在鼓吹“中国保险经验”“中国保险学说”，有的专家、政客认为可以从中国保险的经验中总结出“中国保险学”，如今，我们已经开始无法自圆其说。

保险是一种舶来品。尽管文献记载的中国保险有200多年的历史，但真正作为国家经济社会中的一种损失补偿机制，用于人的生、老、病、死、残，则是改革开放后的事情，实践的时间不到40年。

保险市场发展初期，西方的商业保险理论为我们打开视野，使我们掌握了一些保险的基本知识和基本技能，但鉴于中国国情的特殊性，这样的保险理论和知识不能满足建立国家保险制度的需要。因此，总体来说，中国保险业缺乏顶层设计，在时代潮流中始终处于顺势而为的态势。保险经历的有限性决定了保险经验的局限性。保险是一种看似简单、实则复杂的客观事物。在40年里读懂500年的保险历史、看透500年的保险真谛，是一件颇有难度的事情。

在学术范式上，现代保险学在很大程度上是沿着现代经济学发展起来的，现代经济学又是沿着牛顿力学或机械论的隐喻发展起来的，即有意无意地将经济体和市场体系想象为某种程度上同牛顿所理解的物理世界相类似，最终形成了微观经济学和宏观经济学的学术范式体系的基本构架，也形成了保险微观经济学和保险宏观经济学两大学术范式体系的基本构架。

正如《试论经济学的域观范式——兼议经济学中国学派研究》（金碚）一文所言，现代经济学主流学术范式存在缺陷或局限性，主要体现在两个方面：第一，关于经济活动的空间性质的假定；第二，关于人的行为的个人主义抽象目标假定。在现代主流经济学的微观—宏观范式中，引入保险域观范式（保险业态范式），可以形成保险微观经济学、保险宏观经济学、保险域观经济学三大体系构架。其中，保险微观经济学和保险宏观经济学主要以保险活动的经济理性为范式支柱，而保险域观经济学则以保险活动的经济理性、保险价值文化和保险制度形态三维框架为范式支柱。

鉴于中国保险业的独特国情，我们需要思考保险经济学范式创新，使保险商域经济学得以建立和发展。而且，中国所面临的需要解决的保险发展问题，也对保险经济学范式创新提出了紧迫性需求。中国保险经济学的升华可以有两个主要的突破方向：攀登保险经济学的高地山巅（实际上，在40年里读懂500年的保险历史、看透500年的保险真谛，是一件颇有难度的事情）和开拓保险经济学范式变革的创新蓝海，都是中国保险经济学发展需要努力的方向。而对于中国保险业的互助共济使命而言，后一个努力方向恐怕更具现实紧迫性和更可能做出重大学术贡献。

综上，面向中国保险业的未来，我们更多的是要以未来的视角来思考，从保险域观经济学的领域来创新。

思辨之十二　保险业：实证与理解

实证与理解

实证主义和解释主义最根本的区别是实证主义着眼于世界普遍规律，目的在于解释世界；而解释主义关注点在于世界的差异性，未来更好理解世界。

实证主义（Positivism）是强调感觉经验、排斥形而上学传统的西方哲学派别，又称实证哲学。它产生于19世纪三四十年代的法国和英国，由法国哲学家、社会学始祖A. 孔德等提出。1830年开始陆续出版的《实证哲学教程》是实证主义形成的标志。以孔德为代表的实证主义称为老实证主义，20世纪盛极一时的逻辑实证主义称为新实证主义。

实证主义的基本特征：将哲学的任务归结为现象研究，以现象论观点为出发点，拒绝通过理性把握感觉材料，认为通过对现象的归纳就可以得到科学定律。它把处理哲学与科学的关系作为理论的中心问题，并力图将哲学融入科学之中。

实证主义的影响：实证主义不仅对哲学而且对整个社会科学均产生了深刻影响，孔德所创立的实证主义社会学，在其后的一个半世纪是社会学的主流。

解释主义的哲学根基来源于唯心论（Idealism）。它主张人类对世界的体验并非对外界物质世界的被动感知与接受，而是主动的认识与解释。

解释主义的存在论（Ontology）基础是视现实世界为人类对于不同行为与状况的解释的产物，亦即现实世界的真相是由人的思想主观构建出来的而不是客观且唯一的。比如对生物物种的分类、对社会经济体系类型的划分等。

解释主义的认识论（Epistemology）主张对于复杂世界的认知是通过研究生活在这个世界中的人群的经验以及观点而实现的，研究者应该深入现实生活去领会并且通过科学化的手段及语言去解释并重建这些概念与含义。比如交互式面谈、参与式观察等研究手段。

实证并不代表消费者的理解

实证主义着眼于世界普遍规律，目的在于解释世界；而解释主义关注点在于世界的差异性，未来更好理解世界。主流经济学流行实证方法，但这种方法是“历史”，不是经济学本身。实证方法否定了人的自主性。

那么经济学的可靠方法是什么呢？理解或内省。经济学的确认，是“理解后”的确认，不是用事实或数据的确认，数据和事实本身也需要被理解。现实是在多种因素作用下产生的。所有的实证、统计都是“历史”，不是经济学本身。计量经济学也不是经济理论本身。

因为经济学原理本身就是反映现实的，应该具有一般性。这就意味着能够被他人所理解，所以，并不要求有同样的经验或给出数据才能理解或验证他人的理论。保险本身也具备经济学原理的特性，或许最终也不要求有同样的经验或给出数据才能理解或验证他人的理论。

我们都知道，保险建立在统计学基础上，大数法则是保险业的基础。但是，我们同样也知道，大数法则（大数定律）是随机现象的统计规律，保险风险只是随机现象的一种。

1693年，英国著名数学家、天文学家哈雷制定了第一张完整科学的生命表，从此保险步入了实证主义。300多年来，我们一直着眼于保险业务的普遍规律，目的在于解释保险本身，而不是理解保险产品。

进入21世纪，保险消费者开始要求理解保险产品，我们开始重视保险的通俗化，解释主义逐渐盛行。近10年来，我们开始着眼于保险产品的差异性，目的在于让消费者更好地理解保险产品，而不再限于解释保险本身。

这就是保险业的“实证与理解”，保险业的实证已经走过了300年，从静态到动态，从整体到个体，从大数据到小数据，我们对保险背后的规律已经了然。同时，随着保险实证的发展，保险产品越来越复杂，我们一直在炫耀“实证结果”“实证神秘”，却忘记了消费者不是要“实证结果”，而是要“理解保险”。

实证是保险公司自己的事情，而理解是保险公司和保险消费者之间的事情，是保险业一切工作的出发点。

思辨之十三　保险业：数量与意义

数量与意义

人的学习和成长就是理解意义的过程，比如学文字的时候，就是要习得文字的意义；写作也是表达意义，而不是在那里“组合文字”；同样绘画和音乐也是表达某种意义；“创造”就是“创造意义”；企业家生产的产品也是满足“意义”；人的行为也会为他所认识的意义而改变。

经济学不是关于数量，而是关于意义的。行动与意义相关，行动表达意义，理解行动者采取该行动的意义，我们才能理解该行动者的行动。社会也是作为“意义”而存在的，它是由某种共同的意义把不同人连接在一起组成的。这种意义瓦解了，社会也就瓦解了。

经济学是道德科学，就是这个意思。米塞斯认为，“自然科学没有处理价值判断的工具”。即自然科学没有关于意义的工具。这就是为什么反对把自然科学方法应用于社会科学的原因。

消费者已经从“数量”转向“意义”

显然，保险也是道德科学，它的意义也是把不同的人连接在一起，最后为风险共担责任。所以，保险是作为“意义”而存在，而不是作为“数量”而存在的。明白了这一点，保险的意义、保险的作用也就不言而喻了，我们也就不用停留在“数量”上争论保险的“意义”。

保险的存在，首先必须是“意义”上的存在，没有“意义”的产品虽然“数量”上可行，但是其已经不是保险。正如2016年原中国保监会印发的《财产保险公司保险产品开发指引》所规定的情形：“保险公司不得开发下列保险产品：对保险标的不具有法律上承认的合法利益。约定的保险事故不会造成被保险人实际损失的保险产品。承保的风险是确定的，如风险损失不会实际发生或风险损失确定的保险产品。承保既有损失可能又有获利机会的投机风险的保险产品。无实质内容意义、炒作概念的噱头性产品。没有实际保障内容，单纯以降价（费）、涨价（费）为目的的保险产品。‘零保费’‘未出险返还保费’或返还其他不当利益的保险产品。其他违法违规、违反保险原理和社会公序良俗的保险产品。”

“数量”上存在而“意义”上不存在，这不是保险，而是“赌博”，是“投机”。从数量上服从大数定律，但是不具备保险的互助共济意义，不具备保险的“道德”，这也是《财产保险公司保险产品开发指引》所禁止的情形。

保险在中国的发展，也是我们不断学习和理解保险意义的过程。这个过程中，我们走了很多弯路，一直强调保险的“数量”，比如投资价值、现金价值、回报价值，甚至投入产出比，结果是40年的保险发展历程，保险消费者对于保险的认知是数量，而不是意义。

这几年，随着保险自媒体的发展和保险专业人士的“专业”（而非忽悠）性提高，保险消费者开始认识保险数量背后的意义。此时，保险产品的创新方向应该是“组合意义”“创新意义”“创造意义”，而不是保险“数量”上的创新，因为保险消费者的行为以及他所认识的保险意义已经改变。

我们欣喜地看到保险消费者的关注点已经从“数量”转向“意义”，但是我们的保险公司还在“数量”上打转，这可能就是我们现在存在的问题。

思辨之十四　保险业：目标与规则

目标与规则

房价是近10年来我们最关心的问题，但我们从不关心买房的钱是怎么来的、是否正当以及买房的是什么人。实际上，我们知道这些问题比价格水平的变化更重要。

再有，在产业政策和经济增长问题上，主流经济学都注重实现某个目标，比如经济增长、产业升级，但不注重实现目标所使用手段的合法性的问题。因此，即使规则已经正当，有人也可能为了目标的实现而采取任何手段。

经济学不服务于特定人的特定目标，而是揭示一般性的原则。这些原则关切每个个体的利益。或者说，经济学关心的是“规则利益”，不是特定人的利益。经济学揭示的原则是客观的，比如比较优势定理、协作定理、私有产权等。

2018年，最风靡的一本书也许就是《原则》，但是此原则非规则。此书作者瑞·达利欧是成功的，但是这些“原则”全是经验主义的产物，不是经济学所揭示的原则，更不是哲学所揭示的原则。用古语来说，这些“原则”都是所谓的“术”，而非所谓的“道”；用现代话来说，这些“原则”都是“方法”，而非“方法论”。

说到规则，我们再引申到道德问题。举个例子：关心“孔子说了什么”，这是目标功利主义；关心“孔子说话的权利有没有保障”，这是原则功利主义。中国目前正面临这两种道德冲突困境：一是儒家强调的伦理规范；二是“去权力化”意义上的道德。两者的侧重点不同，前者侧重人伦，也就是通常说的“关系”或人情，被认为是维系中国社会秩序之所需，而后者更侧重原则。这在某种程度上也是中西价值观之别。

在权力社会中，一个人假如讲原则、讲公义，那么他和权力部门甚至和周围的人的“关系”可能就不好，进而无法从这种“关系”中获得利益。讲关系，必然意味着原则的牺牲。著名经济学家哈耶克就曾提问：“为什么坏人容易上去？”

去权力化、追求自由，就是要有一种超越世俗利益的精神动力，把“规划”视为利益。如不愿意放弃从权力中获得的利益，那么权力会持续较大，阻碍市场经济发展。规则与目标的关系：规则不是为目标服务的，相反，规则使每个个体的目标都能更好地实现。最终是要以规则服人，国与国的关系、人与人的关系都应该建立在规则之上。

不要为了目标忘记了规则

我们还是回到保险业，回到保险产业政策问题上，回到保险业务增长问题上，无论是宏观的行业、中观的机构，还是微观的个体，每年每月每天都在讲实现某个目标，比如保费收入、投资收益、营业利润，但很少关心实现目标的手段的合法性、合规性、经济性。无论是保险监管者，还是保险被监管者，面对保险存在的问题，都常常假设规则已经正当，而这也正是我们所看到的保险乱象的起因。

我们知道，保险的监管者和被监管者，都是风险的管理者。作为风险管理者，需要遵守风险管理即风险所有权原则。按照风险所有权原则，任何一种风险都与利益相关。在风险所有权中，客观上存在风险的制造者、风险的受害者、风险的受益者和风险的管理者。只有划清四者之间的界限，明确相互之间的责权，才能够做到对症下药，防范化解重大风险。既要管理好被监管者的经营风险，也要管理好监管者的监管风险；既要管理好近期的保险风险，也要管理好长期的保险风险。

综上，回到保险，回到保险的目标与原则，我们就不用担心“坏人容易上去”了。

思辨之十五　保险业：权宜与原则

权宜与原则

法国经济学家巴斯夏曾经说过，在经济领域，一个行动、一种习惯、一项制度或一部法律，可能会产生不止一种效果，而是会带来一系列后果，有些是当时能看到的，而有些则需过一段时间才能显现。

短视有可能是知识上的错误：分析长远的、对于社会的普遍效果，是一件吃力不讨好的事情，经济学家似乎无法以此实现自身效益的最大化。毕竟，与提供一些简单、看起来包治百病的药方相比，要让大众和政府官员理解事情之间存在的复杂关系，似乎更困难一些。

正因为人的无知及其行为总伴有不可预知的结果，才应当尽可能地减少政府活动的范围，把更多的事情交给个人去选择，让他们自己承担责任并允许人们在各个方向上探索。无视人类行为和社会体系的复杂性，会导致某些人致命的自负。

用哈耶克的话来说：如果我们仅仅根据经济政策措施的当下的和可以具体地预测到的效应判断这些政策，那么，我们不仅不可能实现某种可以维系的秩序，还将必然一步一步地丧失自由，从而阻止了比我们的措施所可能产生的后果更好的东西出现。自由对于各不相同的个体充分地利用只有他们自己了解的具体环境和条件来说，是非常重要的。

权宜之计乃一时之需，基本原则才长久适用

2019年是保险行业复业后的第40个年头。车险行至发展的十字路口，从“粗放式增长”到“刮骨疗毒”，行业变革航行至深水湾区。2019年已经结束，严监管下的车险行业是有变好，还是不尽如人意?

不触动问题的根源，只在结果上稍加改革，是一种权宜之计。比如发生通货膨胀，不改革货币与金融体制，而是压制价格，就是权宜之计。干预主义都是权宜之计，以解决特定的问题、实现特定的目标为目的。

如车险市场，先是监管干预，后演变为协会干预，再演变为保险机构自律干预。显然这些都是权宜之计，没有解决车险发展的问题，而是解决了车险恶性竞争的特定问题；没有实现车险改革的目标，而是实现了以车险保护为目标的目的。

再如凯恩斯主义，为了目标，可以牺牲原则。如用通货膨胀来实现充分就业的目标，就是把货币作为工具使用，门格尔指出，货币是演变产生的制度，不能被作为工具使用，哈耶克还进一步表示货币要非国家化。

自由是原则的产物，不是权宜之计的产物。经济学提供与人类的生存和繁荣相关的原则，这是相比其他学科的优越之处。经济学和其他学科的关系是必需品和奢侈品的关系。

“权宜之计乃一时之需，基本原则才长久适用”，治理保险乱象同样面临这个问题。任何一种现象的存在都有其原因，保险也不例外。梳理保险乱象不难发现，导致保险乱象的原因是复杂的，既有主观原因，也有客观原因；既有历史原因，也有现实原因；既有外部环境变化的原因，也有保险市场内部矛盾的原因；等等。

回到车险乱象，所有的焦点都回到了“报行合一”。产品、费率“报行合一”，这显然没有问题，因为《保险法》有规定，所有产品、费率都应该“报行合一”。从我们进入保险业的第一天，我们就明白这个道理，为什么还在纠结？

显然，一定是“报行合一”出了问题，是“报行合一”的原则出了问题。之所以会这样，是因为“报行合一”不是自由的，其被人为设计了权益约束。

2019年，我们看到了大公司违规，小公司也违规，于是开始讨论“报行合一”的目的是什么。我们也许要回到这个问题的根本，就是我们所倡导的保险市场经济与所设计的原则或者说权宜之计是矛盾的，我们一方面希望创造一个自由的市场，另一方面又忍不住伸出手来干预。只要干预，就一定是权宜之计。

问题已经明了，就是“报行合一”。方法也已经明了，赋予保险公司让利给消费者的权利，而不是赋予中间商套利的权利。

思辨之十六　保险业：设计与自发

设计与自发

2012年诺贝尔经济学奖得主埃尔文·E. 罗斯的市场设计是从“市场失败”或“市场失效”，即价格不能完全解决问题开始的，而市场设计也经历了失败，他说，“每一个市场都有一个故事。有关市场设计的故事，通常开始是失败——未能提供市场稠密，未能缓解拥堵，或者使参与不安全和不简单”（参见《共享经济：市场设计及其应用》一书）。只是由于有与市场交易有关的各方参与，密切配合，认真观察，反复试验，才终于取得了市场设计的成功。

市场设计的成功提出了一个重要问题，即如何看待哈耶克的自发秩序理论及其市场范型，或者说，市场设计是否与自由市场和自发秩序的理念相矛盾。关于这些问题，《市场设计与自发秩序》（张曙光）一文进行了详细的阐述。

自发秩序的理念是哈耶克自由主义社会理论的“核心概念”，是他40年研究的“最终结论”，被G. C. Roche看作是“哈耶克最伟大的发现，亦是其法学和经济学的根本原理”，甚至被布坎南看作是经济学的“唯一原则”。那么，究竟应当怎样理解自发秩序？它与建构秩序是什么关系？或者说，在什么意义上，哈耶克的自发秩序理论是正确的？在什么意义上，还需要做出一些补充和修正？

哈耶克发现了古希腊哲人关于“自然的”和“人为的”二分观的谬误，批判了唯理论建构主义过分夸大理性的力量，主张社会秩序的人为设计和理性建构的理论，确立了进化论理性主义的分析框架，认真探究了那些既可以归属于“自然”，也可以归属于“人为”的范畴，实际上应当归属于一个独特范畴的第三类现象，即那些既非“自然的”亦非“人之设计”的，而是“人之行动且非意图或设计的结果”，从而提出了自发秩序这个统一的一元论的社会理论，并认为，“道德、宗教和法律、语言和书写、货币和市场”都是自发秩序，它们是社会文化长期进化的结果。哈耶克的理论基于理性的局限和无知的知识观以及未来的不确定性和预测的不可能性，昭示了个人自由和社会互动的重要性和密不可分，切忌理性万能和知识佞妄。他重视理性，主张正确运用理性，因而也就没有完全否定任何人类设计和理性建构。事实上，在这里，哈耶克的论断也发生了明显的转换。

按照哈耶克的理论，自由是自生自发秩序存在的必要条件，一般规则又是自由得以存在的必要条件。也就是说，只有当一般规则存在的时候，自由和自生自发秩序才有可能。然而，规则有三个层面：由基因遗传的规则；人类没有进行特意选择的传统规则或一般规则，亦称内部规则；人类特意采取或者改变的规则，亦称外部规则。基因遗传的规则基本上是不变的规则；内部规则是社会在长期的文化发展过程中自发形成的，它们是在所描述的客观情势中，既适用于无数未来事例，也平等地适用于所有人的正当行为规则；而外部规则是根据组织或治理者的意志制定的，它只适用于特定之人或服务于统治者的目的。这一区分表明，在形成自生自发秩序所立足的规则里，只有一部分是"演化过程"的结果，也就是说，演化论的解释并不是对所有文化传播的规则都同等地适用。特别是当人们越来越从风俗习惯和道德规范或制度的规则转向由有意识的集体选择所产生的规则时，这种演化论的方法也越来越不适用。在这里，哈耶克也没有一贯地追求个人主义的进化论观点，而是转向了建构主义，承认通过立法有意选择和改变法律规则是值得关注的。他说，在法律规则方面，"由于我们能够刻意地改变这种规则，所以它们成了我们赖以影响那个因遵循规则而形成的秩序的主要工具。而现在，我们必须明确这样一个问题，即尽管立基于自生自发秩序之上的规则也可能是自生自发形成的，但是实际情况却未必始终如此……需要强调指出的是人们却逐渐学会了如何改进这些规则；也因此，人们至少可以想象，自生自发秩序的形成乃是完全以刻意制定的规则为基础的"。哈耶克关于法律和立法的二元观就是最好的证明。可见，哈耶克坚信和坚持自发秩序理论，但同时也肯定了秩序建构的意义和作用。

同样，罗斯创造的市场设计理论也没有否定哈耶克的理论思想，而是将其付诸实践。他不仅坚持了自由市场理论，而且明确提出了"我们如何利用自由市场的概念来解决市场设计的问题"。他把哈耶克看作是"具有传奇色彩的自由市场经济学家”，把《通向奴役之路》看作是“自由市场宣言”，并引用哈耶克的论述作为市场设计的依据和指导。哈耶克认为，“自由主义者对社会的态度，就像园丁照料花草的态度，为了创造有利于花草成长的最舒适环境，必须充分了解植物结构和植物起作用的方式”。罗斯引用这一论述后进一步指出，“在花园，完全不靠任何帮助而能自由生长的仅限于一些植物，而其中大部分是野草”。就像园丁创造舒适的环境帮助花草自由生长一样，市场设计的目的就是要使市场运转自如，而不是取代市场。进而，哈耶克得出，“比起放任原则，对自由市场最大的伤害可能是那些自由主义者对经验法则的固执己见”，“创造系统与被动接受已有的机构是完全不同的，在特意创造的系统中，竞争将尽可能起有效作用”。据此，罗斯认为，市场设计就是特意创造系统，哈耶克关于特意创造系统，并使竞争起有效作用的论说表明，他已经关注到市场设计，“明白如何设计市场仍需要经济学家继续深入研究”。

从罗斯发明的市场设计理论及其对哈耶克思想的反思和评述中，我们也许可以得出这样的结论：自从市场出现以后，随着技术创新、经济发展和社会进步，已经变成一个多方面、多层次、多种多样的复杂体系和网络，我们既要重视市场理论的发展和完善，也要关注它在实践中应用的开展和推进，而理论逻辑和实践逻辑是不一样的。从总体上来看，市场的发展和社会秩序的型构是自生自发进行的，不是人为设计的，也是设计不了的，但是，在其实际运作的有效和完善方面以及局部的改进方面，理性设计仍然有其不可忽视的重要作用，且在不同的环境和条件下，其地位和作用及其作用方式也不完全一样。忽视了其中任何一个方面，都会陷入片面性而招致惩罚。这或许值得理论经济学家认真反思，对当前有关产业政策的争论，也可以提供一些有益的借鉴。因为，产业政策问题既包含着市场和政府的边界和作用等理论问题，也涉及它的制定和实施等经济实践问题，而后者在不同的经济环境和体制条件下，也是不一样的。

保险的意义可以设计，但最终是自发的

市场是自发秩序，非设计的产物。目标、计划、调控与设计是一体的。“最优市场设计理论”是自相矛盾的，市场不是机器，不是可以随意设计的。

亚当·斯密说：“每个人都有自己的移动原则，和立法者强迫他接受的原则是不同的。如果这两个原则的移动方向碰巧一致，人类社会这个大棋局将会和谐顺畅，并很可能是一盘快乐成功的棋；但是，如果它们相反或是不同，棋局就会变得凄惨，社会也将陷入最大限度的无序。”

“保险姓保”几乎是近年来国内保险界出现频率最高的一个词。何谓“保险姓保”？保险界有两种说法：一是让保险回归保障，二是让保险回归本源。然而，何谓回归保障？如何回归本源？并没有一个统一的答案。

“保险姓保”的核心问题是如何找回保险的本真，因此，对于“保险姓保”的讨论，需要澄清两个基本理论问题，一是保险的本质，二是保险的属性。因此，“保险姓保”不是我们可以“设计”的，其实现一定是“自发”的。

保险的本质和保险的属性，一定是“意义”，而不是“数量”。意义是人对自然或社会事物的认识，是人给对象事物赋予的含义，是人类以符号形式传递和交流的精神内容。人类在传播活动中交流的一切精神内容，包括意向、意思、意图、认识、知识、价值、观念等，都包括在意义的范畴之中。

保险的意义，从经济角度看，是分摊意外事故损失的一种财务安排；从法律角度看，是一种合同行为，是一方同意补偿另一方损失的一种合同安排；从社会角度看，是社会经济保障制度的重要组成部分，是社会生产和社会生活“精巧的稳定器”；从风险管理角度看，是风险管理的一种

方法。

我们知道，设计是把一种设想通过合理的规划、周密的计划以及各种感觉形式传达出来的过程，是捕捉事物本质的感觉能力和洞察能力，其实质是对事物的完善。

设计可以提升保险意义的传播，但是保险的意义不是设计出来的，而是保险存在的基础，是保险自发的存在。

保险可以设计成多种形式，但是这些设计没有改变保险的意义，而是美化了保险的意义，让我们便于理解保险的意义。

保险是在互助共济的基础上演变而成的，而互助共济又是人类在发展历程中自发形成的。

保险从自发中来，如果我们过多地加以设计，就会发现其变成了“顶层设计”下的保险，而不是“保险意义”下的保险。如果我们不加设计，也会发现其变成了“数量”下的保险，而不是“意义”下的保险。所有的设计都是“科学和艺术”的关系，也是一个自我优化的过程。

思辨之十七　保险业：人为与演变

人为与演变

现在，我们知道规则可以分为三类：自然的、人为的（设计的）与演变的。古希腊哲人的一个错误是他们只区分自然的规则（秩序）与人为的规则（秩序），没有意识到在这两种规则之外还有“演变形成的规则”。

演变形成的规则是非人为设计的产物，是人的行动的产物。例如，语言、法律（道德）和货币都是演变形成的规则，这也被称为人类文明的三大支柱。

规则是演变出来的，是行动的产物。怎么才能使好的规则出现？重要的是给个体行动的权利和自由，只要个体的行动不直接损害他人，就不要予以限制。

立法者需要的是发现好的规则，然后把它确定下来，成为法律。这意味着市场的非决定性、开放性。

人为设计的规则不应改变保险演变的规则

中国保险市场作为市场经济的产物，客观上遵循着一定的规律，比如周期性规律、波动性规律、超常规性规律等。认识和掌握这些规律，需要大视野、大智慧。用党的十九大报告提出的“新时代”“社会主要矛盾”“三个攻坚战”等论断思考保险行业出现的问题，不难发现，这些问题是新时代到来之前的一种必然表现，是社会基本矛盾在保险行业的一种具体体现，是三个攻坚战将要重点解决的突出问题。因此，我们在理解保险的所有问题时，都要从人为和演变的角度进行思考。

从保险的发展历史来看，我们不难发现保险不是人为设计的产物，是人的互助共济行动的产物。我们现在所看到的保险，更多的是作为一种制度安排，这种人为设计的制度是在保险规则产生（出现）之后，根据借鉴历史经验和可预测的情况设计的一套制度，保证保险规则的有序、优化。

面对保险的发展问题，我们需要明白哪些规则是演变的，哪些规则是人为的。保险的本质是演变的，保险的运营是人为的；保险的意义是演变的，保险的监管是人为的。

保险演变的问题，我们是无法改变的，因为它是随着社会发展而变化的，从农业革命、青铜革命、铁器时代、第一次工业革命……至第四次工业革命，保险一直在不断演变，这正是保险企业家所要预判的。我们看到了平安和众安的“成功”，不是它们改变了保险演变的规则，而是顺应了保险演变的规则。

保险人为的问题，我们是可以改变的，现实却是我们自己不想改变，综观中国200多家保险公司，大多数都把保险人为的问题说成了保险演变的问题，向监管说、向股东说、向消费者说、向员工说、向自己说。慢慢地被洗脑，同时也发现离保险的规则原来越远。

显然，分析保险问题时，我们要清楚哪些是演变的问题，哪些是人为的问题。不能天真地颠覆演变的问题；更不能无视人为的问题。

可见，当今保险业存在的问题，不是保险演变出了问题，而是人为设计的规则想去改变保险演变的规则。

思辨之十八　保险业：直觉与逻辑

直觉与逻辑

直觉与逻辑是人类的两种思维方式。直觉可以简单地理解为人的第一反应，具有突然性、创造性；逻辑是人类自文明以来所认为的最正确的、最合理的思考方式，人们在实践中逐渐总结出了一整套比较系统的逻辑思考规则。再讲细一点，直觉，我们通常不太知道是怎么来的；逻辑，我们目前大概认识到演绎（Deduction）、归纳（Induction）、类比（Analogy）三类。

直觉与逻辑不是对立的。人类在思考一个问题时，常常是直觉与逻辑并用。直觉负责快速地找到线索、提出猜想，然后逻辑可以负责思考与验证，确保所提出命题的合理性。直觉与逻辑也不是一成不变的，都是可以发展与养成的，也是可以用经验来训练和提高的。总之，在思考问题时，要注意直觉思维与逻辑思维并重，感性与理性并重。

直觉替代不了保险的逻辑

当前中国保险业发展存在的一些问题，其实都是我们从观察和直觉中得出的结论。比如看到中国保险业增长快，中国GDP增长也很快，就想当然地把保险增长和GDP联系起来，然后做一个假设，回归一下，看看是不是相关，最后得出结论。要从可靠的理论出发解释现实、理解现实，毕竟个体的经验是有限的。

再比如，买了保险，既有保障，又能返本，多划算啊！就像我们参加运营商充话费送手机的活动，既充了5000元话费，又免费得到一部iPhone手机，多好！这都是直觉，因为我们没有深究其背后的逻辑。

显然，保险不是直觉，保险的配置不是直觉，保险的发展也不是直觉，而是逻辑。前一段时间在微博上看到一个保险价值的分析，认为保险的价值远远低于自己的缴费，显然这里靠直觉代替了背后的逻辑。

对于意外伤害保险、定期寿险的逻辑比较简单，此时的直觉和逻辑差异不大；但是对于重大疾病保险、健康保险，此时的直觉与逻辑偏差比较大。因为重疾保障的细类很多，并且是不断变化的，直觉保100种重疾的产品可能还不如保25种重疾的产品保障范围大。

网上甚至有人提出“99%的中国人都不懂商业保险逻辑”，这也许是客观的，因为“99%的我们用直觉替代了商业保险逻辑”。

面对这个问题，我们还是回到直觉与逻辑，重新认识保险的直觉与逻辑。

思辨之十九　保险业：数学与经济学

数学与经济学

经济学日益技术化、工程师化，这是悲哀和悲剧，也会产生严重恶果。拉赫曼在多年前就说这是经济学的黑暗年代，现在或许更黑暗。经济学需要一场范式革命，回到把人当人看的经济学上去。

很多经济学教授，甚至诺贝尔经济学奖得主缺乏正确的经济学知识。哈耶克说里昂惕夫（1973年诺贝尔经济学奖得主）对经济学一窍不通，也是指他经济学常识缺乏的意思。当我们有了正确的经济学这把尺子，就可以去衡量其他人的经济学，不再通过一个人的名气去判断他的水平。只根据所发表的论文的级别去判断一个人的学术水平，这本质上是一种行政思维或体制思维，换句话说，是缺乏判断力的体现。

经济学非常重要。米塞斯认为，工业革命的产生，是因为经济学家推翻了一些陈旧的教条，如“用价廉物美的商品击败对手是不公平的”“机器会带来失业，是个坏东西”“政府的职责之一是防止有效率的商人发财，保护效率低的商人免于效率高者的竞争”“用政府权力或其他强制力量来限制企业家的自由，是促进国民福利的适当手段”等。他认为没有经济学思想把这些错误的观念推翻，依靠自然科学的进步增进大众的福利就没有可能实现。基于经济学的教义制定的自由政策，才使技术的进步促进财富的增长具有可能性。

经济学的数学化趋势明显，但数学语言并不适用于经济学：①数学不能说明一种状态的形成，以及从一种状态到另外一种状态的过程。②数学经济学描述的是假想的均衡状态，不是真实市场（米塞斯《人的行动》）。

真实市场的运作难以用数学描述。数学逻辑和经济学逻辑有根本的区别。经济学逻辑可以描述市场过程，数学却不能，因为：

（1）在数学中没有货币运用的空间。真实世界必然使用货币，数学无法对人们使用货币进行描述。比如“机制设计理论”中没有行动、没有货币。使用货币意味着行动。数学只有“数量”，没有“行动”。

（2）数学全是等量关系，而经济学中没有等量关系。价值是主观的，不能基数化，只能排序不能加总，更不能求导。在价值的世界中没有等量关系，比如一加一等于二是等量关系，但一个苹果换一个梨不是等量关系，两种商品价值不相同，交换不是等价交换。数学建立在连续性假设之上，但人的行为是非连续的，所以数学不能完全解释人的行为。

（3）经济学不是求解数学题。给出一个函数，求解最大化，这是数学，不是经济学。“黑板经济学”可能误导对真实世界的理解。经济学的数学化是坏风气，是道德堕落，是悲哀。“数学帝国主义”与功利主义的研究态度很有关系，即只求发表，只看发表，不问真理。

经济学不是求解数学题，保险更不是

保险系统的健全，离不开其对数学方法的有效应用，数学方法中的概率论等一系列的数学模式，对于保险学的实际操作有着重要的作用，其提供了一系列的数理基础，为保险费环节的应用提供了理论依据。对概率论的应用及大数法则的深化，可以促进日常保险活动的稳定发展，促进保险环节中损失分摊环节及其相关环节的优化，确保相关风险责任的有效落实及经营活动的稳定发展。

但是，保险企业内部经营活动的数学化，例如经营结果的优化问题、破产概率的问题等，却是保险研究的悲哀，因为保险是一种经济活动，而不是一个数学求解问题。

对中国保险业来说，经济学同样非常重要。阻碍保险发展的错误政策会因为错误的观念而出台，而错误的观念又受错误经济学的影响。

凯恩斯和哈耶克是“死对头”，但他们都认识到观念的力量。凯恩斯说：“讲求实际的人自以为不受任何理论的影响，其实他们是某个已故的经济学家的俘虏”，“危险的东西不是既得利益，而是思想。”哈耶克说：“长远而言，是观念，因而也是传播观念的人主宰着历史发展进程。”

思辨之二十　保险业：十维空间与十维思考

十维空间

人们从直观上观察到三维（或三度）空间和一维时间，相对论称之为“四维时空”。对于是否存在超四维空间有人支持，也有人反对。超弦理论认为，世间的一切，都是极小的弦（能量环）的振动产生的，不同的振动模式形成了不同的粒子。弦的运动是非常复杂的，仅仅三维空间，不足以让弦产生众多模式的振动。于是在数学的推算下，超弦理论得出了一个结论：至少九个空间维才能让弦完成众多模式的振动，即九个空间维度，加上一个时间维度，构成十维空间。

九个空间维度是指我们平时所看到的三维空间，加上六个蜷缩的维度，目前对于六个蜷缩维度认同最多的一种描述是"卡拉比—丘成桐空间"，简称"卡—丘空间"（见图2–1）。

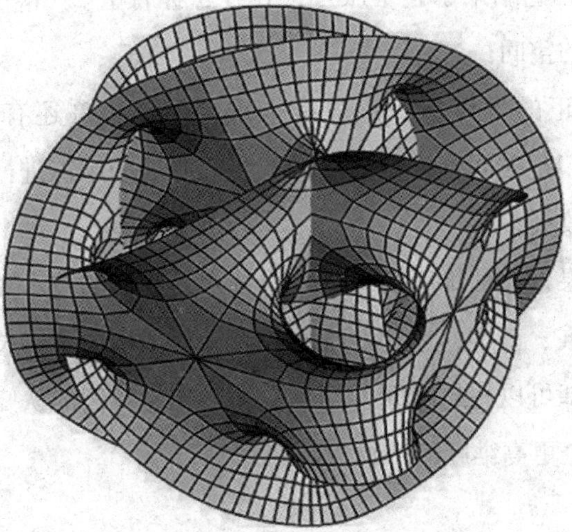

图 2–1　卡—丘空间

"卡—丘空间"看起来像纸团，就像那些你攥成团随手扔掉的草稿纸那样。然而，"卡—丘"空间的迂回曲折和翻转比攥拧出来的纸团形状复杂多了，它们像一条条蛟龙，尽情地翻腾，结成一个个环，没有丝毫规则，它们只遵循一种更为抽象的几何学，卡—丘空间根本不知道什么是直线。

身处某一个"卡—丘空间"的感觉一定很刺激吧？确实，它很像一间有趣的房子，很多墙壁围绕着我们，房子里似乎到处都是镜子，镜子里有无数我们自身的影像，无论我们凝视的目光投向任何方向，都会经历奇特的视觉魔幻。比方说，你注视正前方，看到的是什么？不是你的正面，而是你的脚底！

当然，“卡—丘空间”里面并没有什么镜子，那里只有空间本身。所以这里存在一个本质上的差异：从理论上讲，当你看着前方而却看到了你的背面时，你可以对着你的“背”扔个球过去，两秒钟后，你猜会怎么样？你会感到有个发射物朝着你的脊梁冲过来。想知道这个球的具体行踪吗？它可能已经在六维空间里来回折腾了好几圈，就像乘坐了好多个过山车一样，最终，它结束了整个旅行，打在了你背上。“卡—丘空间”就是这么一种奇怪的空间！

但是，真正的世界不一定只有十维空间，也许还有十一维、十二维……就像我们把时间维进行折叠，把我们所处的宇宙进行折叠，空间的概念将被无限放大。

那么，如果以这种维度的方式来看技术，我们的技术究竟是处于哪个维度呢？是二维、三维，还是四维？或者，你根本说不清技术存在于哪个维度，但是它却可以超越时间、超越空间、超越我们的认知，又或者，技术本身就是一个更高维度的产物。

十维思考

2016年5月17日，习近平总书记在哲学社会科学工作座谈会上的讲话指出：“要按照立足中国、借鉴国外，挖掘历史、把握当代，关怀人类、面向未来的思路，着力构建中国特色哲学社会科学，在指导思想、学科体系、学术体系、话语体系等方面充分体现中国特色、中国风格、中国气派。”

我们不妨把“中国保险业的十维思考”这个话题，置于“中国特色社会主义理论引领贯穿中国保险学学科的知识体系研究”中来思考。从中国保险学学科体系、学术体系、话语体系、发展体系和市场体系等方面来思考中国保险的变革与发展，当前面临的主要问题如下：

（1）保险与中国传统文明融合并完善自身结构的问题；

（2）保险与经济社会发展演进和时代变革中风险管理的主要矛盾相契合与协调发展的关系；

（3）保险与人民立场和社会立场的关系；

（4）城乡二元结构下形成的农村和城市对风险的区划标准不同，导致风险治理和保险服务的需求分裂问题；以及区域差异、阶层差异下的保险需求分裂和政策多元的挑战；

（5）科技进步带来的风险变异、服务异化与保险产业升级的理论与实践创新准则；

（6）经济社会风险演化中的保险伦理、博弈优化与道德治理；

（7）保险学科、学术、话语等发展与保险业乃至国民经济发展融合的关系；

（8）保险发展的时代共性与个性的关系；

（9）保险发展传承与自主原创的关系；

（10）中国话语与融合、创新和丰富世界保险理论体系的关系与发展路径。

综上，在中国特色社会主义理论引领贯穿下，“中国保险业的十维思考”这个话题，关键在于形成说明中国风险观和保险学的“说明书”、建立解释中国风险观与保险学的“解释学”、给世界提供研究中国风险观和保险学的基础知识和基本方法的“方法论”，让世界认识中国保险业和保险市场的创新与发展的“实践课”。

第三篇 保险哲学反思

保险十大属性及背后十大空间引申出了保险经济学思辨这个话题，但是我们发现要实现保险的全面发展这个最终目的，除保险学说的适用性以及保险经济学的思辨之外，我们还需要从哲学层面来反思当前中国保险业面临的困境。

哲学是有严密逻辑系统的宇宙观，它研究宇宙的性质、宇宙内万事万物演化的总规律、人在宇宙中的位置等一些基本问题。

《道德经》是中国古代首部哲学著作。“道、法、术、器”，是《道德经》强调的四个概念。这里的“道”，是规律、理念、信念，是最终的真理，是囊括这个世界，甚至更广阔时空的自然法则。“法”则是规则、制度，即寻道的指引、路径。“法”也有善恶之分，顺应道的“法”就是善法，相反，违背道的“法”就是恶法。“术”是指技术层面上的操作方法，是建立在道、法之上的表象方式。“器”是指有形的物质或是有形的工具。四者的逻辑关系是：做事要秉道，因道生法，以道御术，善器成事。

新科技、新经济、新社会、新思想下，保险旧格局和新格局叠加产生了新保险，新保险下中小保险公司的崛起不可能一蹴而就，而是一个系统工程。保险之“道”的维持和发扬光大，无一不需保险监管在“法”上、在规则和指引上做出不懈的努力，在“术”和“器”上不断地做出改善，更需要保险研究能够与时俱进，并能在“势”上实现相机并有。

但是，无论未来怎样，保险终究会回到现实，也需要回到现实。关于保险的种种讨论，对的错的，都会逐一得到验证。正如阿摩司·奥兹在《爱与黑暗的故事》中所说的那样，“我们需要谈论现在与未来，也应该深入谈论过去，但有个严格条件：我们始终提醒自己我们不属于过去，而是属于未来”。我们需要思考保险的未来属性，需要展望保险的未来。

《数说保险》《漫谈保险》《闲叙保险》……在回顾中展望了中国保险业，更多的是在展望中不殆。所谓“知止不殆”，面向未来我们要懂得适可而止，这样就不会遇到危险。面向中国保险业的未来，我们要站在历史高度和时代前沿，在回顾中展望，在展望中思考，在思考中行动。

这是本书的一个小结，也是保险哲学反思的一个小结，希望未来能继续与大家谈论这个话题。

哲学反思之一　当前中国保险业为何缺少方法论的反省

学习平安不是方法论

对任何科学的理论研究来说，认知论和方法论都是至关重要的。同样，对于保险而言，相对于认知论，方法论存在的问题显得更为突出。

一方面，当前中国保险业无论是理论体系还是实务运作都遇到了现实意识和理论意识的挑战，现在急需方法论的突破，基于此新保险的范式才可能出现。显然，如果没有一个较为明确而合理的方法论，那么所谓的新保险研究往往只能是观点的陈述，或者只是做些机械的概念处理工作。这样，所谓的研究就根本上升不到理论层次，而只会落入庸俗实用主义的窠臼，从而必然无法全面地认识当前保险现象和未来保险趋势。

另一方面，任何学科的研究方法都应该与其研究对象相适应，不同学科会因其研究对象的差异而呈现迥异的特征以及偏重某种独特的研究方法。

方法论就是关于人们认识世界、改造世界的方法的理论，决定了人们用什么样的方式、方法来观察事物和处理问题。

（1）问题1："学习平安"是不是方法论？

显然，"学习平安"最多是我们的世界观，称不上方法论。世界观主要解决世界"是什么"的问题，方法论主要解决"怎么办"的问题。

所以，我们一直再劝告"学谁别学平安"，因为我们的学习都停留在"世界观"层面，没有落实到"方法论"层面，结果就是谁学谁吃亏，电话车险、保证保险、后援中心等让无数中小财险公司走向"穷路"或"末路"。

（2）问题2："学习平安"如何上升到方法论？

"学习平安"是我们关于保险的世界观（保险观），通俗地讲，就是"观世界、看保险"，是我们对保险趋势的总体看法和根本观点。

“学习平安”使我们有了自己的保险观，但我们需要再走一步，虽然我们站在“伟人肩上”，但毕竟我们不是“伟人”，我们需要归纳、演绎、类比，形成“借鉴平安”甚至“超越平安”之方法论。

“借鉴平安”是一种以解决自己公司问题为目标的理论体系或系统，通常涉及对问题阶段、任务、工具、方法技巧的论述。“借鉴平安”方法论需要对一系列具体的方法进行分析研究、系统总结并最终提出较为一般性的、可实践的原则。

所以，我们从不缺“保险世界观”，而是缺“保险方法论”。概括地说，我们一直都知道未来保险“是什么”，但是我们却一直没有解决“怎么办”的问题。

学习众安也不是方法论

2019年12月19日，笔者参加了“众安开放日”活动，借此机会近距离了解了众安，也就此引发了两个思考：

（1）思考1：众安六年沉淀了什么？绝对不是市值，而是生态体系。众安生态体系已经形成，没有变化的不是众安，而是（冷眼）旁观的我们。

（2）思考2：众安为什么要走向国际？这和为什么四大中国保险精算咨询靠东南亚（中国周边）存活异曲同工。因为我们太“聪明”了，所以并不需要方法论和技术论，我们都有自己的“方法论”。结果就是聪明反被聪明误，我们只知皮毛，只靠“概念”存活，而不是“专业”。

如果说“思考1”是认知问题，那么“思考2”就是方法问题。

在业务快速发展时，我们可以不用思考“方法论”，因为此时保险业有的是空间，有的是机会，就好比在“牛市”，没人听你高谈“方法论”。

在经营风险业务时，我们又必须思考“方法论”，因为此时保险业有的是收益，但是风险也并存，就好比“灰市”（“牛市”和“熊市”中间阶段），没有“方法论”是赚不到钱的。

在业务进入存量时代，我们也必须思考“方法论”，因为此时保险业有的是竞争，稍有不慎就是陷阱，就好比“熊市”，没有“方法论”是无法存活的。

思考当今中国保险业，我们真的需要有自己的“方法论”了，而不能再停留在保险观层面。

同样，“学习众安”使我们有了自己的保险观，我们需要再走一步，虽然我们站在“伟人肩上”，但毕竟我们不是“伟人”，我们需要归纳、演绎、类比，形成“借鉴众安”甚至“超越众安”之方法论。

“借鉴众安”，需要了解“学而不思则罔，思而不学则殆”，更要了解“道问学”，基于此形成“格物致知”的方法论。“学习众安”是我们所固有的概念，但“借鉴众安”必须格物以致知，“即物而穷其理也”。

所以，我们从不缺“保险世界观”，而是缺“保险方法论”。概括地说，我们一直靠未来保险之“概念”存活，而不是靠未来保险之“路线”引领。

我们的反省

自经济学从其他社会学科独立出来以后，“方法论”就是几乎所有的经济学大师们所关注的基本问题，如古典经济学家配第、斯密、李嘉图、萨伊、马尔萨斯、西尼尔、穆勒父子、麦克库洛赫、凯恩斯，历史学派学者西斯蒙第、琼斯、缪勒、李斯特、施穆勒、韦伯、桑巴特、凡勃伦、康芒斯、加尔布雷思，边际效用学派先驱杰文斯、瓦尔拉斯、门格尔、克拉克、马歇尔、威克塞尔，以及现代经济学家罗宾斯、米塞斯、哈耶克、马克卢普、库普斯曼、罗宾逊夫人、弗里德曼、卢卡斯、森，等等。霍奇逊指出，“在大约100年的时间里，（方法论）这一问题占据了科学研究中一些最伟大的思想家的头脑，而且这一问题是多数社会科学和经济学分析的中心”。

如果100年来经济学家都在思考方法论，我们的229家保险“大牌照”这些年来都在思考什么？有几个在思考“方法论”？又有多少在高谈“世界观”？笔者认为我们需要反省。

如果经济学家思考的“方法论”我们认为不足为奇、无足轻重，哲学家的“方法论”我们是否可以思考一下？

法国哲学家R.笛卡尔在《论方法》一书中提出四种方法：

（1）普遍怀疑，把一切可疑的知识都剔除出去，剩下无可怀疑的东西。

（2）把复杂的东西化为最简单的东西，例如把精神实体简化为思维，把物质实体简化为广延。

（3）用综合法从简单的东西得出复杂的东西，他说：“给我广延和运动，就能造出一个世界来。”

（4）累计越全面、复查越周到越好，以便确信什么都没有遗漏。

笛卡尔曾用这种理性演绎法从分析上帝的完满理性的概念推论上帝的存在性。所以，笔者相信，如果从分析“学习平安”“学习众安”的概念开始进行理性演绎，我们就可以推论“超越平安”“超越众安”的可能性。

无论是经济学家的“方法论”，还是哲学家的“方法论”，我们都需要有自己的“方法论”，因为我们的未来之路不可能从几条“不证自明的”“天赋的”公理中推演出来。

我们的天真

2020年初，在写“回顾中展望保险业”系列文章时，一直想给2019年的保险业做一个概括，竟然想到了“我们的天真”。难道不是吗？我们什么都懂，却那么天真！

当今时代，是知识大爆炸的时代，加之Web 3.0向Web 4.0升级，我们很多人所获取的知识量、信息量都是满到爆棚。

每个人所获取的知识，不再像那个曾经限于“十万个为什么”的年代了。可以说，当代人，基本上自己就是一本《十万个为什么》。很多人自认为什么道理都懂，说起什么都是有理有据，这是这个时代发展的结果，也是这个时代的特点，比如一个幼童，在尚未会跑的时候，也许就已经会玩iPad了。

那么，为什么我们什么道理都懂，却没有经营好自己的保险公司呢？这些问题好像已经有了答案，原因就是“我们的天真”，我们天真地忘记了“灯下黑”，更忘记了并不是所有灯都能照亮远方。

照亮远方的是茫茫大海中的灯塔，但照亮我们脚下的是我们的手电筒，还有就是能帮我们解决“灯下黑”的“外脑”。

我们需要外脑的“方法论”

如果说“超越平安”和“超越众安”是我们的信仰，我们的使命（“学习平安”和“学习众安”）是对信仰肩负的责任，那么我们的方法或者说完成使命的工具就是“演绎平安”和“演绎众安”。

“演绎平安”和“演绎众安”已经失败了N次，此时我们需要借助外脑的“方法论”帮助我们完成“学习平安”和“学习众安”的过程，帮我们照向远方，帮我们解决“灯下黑”：

第一步，甄别信息，让有用的信息形成知识体系，认知保险公司未来发展的知识体系；

第二步，把知识变成指导实践的方法和智慧，建构保险公司未来发展的方法体系；

第三步，把智慧和方法变成完成使命的才能，范导保险公司未来发展的能力体系。

从上面的三步来看，“外脑”是辅助，关键在于“自己”，因为“认知”“建构”“范导”的过程正是“构建知识体系、把知识变成方法和用行动改变世界”的过程，其目的在于实现我们的使命、升华我们的信仰。

大多数时候，我们视学者、顾问、咨询专家为骗子、花瓶，认为其理论大于实际；我们认为“外脑”们不接地气，自己都没干过企业怎么可能帮我们做好企业。另外，我们可能都读过管理大师德鲁克的书籍，他说自己如果直接带团队，可能20人都带不好，但他却拥有对管理无与伦比的洞察力和智慧。

这就是越知才越知无知。我们借助“外脑”是用其长而非其短，用其方法论而不是世界观。我们需要“外脑”，更需要自己。

这就是笔者关于当前中国保险业为何缺少方法论的反省，更是关于中国保险业未来发展的思考。

哲学反思之二 当前中国保险业如何改变世界观的反省

我们的世界观未必是未来世界观

在本篇第一节“当前中国保险业为何缺少方法论的反省”中，假设我们的“世界观”就是“未来世界观”，却发现只有“我们的天真”这个说法才能概括2019年的保险业。

前文并没有回答“众安六年沉淀了什么，绝对不是市值，而是生态沉淀。生态体系已经形成，没有变化的不是众安，而是（冷眼）旁观的我们”这个思考背后的逻辑。

所以，我们必须回到“世界观”这个话题，否则上文的论述就都错了。世界观主要解决世界“是什么”的问题，而方法论主要解决“怎么办”的问题。如果“是什么”都错了，我们何谈“怎么办”。

关于保险的未来世界观，可以从多个角度进行分析，前面已经进行了多角度阐述，下面我们从一张熟悉的图开始（见图3–1）。

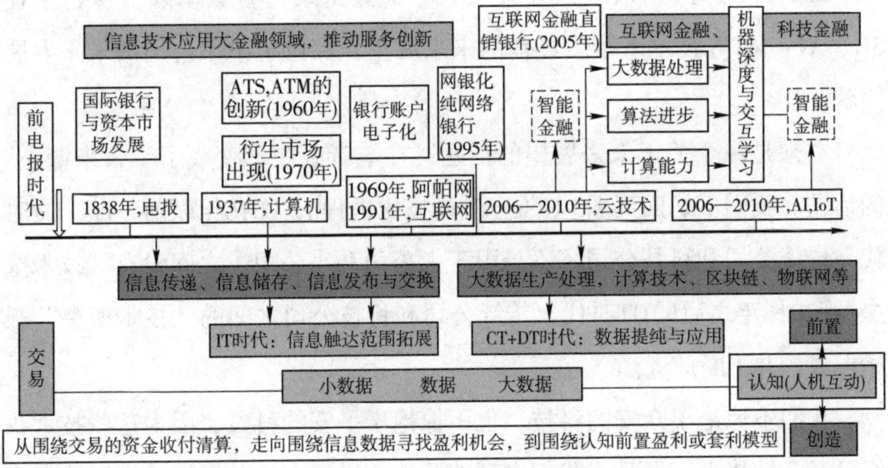

图3–1 金融科技化进程

通过图3–1可以看出，我们发现未来商业的盈利模式已经发生变化，正在转变为“围绕认知前置盈利或套利模型”，“认知”成了未来商业模式的基础。

陈春花教授在《2020年的经营关键词》一文中，反复强调“数字化时代需要我们从改变认知开始，因为沿着旧地图，找不到新大陆”。

认知代表了一个人或者一个企业对外部环境、产业格局、市场与变化的思维框架。所以，陈春花教授在2018年末至2019年末都在反复强调“认知”这两个字。

如果我们不能改变我们的认知，一定会产生“我们的世界观未必是未来世界观”的结果。此时，我们关于未来保险的思考，注定只是我们想象中的未来保险，而不是我们可以见证的未来保险。

为什么认知这么重要，因为我们已经进入“知识经济智能进化时代”。

未来世界观的“壁垒”

2019年12月19日，“众安开放日”的分论坛“智慧车险”探讨了在5G、AI、IoT等技术下车险经营的未来展望，探讨了中小公司的未来发展问题。

本来是一个关于未来展望的话题，在笔者眼中却变成了“未来壁垒”的话题。我们不妨回到图3–1（金融科技化进程），2016年以前，IT、CT时代，传统公司和科技公司（不局限于大公司和小公司）之间没有“技术壁垒”；2016年之后的DT时代，传统公司和科技公司之间的“技术壁垒”开始形成，并不断放大。

我们不惊艳于众安的科技，也不惊艳于平安的科技，因为这些技术我们已经开始接受；但是，我们发现彼此的差异正在从“知识鸿沟”演变成“技术鸿沟”。

2020年也许是一个分水岭。2020年之前，保险公司是“大小差异”；2020年之后，保险公司变成了“技术差异”。因为AI等技术不是在弥补差距，而是正在放大差距。技术发展得太快，超出了大多数保险公司追逐和学习的能力，我们开始感受到被科技遗弃的感觉。

这就是当前保险业存在的壁垒，也正是保险世界观的壁垒。以车险为例，笔者在《车险经营智能化路径》一文中详细介绍了智能承保、智能理赔、智能管理，认为其已经走进现实（见图3–2）。但是又有几家公司具备这种能力呢？

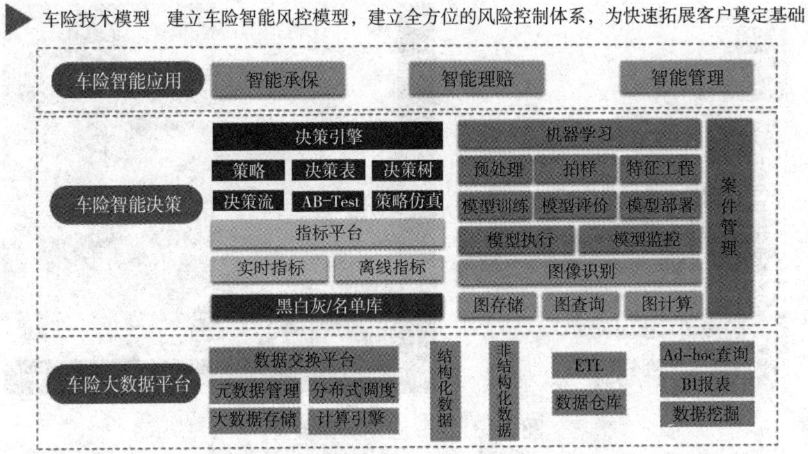

图 3-2 基于 AI 的车险技术模型（示例）

这就是“智能”带给我们的壁垒。如果说我们可以自建互联网保险，我们靠什么自建智慧保险？我们有没有这个能力？我们有没有这些数据？我们有没有这个魄力？我们有没有这个远见？……太多的不确定性注定保险公司在“大小”之外，将进一步分化。

通过华为发布的《5G时代十大应用场景白皮书》可以看出（见图3-3），5G、AI对健康险的影响巨大，这些将影响健康险的交互入口、应用场景和商业模式。我们不妨思考一下：这可能比车险的壁垒还要大，我们做好准备了吗？

在过去的几年中，大部分关于技术变革趋势的讨论不断重复，人工智能、大数据、区块链、物联网……似乎总是将同样的椅子在同一间旧房间里重新摆放。《福布斯》在评2020年十大科技趋势时提到，“2020年，这些将会被新的技术等级定义，从边缘慢慢移动到中心舞台”。这十大趋势分别是：

（1）5G惠及你我：2020年将会是5G之年。

（2）更快的无线网、更快的世界。

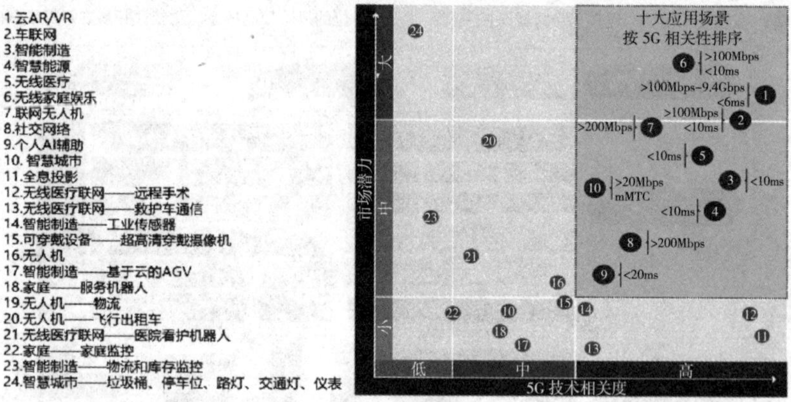

图 3-3 5G 应用场景展望

（3）分析学是竞争优势。

（4）人工智能和机器学习成了数据分析学的力量倍增器。

（5）区块链超越加密货币。

（6）机器人流程自动化焕发第二春。

（7）对话式人工智能成了合法的接口。

（8）ACPC永远地改变了笔记本电脑市场。

（9）联网汽车、自动无人机和智能城市成了新的现实。

（10）Xaas、UX/CX以及隐私。

我们在感叹科技变化的同时，却发现科技正在给我们制造壁垒。如果我们无法逾越这些壁垒，迎合“知识经济智能进化时代”，就无法“围绕认知前置盈利或套利模型”，更无从谈及未来的商业模式。

我们需要破冰机，也需要破壁机

2020年是中国经济“5T和6T”的分水岭，是中国通信“4G和5G”的分水岭，更是中国保险公司“科技与非科技”的分水岭（鸿沟）。

我们不妨回忆一下"平安920"活动，平安特地为客户打造了"AI健康、AI出游、AI理财、AI国潮"四大主题消费场所，聚焦客户"衣食住行玩"等需求，首日参与活动人数高达399万人，首日成交额突破1400亿元。客户在选购产品之余，还可参与11款AI游戏，体验高科技新玩法。显然，我们学习平安已经学不会了，这就是"技术壁垒"。

我们不妨再来看一下"众安开放日"活动，众安以用户为中心，以数据智能为核心，从产品、核保、理赔、服务、营销等全方位赋能保险价值链的改造，驱动保险精算水平提升，更驱动公司精益管理的快速实践和落地。显然，我们学习众安也学不会了，这也是"技术壁垒"。

近日，众安发布的《2019中国保险科技新势力洞察报告》指出，随着新技术在保险行业的成熟运用，保险科技开始正式进入数字化、智能化时代，为保险行业带来更具颠覆性的改变，保险科技未来可能会有六大趋势：

（1）5G网络全面商用，保险科技步入发展新周期。

（2）区块链上升至国家战略高度，促进保险场景可信化。

（3）人工智能应用拓展，促进保险场景高效化。

（4）智能营销与客服，促进保险场景智能化。

（5）智能保险体验提升，促进保险场景温暖化。

（6）线上线下融合，促进保险场景多元化。

六大趋势也好，十大趋势也好，对于中国保险业来说，2020年注定是一个分水岭。2020年，我们能否跨越这个"分水岭"，实现科技与保险的深度融合，关键在于我们对于未来保险世界观的反省（见图3-4）。

一是反省我们是否具备"破冰"之能力，这直接关乎我们能否穿越技术壁垒、跨越技术鸿沟，决定我们能否进入"知识经济智能进化时代"。

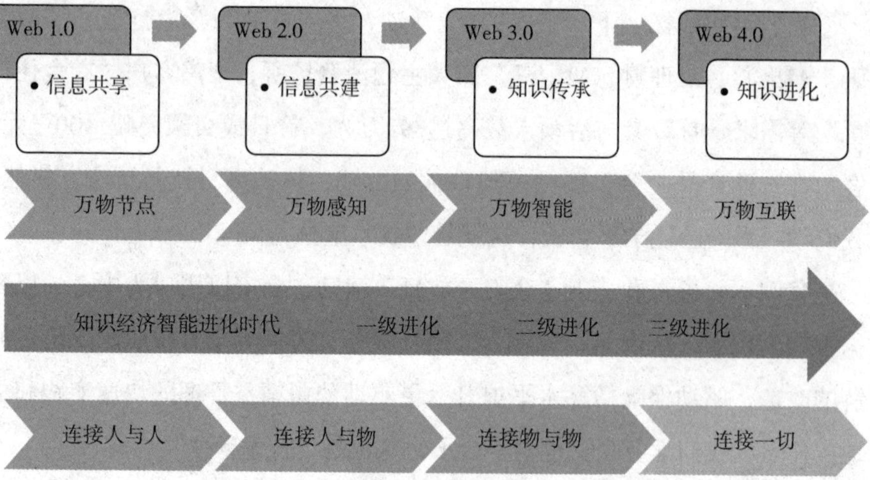

图 3-4 知识经济智能进化时代

二是反省我们是否具备“破壁”之能力，这直接关乎我们进入“知识经济智能进化时代”之后，能否实现“一级进化、二级进化、三级进化”，进而获得知识进化利润。

2020年，分水岭也好，鸿沟也好，都需要我们进行不断的反省，因为我们的世界观未必是未来世界观。

哲学反思之三 当前中国保险业有何困境的哲学反思

为何、如何、有何

在本篇第一节“当前中国保险业为何缺少方法论的反省”中，假设我们的“世界观”就是“未来世界观”，却发现只有“我们的天真”这个说法才能概括2019年的保险业。在第二节“当前中国保险业如何改变世界观的反省”中，我们发现“未来世界”正在从“知识壁垒”演变成“技术壁垒”，并且这种壁垒（鸿沟）有不断扩大趋势。

为何、如何、有何是我们分析思考问题的“三段式”，也是我们修行的“三阶段”（为何学法？如何学法？学法之后有何结果？），所以自然而然地引申出“当前中国保险业有何困境的哲学反思”这个话题。

世界观和方法论是同一问题的两个方面。人们关于世界是什么、怎样的根本观点是世界观，用这种观点作指导去认识世界和改造世界，就成了方法论。一般说来，世界观决定方法论，方法论体现着世界观，有什么样的世界观就有什么样的方法论。不存在脱离世界观的方法论，也不存在脱离方法论的世界观。哲学是世界观和方法论的统一。

既然如此，“中国保险业有何困境”或者说“中小保险公司如何生存”就演变成了保险业“世界观”和保险业“方法论”的统一。因此，我们所有的“反省”都是哲学反思。

后文，将基于“守先待后”“目无全牛”“藏器待时”“风云际会”“龙马乾坤”，来了解“保险制胜之道、法、术、器、势”，进而得出保险业未来发展之路，即“工具型保险”“专业型保险”“平台型保险”“伙伴型保险”“活力型保险”等问题已不再是保险层面的问题，而是哲学层面的思考。

反观88家产险公司和91家寿险公司，又有多少公司还处于一种“少知而迷”“无知而乱”的状态？少知而迷，其结果一定是自负；无知而乱，其结果一定是误读。

在新科技、新经济、新社会、新思想下，保险旧格局和新格局叠加产生了新保险，中小保险公司的未来发展需要进行哲学层面的思考：如何实现保险业“世界观”和“方法论”的统一。直接关乎中小保险公司的未来生存。

哲学反思

哲学是有严密逻辑系统的宇宙观，它研究宇宙的性质、宇宙内万事万物演化的总规律、人在宇宙中的位置等一些基本问题。

《道德经》是中国古代首部哲学思想著作，“道、法、术、器”是《道德经》强调的四个字。这里的“道”，是规律、理念、信念，是最终的真理，是囊括这个世界，甚至更广阔时空的自然法则。“法”则是规则、制度，即寻道的指引、路径。“法”有善恶之分，顺应道的“法”就是善法，相反，违背道的“法”就是恶法。“术”是指技术层面上的操作方法，是建立在道、法之上的表象方式。“器”是指有形的物质或是有形的工具。四者的逻辑关系是：做事要秉道，因道生法，以道御术，善器成事。

无论从哪一个角度讲，中小保险公司的生存问题都演变成了一个复杂的系统工程。而这几个“道”的维持和发扬光大，无一不需保险监管在“法”上、在规则和指引上做出不懈的努力，在“术”和“器”上不断地做出改善，更需要中小保险公司的研究能够与时俱进，并在“势”上实现相机行事。

保险的“道”

“道”是价值观，即判定好坏美丑喜恶的价值标准。价值观有不同的层次，人生观就是人生的最高价值观，终极的“道”是宇宙的价值观，因为宇宙是一个最大的智慧生命体。就中小保险公司的生存之道而言，以下几个“道”是一定要明确的：

一是基石之道，这不仅是明确中小保险公司在中国保险业中市场定位之必需，也是中小保险公司面对大型保险公司竞争选择的必然，以及中小保险公司退出历史舞台策略选择的必然，更是中小保险公司稳健发展的必然。

二是创新之道，对任何行业而言，无创新便无生命力，无创新便不能创造新供给，创新是中小保险公司保持生机和活力的源泉。

三是引领之道，强调创新要在一定章法下进行资源配置，这一点对最具效率特点的保险资源配置有特别的意义。中小保险公司创新的重点只能放在一定的创新模式上（一定的发展模式下），不可能进行无目的或全领域的创新，这不仅与中小保险公司的战略定位不符，也与中小保险公司的特点不符。

四是未来之道，中小保险公司是通过专业化、结构化的创新行为获得消费者信赖的。故从一个较长期过程来看，其专业化、结构化的结果一定要走向"工具型、专业型、平台型、伙伴型、活力型"，否则这种市场主体形式要么会被他方所抛弃，要么会被新的市场进入者所替代。

保险的"法"

"法"是实现价值观最根本的战略、方法、指导方针、思路。就中国中小保险公司的监管之法而言，所谓的"法"就是中小保险公司的监管问题，或者说支持举措。

谈及金融政策，人们的普遍期望是放松准入门槛、去牌照化、监管过程技术化、注重行为监管和消费者保护，同时，在符合技术趋势和公众利益的情况下逐渐稀释政府的金融权力，只守住一些基本的执法边界，而非行政审批。这一期待与分散过度集中的金融权力、消除金融压抑、推进金融自由化改革的要求相呼应，并非仅来源于中小保险公司。但是，中小保险公司确实对监管政策和监管手段提出了大量新要求乃至新挑战。

首先，在交易技术层面，当大量的保险服务体现为网络化、自动化、数据化、智能化的数据传输与算法处理时，对网络（不仅仅指当前的金融网络，未来的整个互联网、物联网等都有可能成为保险服务网络）安全等基础设施的保障、对算法与技术风险的整体防范，都可能成为监管的内容，因为这与社会利益息息相关。

其次，在交易结构层面，去中心化的交易结构形成后，互联网成为一个巨大的公开交易所，交易渠道错综复杂，交易行为小微密集。在这种信息与资金的广泛互联中，产生了保险监管中最需严格审慎的公众化利益问题，以及资金流监测、宏观调控效果等诸多监管技术问题。洗钱、诈骗等金融犯罪行为亦会随着技术的升级、渠道的复杂而更加隐蔽和危险。自动化监管和交易行为监管的重要性将日益突出。

最后，在权力契约层面，监管机构必须保护、培育和维持合理、适度竞争的市场秩序，一方面避免某些保险机构利用网络、算法、体制的漏洞获取不正当的垄断地位，导致金融权力重新过度集中；另一方面又要防止过度竞争、破坏性竞争，导致风险累积，波及金融体系的安全与稳定。

总之，随着金融科技的发展，中小保险公司在信用、制度、技术、结构、权力等多个层面的改变，将给监管带来巨大挑战。这种挑战是客观存在的，重要的是我们要适应这种新的发展和新的科技挑战。同时也不排除一些或大或小的风险和问题，包括舞弊欺诈等，也会随着新业务模式出现。问题出现以后，我们要加快学习步伐，尽早地吸取经验教训，同时不断地更新规章制度和监管标准，使中小保险公司保持一个健康的发展方向。

保险的“术”

“术”是城市中的小路，包括战术、技术、具体的手段。就中国中小保险公司的发展和监管而言，所谓的“术”就是如何借助新科技（金融科技）实现弯道超车和稳健合规的问题。

随着科技的不断进步，保险业已经步入由科技撬动发展的新阶段。科技不再是简单的产品设计的技术支撑，而是颠覆传统保险价值链，实现对保险产品设计、市场销售、核保规则、理赔风控和投资管理全链条的破坏性创新。因此，在新的历史发展机遇面前，传统的品牌、技术、人力、管理乃至资源优势都可能发生彻底的逆转，或被新兴技术、思维、模式的巨浪颠覆。

这样一个科技推动变革的时代，一切皆有可能。大型保险公司能否持续成为新趋势下的行业赢家？中小保险公司能否借势新科技实现弯道超车？这是一个唯有时间才能给出答案的未解之谜。

云计算、大数据、人工智能、区块链等层出不穷的新技术，正在为保险行业注入新的动力，同时为中小保险公司的生存空间创造出千载难逢的拓展条件。

随着移动互联时代的来临，金融服务呈社交化等特点，并且与场景结合得越来越紧密，这对保险机构的IT系统提出了新挑战。传统的架构很难与之相适应，分布式的云计算则可以帮助中小保险公司很好地去完成这种转型。互联网将人在线化之后，保险机构能获取的数据量越来越大，涉及的维度也越来越多。云计算的强大数据存储和处理能力正好为中小保险公司运用大数据打下基础。在大数据时代，保险机构可利用的数据量已今非昔比。同样，利用好云计算和大数据的中小保险公司，也可以让风险定价更加精确化，保险产品也更加个性化。因此云计算、大数据的应用为中小保险公司带来很多前所未有的体验。

另外，随着金融科技的蓬勃发展，人工智能、区块链技术在中小保险公司领域也有着非常广泛的应用。

中小保险公司的发展目前正处于关键阶段，关键意味着“生死”，也意味着不再是“摸着石头过河”，而是需要社会各界为中小保险公司创造良好的试点环境。比如在对待互联网新技术的问题上，保险业运用互联网在关注用户需求、风险量化匹配、数据高效决策、系统动态沟通、价值组合传递等方面提升服务水平和层次。因此，看准趋势的同时，应鼓励中小保险公司积极利用金融科技等新技术，探索出一条技术推动保险健康发展的新路径。

保险的“器”

“器”是工具。工具的作用是提高效率，把复杂问题简单化。面向未来，中小保险公司要特别关注三大类技术，即互联网、大数据（人工智能）和区块链。这三大技术，将重构保险未来的江湖。就中国中小保险公司的未来发展而言，有这么几个“器”是一定要掌握的：

（1）互联网改变了保险时空。保险的经营有两个很重要的基础，一个是数的集合，另一个是风险管理，而这两个概念都是在时空背景下展开的。所以，当时空被重新定义和利用的时候，保险无疑也将被重新定义和构建。

（2）大数据和人工智能重构保险价值链。这两个领域的变革，将对保险产生巨大冲击，因为保险在很大程度上是基于风险、不确定性和预测的管理。认知革命将推动并实现一种从预测到预知，再到真相的进化，从根本上改变，甚至是颠覆传统的风险和不确定性管理的基础。那么，面向未来，保险将如何存在？这是一个值得思考的问题。

（3）区块链催生全新的保险商业模式。就保险而言，数据和信用息息相关。因此，区块链将与互联网、大数据（人工智能）一起，对保险产生迭代性的影响，从根本上改变保险经营管理的方方面面，催生全新的商业模式，这也许就是中小保险公司未来发展的基本方向。

保险的“势”

“势”是当下所处的时间和空间位置的运动方向，即这个时空的趋势，是一种惯性的力量。地势、情势、形势、权势、势能，说的都是这种在位置中蕴含的能量。需要注意的是，这个势是时间和空间两个坐标系统的交点。时空，宇宙，天地，是同一个意思。“上下四方曰宇，往古来今曰宙。”天是天时，地是地利。天地就是时间和空间这两个坐标系统。

人在天地间，会受到当前时空运动趋势的影响，天道圆，地道方，顺之者昌，逆之者亡。

虽然最后才说到“势”，但是放在最后不一定最不重要。正相反，“势”（时空）的变化，会导致人世间低层的道也就是价值观的变化。比如唐朝以胖为美，到了现代却变成以瘦为美。地域没有变化，时间变了，整个价值观体系就变了。

道不易，法简易，术变易。就中小保险公司的未来发展而言，我们需要明确中小保险公司的“道、法、术、器、势”。

中小保险公司的崛起到底是“概念”还是“周期”？大部分人问“可不可能”，却很少人问“怎么做才有可能”，这正是人们的盲点。令事物发展壮大的不是可能而是规律。规律是所有事物发展必须遵循的，是不以任何个人以及权力机构的意志为转移的。任何保险和保险公司都必须符合大众利益的需求，是规律主宰一切，是天时、地利、人和成就一切。

虽然中小保险公司在中国的发展属于一个历史问题，但事实上，它又是一个哲学问题。近年来，云计算、大数据、人工智能、区块链等新技术层出不穷，新技术不断给中小保险公司输入新的动力，也为中小保险公司的发展（中小保险公司的崛起）创造了千载难逢的机遇。

因此，在庞大市场内，中小保险公司的崛起具有很多想象空间。同时，新技术应用的日趋成熟，为中小保险公司的崛起输入了新动能。

哲学反思之四　高质量发展呼唤中国保险业的新春天

寂静的保险

近年来，保险监管持续发力，初步遏制了保险业市场乱象蔓延的态势，但市场乱象仍未根治。根治市场乱象必须坚持标本兼治原则，在采取强力监管手段严厉打击恶意违规行为的同时，应加强对乱象频发内在机理的研究，进行理论反思，寻求治本之策。

现在的保险使笔者想到蕾切尔·卡逊（《寂静的春天》《我们周围的海洋》《海的边缘》《在海风的吹拂下》），一个呼唤春天的人，我们应该永远记住她。

之所以称“寂静的保险”，是因为我们过度地依赖单一险种，导致生态体系遭到破坏，最终给保险公司带来不堪重负的“灾难”：我们用遏制费用或收益率来驱动保险的发展，无异于饮鸩止渴，保险应该走“另外的路”。

我们寄希望于“费率完全市场化”来唤醒春天，却走向新的寒冬。但我们能够看到寂静背后的生机——一个新的开始正在绽放。当前保险经济功能的渗透度、保险公司商业模式等方面正在悄悄地发生变化，保险监管有效性也在逐步地提高，一个高质量发展的保险业正在形成。

高质量发展呼唤保险业新春天

随着我国经济由高速增长阶段转向高质量发展阶段，面临的风险和不确定性上升，保险业也应转向高质量发展。保险有助于增强各类市场主体的自我修复能力，缓解社会公众对疾病和养老的担忧。然而，保险业的市场空间并未得到充分释放，保险公司同质化经营、恶性竞争较为突出，全国车险占比超过60%，财险市场变成车险市场；低保障的投资类人身险产品仍是主流，寿险市场变成理财市场。保险业健康发展应坚持回归本源，突出保险的经济补偿功能，以服务实体经济和人民生活为本，拓展更广泛的蓝海市场，形成高水平、差异化的竞争格局，在促进经济转型升级和维护社会稳定方面发挥更大的作用。

（一）经济转型升级催生新的保险需求

一是保险业在促进创新方面扮演着重要角色。随着我国进入大规模工业化和城镇化后半段，创新将成为经济增长主要驱动力。创新作为“创造性破坏”，始于技术，成于金融。风险与创新是一个硬币的两面，伴随着创新的全过程，保险的介入为技术创新以及相关融资活动提供了额外的安全垫，有助于分散风险，激发创新活力。

二是保险业在服务高质量发展方面大有可为。随着居民财富、收入以及受教育程度普遍提高，社会公众的生命价值和时间价值显著上升，其需求由扩大数量转向追求质量，对生产安全、食品药品安全、环境安全等方面要求越来越高，公众责任险、安全生产责任险、食品安全责任险、环境污染责任险等将迎来新的发展机遇。

三是政府职能转变对保险业提出了新要求。保险公司应主动承接政府职能转变带来的新需求，开发新产品，提升风控能力，改进服务手段，运用市场机制提升公共服务水平和效率。如通过“警保合作”提高交通事故勘察、处理、理赔效率，增进社会和谐；开办各种履约保险替代政府部门规定的履约保证金，降低企业财务负担；开办诉讼财产保全责任保险取代申请人必须提供与被保全财产价值相当的担保，减轻诉讼申请人经济压力。

（二）居民财富增长扩展传统财产保险的边界

改革开放40多年来，我国居民收入明显提高，财富总量快速扩张。2019年10月30日，经济日报社中国经济趋势研究院家庭财富调研组发布《中国家庭财富调查报告2019》。报告显示，我国2018年家庭人均财产为208883元，相比2017年的194332元增长了7.49%；城镇和农村家庭人均财产分别为292920元和87744元，城镇家庭人均财产是农村的3.34倍。其中，家庭房产净值的数据显示，现阶段我国有93.03%的居民家庭拥有1套住房，有3.82%的家庭有两套或者是两套以上的住房，没有房子的家庭只有3.14%。另外，城镇居民家庭房产净值占家庭人均财富的71.35%，农村居民家庭房产净值的占比为52.28%。

2018年美国居民的资产总规模达到120万亿美元，超过七成配置了金融资产，其中保险与养老金占比23.8%，仅次于股票和投资基金的32.2%；相反，我国城镇居民的资产超过七成配置了房产。实现家庭财富安全的紧迫性已不言而喻。与之相伴，居民资产结构、消费观念也发生了明显变化，保险在保障居民资产安全和实现财产性收入等方面重要性凸显。

一是居民对家庭财产安全、人身安全的保障需求增加，家财险、意外伤害险等传统保险产品迎来巨大的发展空间，已经呈现投保面大幅提升、保险额度大幅增加的趋势。

二是消费升级推动保险业产品和渠道创新。近年来，我国网上商品销售规模快速上升，2019年全国网上商品零售额共106324亿元，占社会消费品零售总额的20.7%，互联网平台非面对面、非货款两清的交易模式，催生了产品质量、送达时间等保险新需求，呈现保险标的小额化、产品销售在线化的趋势，为保险业务拓展开辟了新领域。

（三）人口老龄化带动医疗养老保障新需求

“人多、人老”是我国最重要的国情，人口众多决定了人身险市场潜力很大，快速老龄化进程进一步扩大了人身险市场空间。过去10年间，老年扶养比由11.3%上升至16.8%，并呈逐年加快的态势，2019年底我国65岁人口占比12.6%。发达经济体的经验表明，随着老龄化时代来临，居民家庭金融资产配置中保险和养老的占比不断上升，美国占比32%，欧元区占比41%，与我国情况类似的韩国和日本占比分别为32%和28%，人口结构显著优于我国的印度占比为27%，我国占比仅11%。

在养老保障方面，目前国内相当一部分人身险公司销售的年金产品“异化”为快速返还的短期投资产品，不符合养老保险的定位。未来商业保险作为社会保障体系第三支柱的功能将更加凸显，人身险公司要大力开发适应“银发时代”的保险产品，通过市场化方式平滑生命周期不同阶段收入，缓解养老金缺口，稳定全社会消费水平，为经济平稳运行提供强有力支撑。

在健康管理方面，目前健康险产品种类单一、性价比低等问题较为突出，无法满足社会公众对重大疾病保险、长期看护保险等健康保险的需求。

此外，我国地域广阔，不同地区自然条件、经济发展水平、生活习俗差异较大，疾病类型和平均寿命有所不同，保险公司要改变全国采用同一个生命表、适用同一个费率、一张保单卖全国的状况，深耕细作区域保险市场，整合内外部数据资源，利用大数据技术开发不同区域生命表，精准测算不同区域不同类型疾病发生率，推出满足当地消费者特定需求的区域性专属保险产品。

寂静的背后是发展模式的重构

（一）寂静的背后不应还是寂静

《寂静岭》讲述一名普通的母亲发现自己的女儿患上了致命疾病，她无法接受这样残酷的事实，所以带着自己的女儿踏入了那片无人可以生还的领域——寂静岭，一个现实中恶魔的栖息地。

“寂静的背后还是寂静”，这种轮回的、辩证的问题永远是人们在不停讨论与思考的话题。笔者肯定不会有一天快乐地宣布，在这些极具魅力的问题当中找到了永久不变的答案。

但是，这就是辩论的魅力所在，因为在辩论过程中我们在思考，在思考过程中可以更好地诠释保险的方方面面。这样，我们不仅能够变得更加智慧，也会变得更加理智。

“寂静的背后”，我们所要进行的是保险发展模式的重构，保险经济功能转型升级将让保险新春天不再寂静。

（二）发展模式之创新

创新的理念最早来源于约瑟夫·阿洛伊斯·熊彼特的创新理论，对于保险来说，可进行创新的内容包括产品和服务、平台、解决方案、客户体验、价值获取、流程、供应链、渠道、网络、品牌等，具体可参见笔者在《相互保险丛书》中的有关论述。

研究发现，对于发展模式的创新，“创新十型法”是一个不错的选择。德勤·摩立特旗下从事创新咨询的机构——德布林公司（Doblin）研究表明，成功的创新都是由三个大类中的十种创新基本类型组合而成的。1998年起，德布林公司开始致力于寻找成功创新案例之间的相似之处和规律，通过模式识别和复杂性管理技术，最终发现了创新的十个类型（见图3–5），其巧妙地融合了生产要素创新的各个维度。

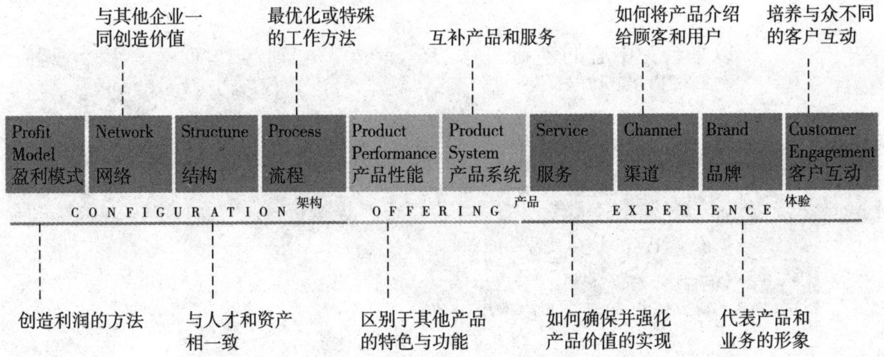

图 3-5　创新十型法

在保险发展模式的创新过程中，可以考虑引入“创新十型法”，以此丰富保险发展模式的创新内容。创新十型可分为三大类：

（1）以业务模式为中心的创新，关注企业自身运营，包含盈利模式、网络（联合他人来创造价值）、结构（组织并配置人才和资产）和流程方面的创新。

（2）以平台为中心的创新，包含产品性能和产品系统方面的创新。

（3）以用户体验为中心的创新，涵盖了服务、渠道、品牌和客户互动方面的创新。

创新十型不是一个流程表，也不是各种类型的排列顺序，更不涉及等级体系，任意类型的组合都可以形成创新，企业可以从任意一个类型开始创新。

（三）发展模式之选择

在判断公司应该采用哪些创新类型时，首先要判断公司创新的方向。目前，市场上所有公司的创新活动主要专注于以下三个中心的一个或几个：业务模式、平台或用户体验（见图3-6）。

图 3-6　创新十型法下的三种模式

在了解这三个中心之后，保险公司需要能够洞悉竞争对手（竞争对手已经在那里，关键还是清晰地认知自我）在市场中正在进行的创新活动，判断出公司是否应该有意识地对现有项目加倍投入或是另择创新方向。

（1）转变业务模式。这种创新要求保险公司专注于配置资产、能力和价值链上的其他要素，追求以差异化的方式服务客户并获得利润。商业模式转变首先从框架的左边开始（包括盈利模式、网络、结构和流程创新），然后不断向右移动，添加需要为公司商业模式增效的补充项目。

高效优质的业务模式是公司的经营特色，也将是公司未来能够补充传统保险市场空白的核心优势。

（2）转变平台策略。目前，保险公司经常是以它的产品为中心，并不断为其增加特性或功能，却很少有其他措施。开发这种全新的平台模式首先要从框架的中间开始（包括产品性能和产品系统创新），整合这几类创新以奠定一个坚实的基础，然后不断往框架的两端延伸，添加其他种类的创新以帮助公司的平台发挥作用。

卓越的平台能帮助客户化繁为简，可以通过连接不同群体、能力和产品发现新的机遇。在帮助客户解决挑战时，这种平台创新是最富有成效的。

（3）转变用户体验。这种创新要求保险公司以独特的方式连接、服务和吸引客户，改变它们与企业和产品的互动。这种转变要先从框架的右边开始（包括服务、渠道、品牌以及客户互动创新）。然后不断往左边移动添加新的创新种类使客户体验发挥作用。

当市场中某品类产品竞争过于激烈、陈腐守旧或是过于复杂，提供卓越用户体验就是不可或缺的。用户体验在面对高度互联的客户群时特别重要，因为任何关于客户体验的好坏消息都能像野火一样迅速蔓延开来。用户体验创新适用于任何行业，对于以客户制为基础的公司，更应注重提升客户体验。

（四）发展模式之落地

针对“转变业务模式”“转变平台策略”“转变用户体验”等落地问题，下面给出的三大模式思路正好契合了发展模式落地问题。

（1）全流程模式。从流程来看，查勘、定损、核价、人伤跟踪、风险调查、理算、核赔等全流程高标准按“提服务、防风险、实减损”的要求，完成案件的全过程服务与损失核定工作；当然，这些环节可以外包给专业的人伤管理平台，保险公司只需做好审计，并把主要精力用于研究市场、开发产品上，这样可以减少理赔环节的人力成本、职场成本、系统成本、管理成本。

（2）工具模式。从工具属性来看，包括全景智能调度、智能高效的相机、标准作业流程预设、个性业务定制、作业过程系统管控、指标考核实时呈现等模块；同样，这些环节可以外包给专业的人伤管理平台，这样可以减少公司系统维护开发成本，同时可以为服务效率、案件质量、队伍管理提供强大支撑，为公司运营政策制定提供有力保障。

（3）平台模式。从落地来看，需要“强大高效的平台+规模化的专业一线服务人员”；同样，这些环节可以外包给专业的人伤管理平台，公司只需发布一条任务信息，这些平台就能快速高效地跟进，让理赔运营管理不再复杂，公司只需客观评价、管理好人伤管理平台即可真正达到“促服务、降成本、增效益”的目标。

（五）发展模式之阶段

前面介绍了“发展模式之创新”“发展模式之选择”“发展模式之落地”，剩下的就是通过确定发展模式重构需要投入的资源。可以将发展模式的重构分为三个阶段：改变已知问题、改变传统边界和改变游戏规则。

显然，随着发展模式重构的依次推进，需要的资源和带来的风险会越来越高。因此，保险公司要有目的地选择采购一些标准化的创新活动，控制公司内部的创新规模，在创新数量和创新能力之间、在自我创新和采购创新之间取得正确的平衡，这样才能确保发展模式重构三个阶段的顺利展开。

（1）核心阶段——改变已知问题。通过改进现有发展模式存在的问题，保险公司可以优化内部流程和管控体系，为客户提供更好的质量、性能和体验。例如，针对当前车险人伤管理的困境，保险公司急需解决“现场查勘”“医疗跟踪”“医疗审核”“医疗服务”等关键人伤管理环节。这种改进带来的优势不会持续太久，因为竞争对手会有针对性地快速模仿和应对。

（2）延伸阶段——改变传统边界。为客户提供全新的综合解决方案时，公司需要对现有发展模式进行重构，以求与传统发展模式形成对比。例如，保险公司可以基于金融科技搭建“智能的系统+专业的线上专家+专业的线下队伍+基于数据的引擎”的人伤管理平台，实现“线上与线下”“专业与智能”的结合。这种程度的改进常常会给公司带来新的客户，并改变市场参与者对公司的预期。

（3）变革阶段——改变游戏规则。随着上面两个阶段的推进，公司可以选择挑战并颠覆一切，例如基于“连接人与人、连接人与物、连接物与物、连接一切”背后的互联网、物联网、智能网、超能网，保险公司可以在适应未来社会的复杂性和群体的多样性基础上，构建面向未来的信息交互网（保险网）。这种改进将从根本上改变整个行业的发展模式，全新的发展模式（而不仅是产品或服务）将会诞生。

（六）发展模式之思考

“发展模式之创新”“发展模式之选择”“发展模式之落地”“发展模式之阶段”之后，我们就高枕无忧了吗？显然不是，我们需要思考的问题更多，因为叔本华曾经说过，“无论何时，每个人都需要配备一定份额的焦虑，或者担心，或者困苦；正如一艘船需要一定的压舱物，才能走出一条笔直和稳定的航线”（《论生存的痛苦和虚无》）。

家家有本难念的经，各人有各人的算盘，虽然笔者不能替大家思考，但是可以提出一点思路以供参考。

（1）现状思考。所谓知己知彼，就是我们要毫无保留地剖析自我。建议思考以下几个问题：市场主体、保费规模、经营效益、竞争情况、保险周期，注册资本和净资产、总资产和总负债，保费收入和市场份额，机构分布和区域市场，险种情况和主导市场……

（2）方向思考。所谓鉴往知来，我们要头脑清楚，量力而行。建议思考以下几个问题（见图3-7）：市场趋势、发展环境、发展策略、发展定位……方向要清晰、明确，基于公司、市场实际情况制定目标，既有一定的挑战性，又不脱离实际。

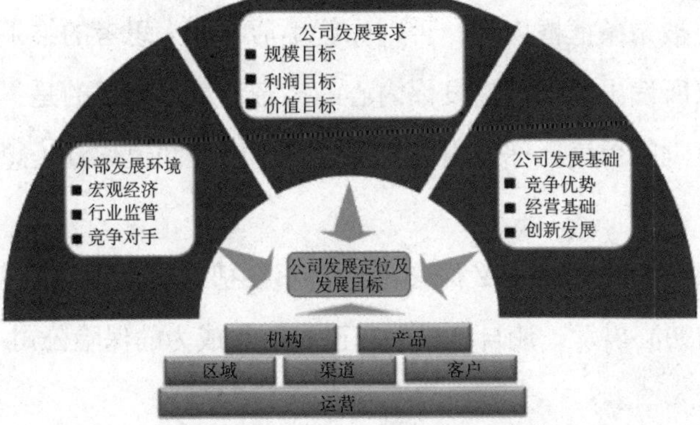

图 3-7　公司发展方向思考

（3）行动思考。所谓知行合一，就是我们要雷厉风行，全力以赴。建议思考以下几个问题（见图3–8）：总体框架，预算+行动+考核；关键行动，机构+产品+区域+渠道+客户+运营+其他；行动逻辑，盈利模式+发展模式+管理模式……关键行动的创新和实践，要围绕公司战略目标形成，并贯穿“预算+行动+考核”的总体框架，形成盈利模式、发展模式和管理模式的行动逻辑。

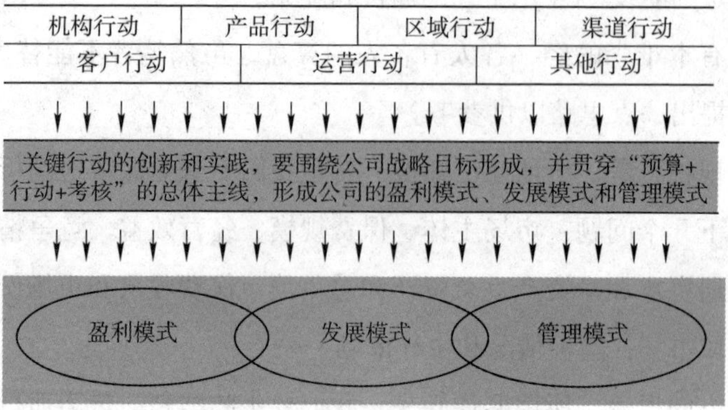

图 3–8　公司行动框架思考

（4）学习思考。一个公司需要建立一个组织得以持续学习，思考未来各种可能的发展，并以此市场不确定性拟定公司的应变策略（见图3–9）。

斯蒂夫·乔布斯曾经说过：“时间有限，不要把时间浪费在别人的生活里；不要被条条框框束缚，否则你就生活在他人思考的结果里；不要让他人的观点所发出的噪声淹没你内心的声音；最为重要的是，要有遵从你的内心和直觉的勇气，你的内心与直觉多少已经知道你真正想要成为什么样的人。”

对于保险公司而言，又何尝不是，不要把时间浪费在研究别人身上，要从自己的初心出发，让自己成为自己真正想成为的保险公司。

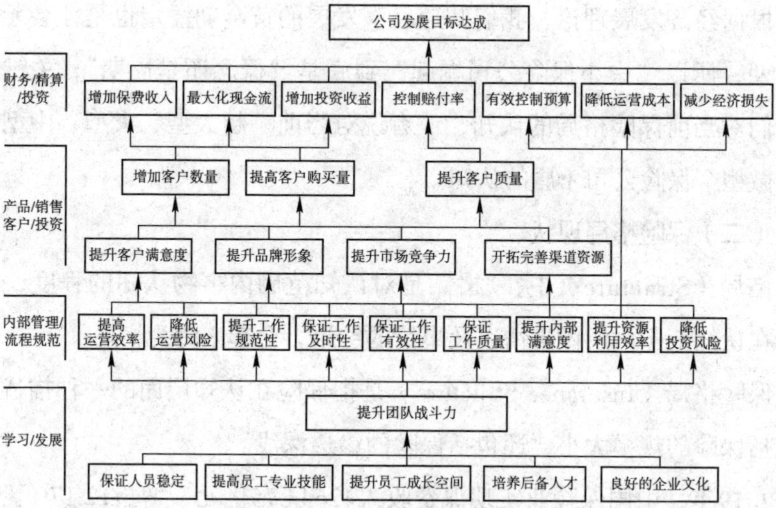

图 3-9　公司学习路线思考

重构保险新格局迎崛起黄金期

（一）呼唤保险新春天，迎接崛起黄金期

未来正是“中小公司崛起”的黄金时期。“中小公司崛起”到底是一个炒作的概念还是一个周期的到来？笔者认为，是“概念”，也是“周期”。

从保险周期和保险行业景气轮动规律来看，随着保险公司股东回归理性（被暴雷吓怕或者说被折价出售伤害），保险公司职业经理人回归职业，保险专业服务机构回归专业……还有“保险姓保、监管姓监”，再有“大数据、人工智能等金融科技的崛起”，保险行业景气正从大型保险公司向中小型保险公司传导、轮动，未来一段时间正是“中小保险公司崛起”的黄金时期。

根据经济发展理论，我们知道经济发展的黄金期注定也是社会矛盾的凸显期，所以“中小保险公司崛起”到底是“概念还是周期”，关键还在于我们对当前保险格局的认知，或者说对当前“超大型、大型、中型、小型、微型”保险公司矛盾的认知。

（二）保险格局现状

格局（Structure）中，“格”是对认知范围内事物认知的程度，“局”是指在认知范围内所做事情以及事情的结果，合起来称为格局。

保险格局（Insurance Structure）是指保险在认知层面的一种描述，不仅包括保险的规模大小，还包括保险的渗透深浅。

2019年，中国保险业实现保费收入42644.75亿元，增长12.17%。产寿险公司、产寿险业务格局如下：

从产寿险公司来看，产险公司共13016.33亿元，同比增长10.72%；人身险公司共29628.42亿元，同比增长12.82%。人身险公司未计入合同核算的保户投资款和独立账户本年新增交费9086.94亿元，同比增长9.66%。

从产寿险业务来看，产险业务共11649.47亿元，同比增长8.17%；寿险业务共22754.14亿元，同比增长9.80%；健康险业务共7065.98亿元，同比增长29.70%；意外险业务共1175.16亿元，同比增长9.26%。

1. 产险格局

（1）产险发展格局。整体来看，集团化（控股股东旗下含产寿险）、专业化和结构化发展趋势已经开始显现（见表3-1，本书中88家财产保险公司的简称使用中国银保监会网站公布的名称），其中集团化16家，专业化13家（农险6家、车险2家、责任险1家、科技险1家、信用险2家，航运险1家），结构化10家（互联网4家、相互2家、自保4家）。

表 3-1 88 家产险公司分类

大类	细类	家数	主体
集团化	关联寿险或再保	16	人保股份、大地财产、中华联合、太保财、平安财、华泰、天安、太平保险、中银保险、大家财产、国寿财产、英大财产、富德财产、合众财产、前海联合、中意财产
专业化	农险	6	安信农业、安华农业、阳光农业、国元农业、中原农业、中航安盟
	车险	2	众诚保险、鑫安汽车
	信用险	2	出口信用、阳光信用
	责任险	1	长安责任
	科技险	1	太平科技
	航运险	1	东海航运
结构化	互联网	4	众安财产、泰康在线、易安财产、安心财产
	自保	4	中石油专属保险、铁路自保、中远海自保、粤电自保
	相互	2	众惠相互、汇友互助
其他	无法细分	49	—

（2）产险竞争格局。88家产险公司的发展规模分化比较严重，市场集中度比较高，基于2019年的数据，CR3达到64.14%。整体来看，88家公司的规模分布如表3–2所示。

表 3-2 88 家产险公司保费分布

大类	分类标准：保费规模区间 / 元	家数	总保费 / 亿元	总保费占比 /%
超大型保险公司	大于 1000 亿	3	8348	64.14
大型保险公司	大于 100 亿，小于 1000 亿	10	3113	23.91
中型保险公司	大于 50 亿，小于 100 亿	9	582	4.47
小型保险公司	大于 10 亿，小于 50 亿	30	830	6.38
微型保险公司	小于 10 亿	36	144	1.10
合计	—	88	13017	100

2. 寿险格局

（1）寿险发展格局。整体来看，集团化（控股股东旗下含产寿险）、专业化和结构化发展趋势已经开始显现（见表3–3，本书中91家寿险保险公司的简称使用中国银保监会网站公布的名称），其中集团化18家，专业化15家（养老险8家、健康险7家），结构化9家（银行系8家、相互1家）。

表3-3　91家寿险公司分类

大类	细类	家数	主体
集团化	关联产险或再保	18	国寿股份、太保寿、平安寿、新华、泰康、太平人寿、天安人寿、富德生命人寿、国寿存续、合众人寿、英大人寿、阳光人寿、大家人寿、前海人寿、中华人寿、中意、华泰人寿、复星保德信
专业化	养老险	8	平安养老、太平养老、国寿养老、长江养老、泰康养老、安邦养老、新华养老、人保养老
	健康险	7	人保健康、昆仑健康、和谐健康、太保安联健康、复星联合健康、瑞华健康、平安健康
结构化	银行系	8	建信人寿、光大永明、农银人寿、工银安盛、中信保诚、交银康联、招商信诺、中银三星
	相互	1	信美相互
其他	无法细分	49	—

（2）寿险竞争格局。91家寿险公司的发展规模分化比较严重，市场集中度比较高，基于2019年的数据，CR7达到63.01%。整体来看，91家公司的规模分布如表3–4所示。

表3-4　91家寿险公司保费分布

大类	分类标准：保费规模区间 / 元	家数	总保费 / 亿元	总保费占比 /%
超大型保险公司	大于1000亿	7	18669	63.01
大型保险公司	大于100亿，小于1000亿	29	9295	31.37
中型保险公司	大于50亿，小于100亿	17	1185	4.00
小型保险公司	大于10亿，小于50亿	17	400	1.35
微型保险公司	小于10亿	21	80	0.27
合计	—	91	29629	100

这就是中国保险市场当前的格局，由产寿险公司格局、产寿险业务格局、保险发展格局、保险竞争格局等组成的“超大型、大型、中型、小

型、微型”保险公司格局，一个矛盾的市场共同体。

天使和魔鬼、绅士和流氓、善良和凶狠、正直和奸诈、忠诚和背叛等，这些词既可以形容一个人，也可以形容一个公司，因为我们看到很多保险公司都是一个矛盾的共同体。

（三）保险行业景气轮动

很多保险公司为什么成了矛盾的共同体？无须从哲学层面解释，其实更多的是因为困惑。

保险市场深处的空虚（寡头的市场、鸡肋的业务）不能被表面的繁荣和虚无缥缈打发，而浮躁的股东和经理人又耐不住寂寞，所以时常陷入深思甚至混乱：我（保险公司）为什么找不到自己呢？为什么不知道自己想要什么呢？什么样的业务似乎都能接受，而什么样的业务似乎又都不能满足。这是一种怎样的困惑？

这种困惑的背后是因为我们没有学会坦然面对自己这个“矛盾共同体”，也没有清醒认知保险这个“矛盾共同体”，结果是大多数保险公司走向了极端：战略博而不专的极端，发展买妻耻樵的极端，竞争毫无章法的极端，车险或理财一枝独大的极端，风险孤注一掷的极端……未来得过且过的极端。

正所谓“阴阳相合，化生万物，万物生生不息”“因果循环”，保险已经走向极端，不用再怀疑自己，更不用担心自己，因为过去的已经过去了，我们还要积极地迎接新的未来。我们仿佛已经看到市场竞争模式正在发生微妙的变化：

（1）竞争主体。竞争将从由拥有特殊资源与能力的集团化保险公司和地方性经营的中小保险公司发起，转为由专业化和结构化经营的保险公司发起。

（2）竞争手段。从传统的费率和手续费竞争，转为基于资源和能力的竞争，主要体现在对保源的控制以及专业化能力的竞争上。

（3）竞争区域。竞争的重点区域将从沿海向内陆推进，从城市向县域推进，从线下向线上推进。未来“线下与线上结合”“专业与智能结合”

将成为市场竞争的重要举措。

（4）竞争边界。从同业竞争扩大到产业链上下游之间乃至于产业与产业之间的竞争。来自保险上游产业积极推动行业整合，从管理自身资源向管理合作伙伴转变，保险竞争将向产业链上游转移。

（5）竞争模式。正如前文所言，针对“转变业务模式”“转变平台策略”“转变客户体验”等落地问题，需要选择可落地的业务模式，即全流程模式、工具模式和平台模式。

（6）竞争格局。忽略“超大型、大型、中型、小型、微型”已定型的保险旧格局，我们要开始思考“集团化、专业化、结构化、其他（包括局限为地方性、自设为综合性等）”所代表的正在形成中的保险新格局。

随着保险旧格局和新格局的叠加，未来的保险市场主体将进一步分化，可以预期将逐步分化成三类市场主体：

第一类市场主体：超大型、大型保险公司以及依托金融集团成立的保险公司，进一步向集团化方向发展，致力于为客户提供全面的金融产品与服务。

第二类市场主体：经过艰难转型获得成功的专业性保险公司以及结构化保险公司将通过实施差异化、结构化战略，走专业化发展道路。

第三类市场主体：不具备规模化与专业化经营优势的公司将逐渐退出市场。

通过前面的分析，对保险公司而言，需要更“懂自己”，而不是“懂你”；需要发挥所长、补齐短板；需要在思维理念、业务流程、核心技术能力等方面进行调整、优化和提升；需要“抬头看路”，而不是“埋头拉车”；需要提升对未来保险格局的判断力和预见力。只有这样，才不会演化为保险市场中的第三类主体。

保险新格局是“超大型、大型、中型、小型、微型”与“集团化、专业化、结构化、其他（包括局限为地方性、自设为综合性等）”的叠加演变，其结果一定会有人退出市场。

（四）保险新格局

规模是保险公司竞争力的重要外在表现及组成部分，是保险公司竞争力展开的基础支撑。每一家保险公司自创立之始的梦想，都是成为“第一类市场主体”。

显然，没有人想成为“第三类市场主体”，大多数保险公司会没有选择地进入“第二类市场主体”。

专业化、结构化的“第二类市场主体”到底路在何方？正如笔者在《相互保险丛书》中所言，新科技、新经济、新社会、新思想下保险的格局将会演化出五种不同的商业模式：工具型、专业型、平台型、伙伴型、活力型。这正是“第二类市场主体”未来的发展之路。

（1）工具型保险，为大型保险公司、自保公司或保险产业链上端资源型企业等提供端到端的产品解决方案或风险管理服务，成为“保险背后的保险”“产业背后的保险”，说白了就是“做保险的搬运工”。

（2）专业型保险，专注于提供某一类保险服务，把保险的价值链进行延伸，从保险延伸到“风险管理+保险产品+理赔服务”，实现“风险管理的标准化”“保险产品条款费率的标准化”“理赔服务的标准化”，让保险成为一个“产品”。

（3）平台型保险，建立一个开放的平台，为消费者提供丰富的保险产品和服务，平台上的产品可以不局限于自己的产品，甚至不局限于保险产品；最好的办法是“傍一个流量大佬”，因为没有流量的平台是死水一潭。

（4）伙伴型保险，类似平台型保险，为消费者提供丰富的保险产品和服务，但其在保险价值链、消费者生命周期上的参与程度更深，采用垂直整合的模式，成为满足消费者各类保险需求的伙伴。

（5）活力型保险，在伙伴型保险基础上发展形成，通过互联网、物联网、智能网持续地感知乃至预测出消费者需求，实时做出回应，提供高度个性化的消费者体验，其提供的产品和服务也将延伸到非保险领域。

专业化、结构化的“第二类市场主体”路在何方？也许“工具型保险、专业型保险、平台型保险、伙伴型保险、活力型保险”给我们提供了思考的方向。

（五）践行信息交互未来

“工具型保险、专业型保险、平台型保险、伙伴型保险、活力型保险”将在下文中逐步展开分析。面对大数据、人工智能、区块链、物联网等新兴技术，保险公司要剖析这些技术在保险黄金期的决定性意义，并希望以此来提炼这些技术在保险新格局演变中的价值，因为这样的平静技术（包括普适计算、大数据、人工智能等）将在“中小公司崛起”中起主导作用，也将成为“中小公司成就保险新格局”的关键要素。所以，面向未来，保险公司要深刻理解“践行信息交互未来”这句话。

“践行信息交互未来”，简单的八个字，其意义深远，让笔者想起了普适计算之父马克·韦泽（Mark Weiser）曾说过的一句话：“影响最深远的技术是隐匿不见的，它们如纤维般融入日常生活，丝丝入扣，直至不可分辨。”普适计算（Ubiquitous Computing，UbiComp）是一个强调和环境融为一体的计算概念，而计算机本身则从人们的视线里消失。在普适计算的模式下，人们能够在任何时间、任何地点，以任何方式进行信息的获取与处理。

“践行信息交互未来”这八个字也让笔者想起了《布谷鸟唤醒春天》中的一句话：“我们都错了！孩子不是苦行僧，你也不用狠心做虎妈，只要读懂童年的秘密，就能轻松胜过好老师。”我们不希望看到中小保险公司成为“苦行僧”，更不愿意看到监管部门成为“虎妈”，我们要学会读懂保险的硬伤所在，更要学会认识自己。

一个是“平静的技术”，另一个是“平静的内心”，足以解决保险公司发展中的“我是谁？我要去哪里？怎么去？”等问题。

道法术器之一　守先待后，制胜之器：工具型保险

守先待后

反思之四“高质量发展呼唤中国保险业的春天”提出，由于保险旧格局和新格局的叠加，预期保险市场将进一步分化为三类市场主体。对于专业化、结构化的“第二类市场主体”而言，在新科技、新经济、新社会、新思想下，可供选择的商业模式包括工具型、专业型、平台型、伙伴型、活力型。

《守先待后：思想、格局与传统》一书虽涉猎广泛，主旨却始终如一，以自由、封建、历史、秩序、德行、共同体为关键词，揭示古老自由的真正源泉。

“守先待后”出自清朝陈确《答沈朗思书》：“夫以程朱之贤，即不表章《大学》，而循循焉惟孔孟之从，必可以守先待后，为一代大儒无疑也。”

“守先待后”非常简单，就是继往开来，承前启后。相比而言，我们的保险公司可谓一朝天子一朝臣。88家产险公司和91家寿险公司，有几家在“继往”，又有几家在“开来”？

通过前面的分析，我们发现保险公司“家家有本难念的经”，每家对此都有不同的解释。但是我们不难发现，大多数保险公司习以为常的观念来自自负与误读。

当前保险业所遭受的批判，更多的是因为我们没有理解“守先待后”。这一方面缘于保险业务与新科技、新经济、新社会、新思想需要的脱节；另一方面则缘于自负与误读，自负是因为没有认识自己，误读是因为没有认知行业。

所有的思想都不是凭空产生的，而是知识光谱的辐射。正如前文所

言，一个“平静的技术”，一个“平静的内心”，足以解决保险公司发展中的“我是谁？我要去哪里？怎么去？”等问题。

自负是因为我们对于“平静的技术”的无知；误读是因为我们对于“平静的内心”的背叛。

如果拥有“平静的技术”和“平静的内心”，我们会发现新科技、新经济、新社会、新思想下，保险公司可以沿着产业价值链的参与深度与产品及服务的广度演化出五种不同的商业模式，即工具型、专业型、平台型、伙伴型、活力型。下面先从工具型保险说起。

金融工具说

金融工具说，即金融的SaaS化。此时金融成为广义的软件产品，并且是标准化的软件产品，通过该软件可为客户提供标准化、模块化的金融服务。

SaaS（Software as a Service，软件即服务）是指提供给客户的服务是运行在云计算基础设施上的应用程序，用户可以在各种设备上通过搜索客户端界面访问，如浏览器。消费者不需要管理或控制任何云计算基础设施，包括网络、服务器、操作系统、存储等。

金融工具说的关键是把对行业的理解合为一体，并且当行业的用户和数据积累到一定程度后，金融服务的重点不再是金融本身，而是提供一个标准化、模块化和价值化的金融工具服务。

金融SaaS化最核心的价值是提高使用效率、降低时间成本，一切活动都需要为使用效率让路。具体来说，金融SaaS化可以为客户带来如下的价值：

（1）服务的收费方式风险小，灵活选择模块。

（2）让客户更专注核心业务。

（3）灵活启用和暂停，随时随地都可使用。

（4）按需定购，选择更加自由。

（5）产品更新速度加快。

（6）市场空间增大。

（7）实现年息式的循环收入模式。

（8）有效降低营销成本。

（9）准面对面使用指导。

（10）在全球各地，7×24小时全天候网络服务。

（11）不需要额外增加专业的IT人员。

（12）大大降低客户的总体拥有成本。

工具型保险机构

工具原指工作时所需用的器具，后引申为达到、完成或促进某一事物的手段。工具不是一个绝对的概念，某样事物的工具身份可以随使用方式而改变。

所以严格来讲，工具也不应该是一个产品的固有类型。工具是产品在用户使用时才会反映出的一种属性，这种属性与用户的目的性和对结果的预期明确度直接挂钩。当用户的目的越强，对过程和结果的预期越明确时，产品反映出的工具属性就越强。

如果把保险当作一种工具看待，那么工具型保险机构应该在核心运营模块上具有很强的工具属性，并可以为客户提供标准化、模块化的保险端到端的产品解决方案或风险管理服务。

参考金融工具说的概念，我们也可以将工具型保险机构理解为提供保险SaaS化工具服务的保险组织。

由于工具型保险机构不像传统保险公司那样直接提供保险服务，也不是提供一个第三方商户与最终用户交易的平台，而是提供某个特定的工具，保险资源方与客户在使用这个工具的过程中，产生潜在的保险交易可能，所以工具型保险机构可以简单地理解为通道，即被动管理。

被动管理相对于主动管理而言，是指保险资源方（保险资源方大多数为大型企业、组织或互联网平台，也可以是保险公司）决定（包括自主决定、委托第三方机构决定以及其他）借助通道方（工具型保险机构）设立通道载体（一般表现为保险产品及其他载体），由保险资源方或保险资源方委托的第三方进行风险调查及存续期管理，通道方仅承担账户管理、承保理赔初期流程等保险事宜，来实现保险目标。

简单来讲就是：保险资源方决定借助工具型保险机构设立通道载体，来实现保险目标。

通道业务起源是因为保险资源方因各种原因不得直接承保保险风险，而需借助通道进行间接承保。因此，保险资源方参与通道业务，本质上是跨监管套利；通道方参与通道业务，本质上是出借其牌照。

工具型保险运作

（一）概述

工具型保险是指可以为大型保险公司、自保公司或保险产业链上端资源型企业等提供端到端的产品解决方案或风险管理服务，成为“保险背后的保险”“产业背后的保险”，说白了就是“做保险的搬运工”。

这类保险机构主要是提供规模化、标准化的保险工具服务。因为利润率不高，控制成本、高效运营是工具型保险生存的关键所在。

（二）特点

保险资源方与保险标的均事先确定，这是工具型保险作为通道的前提条件。由于保险资源方受法律法规或监管政策的限制不能或不便于直接承保，或出于其他客观原因不能直接承保保险标的时，可行的策略就是通过工具型保险进行间接承保。

（1）保险资源方是工具型保险的“化身”。保险资源方实际是以工具型保险的身份参与了保险标的的保险运营与管理，并分享保险产业链上的收益。

（2）保险资源方负责尽调及存续管理。通道载体设立之前的尽职调查由保险资源方自行负责或者委托第三方机构进行尽调，保险资源方承担尽调风险。

（3）工具型保险依据保险资源方指令进行承保。通道载体的设立、保险运作、承保理赔等事项，均依据保险资源方的指令进行。

（4）保险资源方接受原状返还资产。接受原状返还是通道义务的重中之重，一般通道项目中，约定项目终止时可以以项目现存状态返还给保险资源方。

（5）工具型保险履行账户分配清算。工具型保险在整个环节中依法履行账户管理、承保理赔操作及提供出具必要文件及配合保险资源方管理等事宜。

（6）最大的优势在于通道费价低。由于保险资源方负责主要保险事务，因此工具型保险实际只收取小部分管理费、监管成本及偿付能力资金成本，其余结余均返还给会员，即保险资源方。

（三）分类

（1）按借用通道划分。通道方可以分为互助式、联动式、账户式等保险通道。

（2）按通道功能划分。通道方可以分为全通道、半通道等保险通道。全通道即所谓的工具型保险完全按照保险资源方的指令进行操作，其运作的全部风险由保险资源方承担，此种业务在通道业务发展初期较为常见；半通道主要是为规避监管政策衍生出来的，如监管通过窗口指导的方式禁止一些保险行为，则在保险产品中以聘用保险资源方出具保险建议（并非保险操作指令）的方式，留给管理人特定条件下的否决权。

（3）按通道的类型划分。通道方可以分为一对一（定向）、一对多（集合）等保险通道。现实中，一对一（定向）的比较少，大多数是一对多（集合）的。

（四）作用

（1）规避监管实现间接承保目标。为了实现业务合规，保险资源方借助工具型保险机构设立通道载体，来实现保险目标。

（2）通道载体起源论。通道业务主要起源于保险资源方法律法规限制、监管政策要求。其明确规定了保险资源方业务范围等，保险资源方依照现行法律法规及监管政策不能实现保险目标时，借助通道载体可以间接实现保险目标。

（3）无统一监管及法律论。通道业务产生于保险资源方法律及监管政策受限，存活于无统一监管及法律泛保险环境中。

（4）缺乏统一监测监控论。通道业务产生于保险资源方法律及监管政策受限，存活于缺乏统一的监测监控体系中。

（5）合法借道腾挪达到出表目的。通道业务发展的驱动之一——出表，通过保险使其泛保险业务能够符合监管的要求，扩大规模范畴。

（6）低成本实现保险运作目标。低成本即所谓低廉的通道费，保险资源方通过支付低廉的通道费就可以间接地经营保险业务，实现保险目标。

（五）风险

（1）责任承担划分不清——根本风险。如果相关参与机构权利义务不明确，出现问题时会发生互相推诿等现象。

（2）缺乏统一监管体系——系统风险。通过层层嵌套，规避各自体系中的规则，实现保险目标，如果处理不慎会引发系统性风险。

（3）低成本监管套利——套利风险。低廉的通道费覆盖不了业务的运作风险，由此引发的系统风险最终通过通道产品不能兑付等，最终解决不了通道的根本问题。

最后，笔者还是以《守先待后：思想、格局与传统》中的一句话结束本部分的主题：只有在无知的黑夜中，天下乌鸦才会一般黑。

道法术器之二　目无全牛，制胜之法：专业型保险

目无全牛

“守先待后，制胜之器：工具型保险”中提出“只有在无知的黑夜中，天下乌鸦才会一般黑”。本想顺着“守先待后”写下去，但却不知觉地转向了“目无全牛”。

目无全牛，形容人的技艺高超，得心应手，已经达到非常纯熟的地步。

新科技、新经济、新社会、新思想下，显然部分保险公司所标榜的“专业化”更多的是思维“标签化”、行为“包装化”、宣传“拟人化”……唯独不具保险“专业化”。

党的十九大强调，要弘扬劳模精神和工匠精神。“工匠精神”古今相承，不论是技艺精湛的“木匠鼻祖”鲁班，或是“目无全牛”的“解牛大师”庖丁，还是试验万种药方提炼青蒿素的“诺贝尔奖得主”屠呦呦，他们的身上都闪烁着“工匠精神”的光芒。

保险业的“工匠精神”，弘扬的是“干一行、爱一行、钻一行”之

专业精神，坚持的是“专业、专长、专家、专诚、专攻、专注”之专业功力，打造的是“专业精神、专业文化、专业形象、专业表达”之专业形象。

反观88家产险公司和91家寿险公司，部分公司存在的问题无非是因为“少知而迷、无知而乱”。少知而迷，其结果一定是自负；无知而乱，其结果一定是误读。

当前保险业所遭受的批判，更多的是因为我们没有理解“目无全牛”，原因无非“少知而迷、无知而乱”。

新科技、新经济、新社会、新思想下，保险旧格局和新格局叠加产生了新保险，保险公司为了实现专业化，需要把握新保险脉搏，培养专业思维；担负新保险使命，提升专业能力；立足新保险任务，涵养专业精神。

金融专业说

金融专业说，即金融的IaaS化。此时金融成为广义的基础设施，并且是标准化、专业化的基础设施，通过该基础设施为客户提供金融服务。

IaaS（Infrastructure as a Service，基础设施即服务）是指提供给消费者的服务是对所有设施的利用，包括处理器、存储、网络和其他基本的计算资源，用户能够部署和运行任意软件，包括操作系统和应用程序。消费者不需要管理或控制任何云计算基础设施，但能控制操作系统的选择、储存空间、部署的应用，也有可能获得有限制的网络组件（例如防火墙、负载均衡器等）的控制。消费者通过互联网可以从完善的计算机基础设施获得服务，这类服务称为基础设施服务。

金融专业说的关键是把对金融专业的理解合为一体，并在当用户第一次接触金融服务时能够体验到专业的价值。

具体来说，金融IaaS化可以为客户带来如下的价值：

（1）技术和产品完善。

（2）用户需要在性价比与安全中找到自己在乎的平衡点。

（3）品牌对于客户选择也有一定影响，通过标杆客户背书，增加信任。

（4）目标及权责明确，成员具有强烈的认同感。

（5）决策迅速，效率提高。

（6）资讯交易快，可增加机构内部组织之间的互动。

专业型组织的塑造往往不是那种惊天动地的改旗易帜，而是润物细无声的，通过对专业人员的培养来慢慢实现，即将那些学有专长的人士吸引进组织，使他们愿意并能够提升组织的专业性。

专业型保险机构

社会分工的专业化、金融产品的高端化、客户服务的精细化，决定了金融专业化发展必然成为金融业发展的“天之骄子”和“钻石皇冠”。专业的价值来自持久不懈的努力，坚持的是“专业、专长、专家、专诚、专攻、专注”之功力，打造的是“专业精神、专业文化、专业形象、专业表达”之形象。

同样，对于保险机构而言，如果致力于成为专业型保险机构，必须首先使自己在某一类保险服务中能够为用户提供专业的基础设施服务，即保险IaaS化。

（一）专业精神

专业精神（Professional Spirit）是指保险服务是否执着于专业的规范、要求、品质化程序等。

著名的麦肯锡咨询公司的创始人马文·鲍尔有一句名言：“我们没有顾客（Customer），我们只有客户（Client）。”他的下一句话点出了原因：“我们不属于哪个行业（Industry），我们自成一个专业（Profession）。”以“专（心致）诚”（Specially）的精神为客户提供专业服务，即“高端服务”。

但是，如果专业型保险机构没有坚实的平台、优化的流程、完善的制度、配套的设备，为客户持续提供专业高端服务是不可想象的，也就更谈不上拥有专业的精神。因此，在某一特定领域的保险服务中具备标准化、专业化的基础设施，是专业型保险机构做好高端服务的基础保障。

（二）专业文化

专业文化（Professional Culture）是指专业型保险机构在日常运行中所表现出专业的各方面。

保险的三大职能是风险治理、价值创造和资源配置。这既是专业型保险机构的三大任务，也是专业型保险机构专业文化建设的三大目标：用“专业”（Specialized）提供保险风险保障；用风险规避控制的“专长”（Specialty）实现社会管理功能；用“专家（Specialist）理财”完成资金融通、资产保值增值任务。

（三）专业形象

专业形象（Professional Image）是指专业型保险机构在公众面前树立的形象，具体包括外在形象、品牌信誉、专业能力和人才结构四大方面。这得益于组织的宣传。

（四）专业表达

汉语词典对于“表达”一词的解释极为简洁，即表示（思想、感情）。所谓专业表达（Professional Expression），就是以专业的方式阐述思想、反映事实、传播经验。

对于专业型保险机构而言，服务即是表达，是组织与客户沟通的方式，只要能够精准、便捷、高效地为用户提供服务，即为一种专业表达。

专业型保险运作

（一）概述

专业型保险，即专注于提供某一类保险服务，把保险的价值链进行延伸，从保险延伸到“风险管理+保险产品+理赔服务”，实现“风险管理的标准化”“保险产品条款费率的标准化”“理赔服务的标准化”，让保险成为一个“产品”。

（二）特点

专业型保险在某一个特定领域具有专业性：一是其能在该特定领域对行业细分发展做出贡献；二是其在该领域的某些技能上受到权威部门对其专业技能的认证；三是具备在该领域开展保险承保理赔业务的专业人员与设备；四是所有参与者成为专业型保险的用户，参与最终用户核心价值的创造。

专业型保险依靠统一的保险服务标准化来达成协调，而保险服务标准化主要通过设计、培训以及教导来完成。这种组织会雇用受过训练的专业人员，作为它的保险服务的核心（Operating Core），并给予他们较大的自主权。保险服务人员拥有相当大的自主权，这意味着他们在提供保险服务时相对独立于自己的同事，但是他们与所服务的消费者却联系紧密。

专业型保险特别强调专家权威，其组织的标准有些源自组织外部，即由其保险服务人员和来自其他组织的同行专家组成的专业委员会。换句话说，专业型保险的战略、决策在很大程度上是其组织内部专业人员的个人决策和组织外部专家委员会的战略决策。

（三）分类

按照专业方向可以分为五类：市场定位专业化；客户定位专业化；产品定位专业化；保险销售专业化；组织管理专业化。

按照业务活动可以分为四类：强专业性业务；半专业性业务；弱专业性业务；非专业性业务。

第一类，强专业性业务。只有自己可以做，或者必须自己做，别人无法替代，并且通过它们使专业保险机构区别于竞争对手的业务，这是专业型保险存在的根本。没有这些业务的专业型保险根本就没有存在的必要，因此这些业务往往是战略性的，属于核心业务的范畴，是专业型保险竞争力的主要载体。

第二类，半专业性业务。专业型保险应该做，但难以和竞争对手区别开来的业务。这是组织经营的“保健性”因素。也就是说，做得不好会直接给专业型保险造成负面影响，做得一般也不大可能在顾客心目中留下深刻的印象。但是，如果比竞争对手做得好，这些业务则可能提升专业型保险的竞争力，形成竞争优势。

第三类，弱专业性业务。专业型保险需要做，但是同时别人做可能比自己做更有优势的业务。这类业务往往不是专业型保险的核心业务和主营业务，但它对核心业务和主营业务有较大的支持作用，管理得不好会影响核心业务的运营。

第四类，非专业性业务。其他公司更有优势，同时对专业型保险核心业务及竞争优势无关痛痒的业务。

专业型保险正确的做法是：牢牢抓住第一类核心业务，加强核心业务领域的竞争力；认真管理好第二类业务，使其充分发挥对核心业务的支持作用，或直接转化为专业型保险的竞争优势；对于第三类、第四类业务则要积极主动地外包给合格的合作伙伴，所不同的是，对于第三类业务，专业型保险更应加强对合作伙伴的管理与协作，第四类业务则不一定要做。

（四）作用

实现规模经济。专业化经营的核心要求就是将专业型保险的资源优势集中投放到某一产业或产品领域，这样有助于降低成本，实现规模经济，满足消费者需求。

（1）核心竞争力优势。核心竞争力是专业型保险的生存之本，任何企业要想发展壮大都必须具有一定的核心竞争力。因此，形成、强化和持续发展其核心竞争力是专业型保险必须孜孜以求的事情。专业化经营可以使专业型保险集中有限的资源，专攻一点，不断创新，永远走在其所在领域的前列，并且提高该领域的进入门槛，有效阻挡竞争对手的进入。

（2）目标市场优势。专业化经营是专业型保险在目标市场上一种风险较小的经营战略。虽然单一市场上既定产品的需求数量有限，但由于专业型保险对该行业熟悉，又拥有较成熟的资源并已经形成核心竞争力，这些都会保证专业型保险稳定的规模经济收益，降低风险。另外，专业型保险完全可以通过对该行业产品的技术创新，促进市场消费，扩大组织的生存发展空间。

（3）创新优势。专业化分工有利于专业型保险的创新。从大的历史趋势来看，企业的专业化程度越高，越容易出现创新。这是因为随着经济发展，市场规模会变大，社会分工越来越细，每个企业的产品和服务也会更加专业化，由此需要更加专注和具有企业家的精神。所以，大部分创新都来自某一个行业的某个专业领域的初创公司。

（4）全球化优势。保险机构的专业化程度更高，整体产业的效率也会更高。如果一个产业的全球化程度高，其潜在市场就是更大的全球市场，那么这个产业的分工就更细，这是全球化给更具创造力的专业公司带来的机会。

（五）风险

专业型保险抵抗风险能力较弱。专业型保险生产产品的类型单一，资源过于集中在某一风险领域，因此，容易形成对某一风险市场的高度依赖，一旦该风险市场出现动荡或企业自身产品的竞争力减弱，专业型保险将会面临巨大的经营风险。

（1）资源限制问题。专业型保险如果只发展单一风险市场难免会使其发展空间受到限制，也会造成企业的富余资源闲置。

（2）创新问题。由于专业型保险只针对特定产品进行研发，而技术创新又是高投入、高风险的项目，专业型保险很容易因为某个开发项目的失败而陷入资金和经营的双重困境。

（3）技术瓶颈问题。如果专业型保险在某一风险领域逐步失去专业优势，产品和营销手法被竞争企业模仿，则其专业化战略更多只是一种口号。目标顾客忠诚度不足导致其难以形成持久的市场利益，专业化战略就会成为一种“短命”的战略形式。

（4）上下游问题。如果产业链上下游变迁，上下游合作伙伴无法满足专业型保险合作要求，也易使专业型保险的专业化战略失效，由此降低专业型保险的服务能力或加大专业型保险自身的成本。

成就专业型保险机构，要使专业精神进头脑、进思想、进心灵，使之扎根思想、融入血液、行于工作、现于行动。

我们不知道，是因为我们不专业！而我们好像真是因为“不专业”，才走到今天“举步维艰”的局面。

道法术器之三　藏器待时，制胜之术：平台型保险

藏器待时

“守先待后，制胜之器：工具型保险”中提出“只有在无知的黑夜中，天下乌鸦才会一般黑”；“目无全牛，制胜之法：专业型保险”中提出“我们所标榜的‘专业化’更多的是思维‘标签化’、行为‘包装化’、宣传

'拟人化'……唯独不具保险'专业化'"。顺着"守先待后、目无全牛"写下去，自然而然就会过渡到"藏器待时"。

藏器待时出自《周易·系辞下》，"君子藏器于身，待时而动"。比喻怀才以等待施展的时机。

最近研究了很多保险公司，看了很多关于保险公司的文章，关于发展战略的、关于模式创新的、关于风险暴露的、关于股权之争的、关于祸起萧墙的……所有的都可以说是"一鸣惊人"。"藏器待时"去哪里了？

保险公司不要太在乎别人的评价。嘴长在别人的脸上，如何评说只能任由他去。我们唯一能做的就是管好自己的嘴，默默地干好自己认为正确的事。事成之后，自然有人帮你去说。

当前保险业所遭受的批判，更多的是因为我们没有理解"一鸣惊人"，更没有做到"藏器待时"。

新科技、新经济、新社会、新思想下，保险旧格局和新格局叠加产生了新保险，保险公司为了实现平台化，需要以祥和的态度去和人交往，以平等的心态去应对事物，以古人的高尚心志自相期许，守住自己的才能以等待可用的时机。

金融平台说

金融平台说，即金融的PaaS化。此时金融成为广义的平台，并且是标准化的平台，通过该平台为客户提供金融服务。

PaaS（Platform-as-a-Service，平台即服务），是指提供给消费者的服务是把客户采用提供的开发语言和工具开发的或收购的应用程序部署到供应商的云计算基础设施上去。消费者不需要管理或控制底层的云基础设施，包括网络、服务器、操作系统、存储等，但消费者能控制部署的应用程序，也可以控制运行应用程序的托管环境配置。

所谓PaaS实际上是指将软件研发的平台作为一种服务，以SaaS的模式提交给用户。因此，PaaS也是SaaS模式的一种应用。但是，PaaS的出现可以加快SaaS的发展，尤其是加快SaaS应用的开发速度。

金融平台说的关键是通过输出领先科技（专业能力和专业工具）赋能金融生态服务圈，将现有各种业务能力进行整合，实时监控平台的各种资源，并将这些资源开放给金融用户。

具体来说，金融PaaS化主要具备以下三个特点：

（1）平台即服务。金融平台所提供的金融服务与其他的服务最根本的区别是金融机构提供的是一个基础平台，而不是单纯的金融产品或金融服务。金融平台由专门的平台服务提供商搭建和运营，并将该平台以服务的方式提供给金融产品运营商和金融服务供应商。平台作为金融产品和金融服务部署的基础，由金融产品运营商和金融服务提供商负责产品与服务的提供与维护。

（2）平台及服务。金融平台所需提供的金融服务，不仅是单纯的基础平台，而且包括针对该平台的技术支持服务，甚至针对该平台而进行的应用系统开发、优化等服务。这也是保证金融平台在以后的运营中得以长期、稳定运行的重要因素。

（3）平台级服务。金融平台对外提供的金融服务不同于其他服务，这种服务的背后是强大而稳定的金融用户资源，以及专业的金融支持团队。这种“平台级”服务能够保证支撑金融产品运营商和金融服务供应商与金融用户间发生的各种交易需求。

金融PaaS化的实质是将金融资源打通，为金融产品运营商和金融服务供应商提供有价值的金融用户资源和服务平台。有了金融平台的支撑，就可以为金融产品运营商和金融服务供应商开发用户带来极大的方便，不但能提高客户开发效率，还节约客户开发成本。有了金融平台的支持，用户选择的金融产品与服务会变得更加敏捷，能够快速响应用户金融需求的选择，最终也为用户带来了实实在在的利益。

平台型保险机构

《平台：自媒体时代用影响力赢取惊人财富》一书中，作者迈克尔·哈耶特指出，在当今市场要想获得成功，必须拥有两个战略资产：让人欲罢不能的产品和有效平台。

所谓平台型公司，是连接供给和需求双方的中间公司，它们通过提供能够改变供需双方在市场交易中的交易成本来获得竞争优势。

回顾互联网发展史，BATJ（百度、阿里巴巴、腾讯、京东）成形的时间段，大体上都是在第一次互联网浪潮——新浪、搜狐、网易这些门户繁华了几年之后。三大门户很大程度上是一个工具，而BATJ正在形成某一种自我强化的平台机构。

同期，我们也发现中国平安从工具型金融、专业型金融逐步过渡到平台型金融，并在向伙伴型和活力型金融迈进。2017年11月20日，中国平安2017年策略日上，发布了"从平安到平台：科技创新赢未来"报告，这是马明哲自2016年元旦致辞"全面开启平安3.0时代"之后，第一次对外展示平安的平台（见图3–10）。

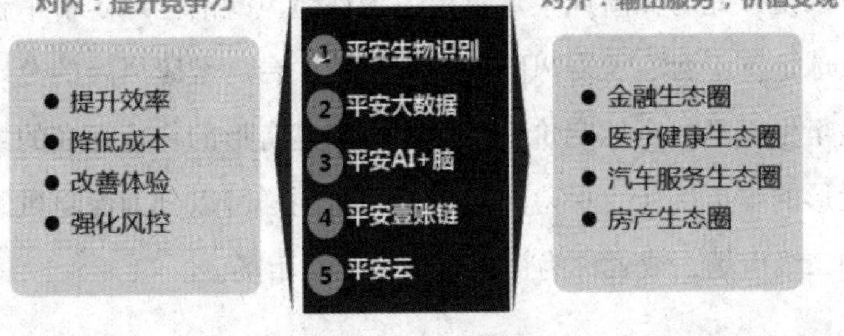

图 3–10　从平安到平台

平台型保险机构包括以下几类：

（1）保险服务平台。保险服务平台是指为使用者提供保险产品交易的平台。保险产品交易是指通过合同或非合同的方式将保险产品转嫁给另一个人或单位的一种产品置换方式。

简单来说，此时保险服务平台定位为保险产品购买、转让或交易的场所，可以是有形的物理存在的场所，也可以是无形的虚拟场所。保险产品服务平台同样可以分为保险产品交易一级市场和二级市场，或者称为初级市场或次级市场。

（2）保险交易平台。保险交易平台是指为使用者提供保险风险交易的平台。保险风险交易是指通过合同或非合同的方式将风险转嫁给另一个人或单位的一种风险处理方式。

简单来说，此时保险交易平台定位为保险风险的控制、融资或交易的场所，可以是有形的物理存在的场所，也可以是无形的虚拟场所。保险交易平台同样可以分为保险风险交易一级市场和二级市场，或者称为初级市场或次级市场。

（3）风险定价平台。风险定价平台是指为使用者提供保险风险定价的平台，保险风险定价是指对风险资产的价格确定，它所反映的是资本资产所带来的未来收益与风险的一种函数关系。

简单来说，此时保险风险定价定位为保险风险的全球定价平台、巨灾风险的全球定价平台、长寿风险的全球定价平台、健康风险的全球定价平台、保险衍生工具的全球定价平台等，可以是有形的物理存在的场所，也可以是无形的虚拟场所。保险风险定价平台同样可以分为保险风险定价一级市场和二级市场，或者称为初级市场或次级市场。

平台型保险运作

（一）概述

平台型保险即建立一个开放的平台为消费者提供丰富的保险产品和服务，平台上的产品可以不局限于自己的产品，甚至不局限于保险产品，最好的办法是“傍一个流量大佬”，因为没有流量的平台是死水一潭。

（二）特点

平台型保险除了将资源进行自由组合外，还可以想方设法将一个独立的商业需求在平台上实现，它不受平台型保险自身的约束，也不参与竞争获利。其核心的特点是：平台是一种网络关系，平台型保险提供的是网络的底层技术和基础，而并非与用户资源新需求直接相关的产品方案。

平台型保险不参与核心价值的创造，但是直接链接核心价值的创造者和用户两端。或者像“我们不生产水，我们只是大自然的搬运工”广告词说的那样，平台型保险可以让所有的提供各类服务的保险产品与服务供应商在这个平台上为保险消费者提供服务，而平台型保险的作用就是让信息在这里汇集，让交易在这里进行。

平台型保险具有以下三个典型特征：

（1）网络效应，也称为“马太效应”。在网络经济中，由于人们的心理反应和行为惯性，在一定条件下，优势或劣势一旦出现并达到一定程度，就会导致不断加剧而自行强化，出现“强者更强，弱者更弱”的垄断局面。一边是保险产品与服务供应商，另一边是平台型保险的用户。

平台型保险的用户在平台购买保险产品之后还会推荐其他用户购买，为其他用户创造价值，接下来其他用户会根据推荐购买保险产品与服务，保险产品与供应商就会开发更多的产品来满足用户需求。随着两类用户人数的上涨，供应和需求越匹配，用于寻找匹配的数据就越充足，产生的价值越高，而价值高就能吸引到更多参与者。网络效应带来的效益将随着用户的增加而呈指数形式增长。

（2）边际成本趋零。平台型保险的成本主要由三部分构成：一是平台建设成本，二是技术维护更新成本，三是宣传推广等成本。由于平台建成后可以长期使用，其边际成本为零；只有第二、第三种成本与使用人数相关，即平台人数越多，这部分成本越大；但由于使用者往往会成为平台型保险的用户，其能够尽量避免平台出现额外的支出，因此其平均成本和边际成本都会呈下降趋势。

因此，平台型保险的平均成本随着用户的增加而明显递减，其边际成本则随之缓慢递减。到了后期，随着平台型保险品牌信誉的建立，在平台成本几乎没有增加的情况下，平台使用规模的不断扩大可以带来不断增加的收益。这种传递效应也使平台型保险呈现边际收益递增的趋势。

（3）外部经济性。一般的市场交易是买卖双方根据各自独立的决策缔结的一种契约，这种契约只对缔约双方有约束力而并不涉及或影响其他市场主体的利益。但在某些情况下，契约履行产生的后果却往往会影响到缔约双方以外的第三方（个体或群体）。这些与契约无关却又受到影响的经济主体，可统称为外部，它们所受到的影响就被称为外部效应。契约履行所产生的外部效应可好可坏，分别称为外部经济性和外部非经济性。

通常情况下，工业经济带来的主要是外部非经济性，如资源的过度利用、自然生态环境的破坏等。平台经济则主要表现为外部经济性。因此，平台型保险形成的是自我增强的虚拟循环，增加了用户就增加了价值；吸引更多的用户，就能形成螺旋形优势。

（三）分类

平台可以分为三种，即资源型平台、流程型平台、产品型平台。

（1）资源型平台。它能为保险产品与供应商提供发展过程中不可或缺的必要资源条件，降低各种形式的准入门槛，如资金、时间、渠道、品牌、人才等。很多对外开放的保险实验室也是一种资源型平台。

（2）流程型平台。相对于资源型平台，流程型平台是更高段位的平台型组织，也涵盖了资源型平台的一般内容。流程型平台不是凭空臆想出来的，往往是这类平台在保险活动中的成功运作获得同行们对其高效流程的认可。

（3）产品型平台。它是一种可以在各种资源中发现同道中人，遵循一些既定的流程，也不断创建新的流程的有机组织。

（四）作用

平台型保险将传统的保险流程电子化、数字化，一方面以电子流代替了实物流，可以大量减少人力、物力，降低了成本；另一方面突破了时间和空间的限制，使得保险交易活动可以在任何时间、任何地点进行，从而大大提高了效率。

平台型保险所具有的开放性的特点，为保险产品与服务商创造了更多的发展机会。

平台型保险使保险产品与服务商可以以相近的成本进入全球保险市场，使得中小企业有可能拥有和大企业一样的信息资源，提高了中小企业的竞争能力。

平台型保险重新定义了传统保险的运营模式，减少了中间环节，使得保险产品与服务商和消费者的直接交易成为可能，从而在一定程度上改变了整个保险经济运行的方式。

平台型保险一方面破除了时空的壁垒，另一方面提供了丰富的信息资源，为各种社会经济要素的重新组合提供了更多的可能，这将影响到社会的经济布局和结构。

平台型保险通过互联网，使得保险产业、上下游产业可以直接交流、谈判、签合同，消费者也可以把自己的反馈建议反映到平台型保险的平台上，而平台型保险则要根据消费者的反馈及时调整产品种类及服务品质，做到良性互动。

（五）风险

（1）产品自身问题。平台型保险的产品配置因人而异，可以说是千人千面，因此，千人一面的产品很难适合消费者的需求，特别是在通过平台销售的过程中，人们无法得到对保险产品最鲜明的直观印象。

（2）交易安全问题。平台型保险的安全问题是影响平台型保险发展的主要因素。在开放的网络上处理交易，如何保证传输数据的安全成为平台型保险能否普及的重要因素之一。平台型保险的安全问题其实也是人与人之间的诚信问题，和现实商业贸易相似，均需双方的共同协作和努力。平台型保险的未来，需要所有使用者的共同协作。

（3）管理规范问题。平台型保险的多姿多彩将会给保险市场带来全新的保险规则和方式，这更加要求管理上的规范。这个管理的概念应该涵盖保险管理、技术管理、服务管理等多方面，因此要同时在这些方面达到一个比较令人满意的规范程度，不是一蹴而就的。

另外平台型保险的前后端相一致也是非常重要的。前台是直接面向消费者的，是平台型保险的门面；而后台的内部经营管理体系则是完成平台型保险的必备条件，它关系到前台所承接的业务最终能不能得到很好的实现。一个完善的后台系统更能体现一个平台型保险的综合实力，因为它将最终决定提供给用户的是什么样的服务，决定平台型保险的管理是不是有效，决定平台型保险最终能不能在市场中生存。

（4）税务问题。税务是一个国家重要的财政来源。由于平台型保险的交易活动在没有固定场所的信息网络环境下进行，可能会造成国家难以控制和收取平台型保险的税金。

（5）标准问题。由于各保险产品与服务供应商的种类不同，平台型保险的交易方式和手段当然也存在某些差异，因此需要在平台型保险交易活动中建立相关的、统一的标准，以解决平台型保险交易活动的互操作问题，否则会呈现一种离散、无序、局部的状态。

（6）电子合同的法律问题。在平台型保险中，传统保险交易中所采取的书面合同已经不适用了。一方面，电子合同存在容易编造、难以证明其真实性和有效性的问题；另一方面，现有的法律尚未对电子合同的数字化印章和签名的法律效力进行规范。

（7）电子证据的认定。信息网络中的信息具有不稳定性或易变性，这就造成了信息网络发生侵权行为时，锁定侵权证据或者获取侵权证据难度极大，给解决侵权纠纷带来了较大的障碍。如何保证在网络环境下信息的稳定性、真实性和有效性，是有效解决平台型保险中侵权纠纷的关键。

最后，笔者用《围炉夜话·第一四二则》中的一句话结束这个话题：和气迎人，平情应物。抗心希古，藏器待时。

道法术器之四　风云际会，制胜之势：伙伴型保险

风云际会

“守先待后，制胜之器：工具型保险”中提出“只有在无知的黑夜中，天下乌鸦才会一般黑”；“目无全牛，制胜之法：专业型保险”中提出“我们所标榜的‘专业化’更多的是思维‘标签化’、行为‘包装化’、宣传‘拟人化’……唯独不具保险‘专业化’”；“藏器待时，制胜之术：平台型保险”中提出“和气迎人，平情应物。抗心希古，藏器待时”。顺着“守先待后、目无全牛、藏器待时”写下去，最先想到的一个词是“风云际会”。

风云际会出自唐朝秦韬玉的《仙掌》诗："为余势负天工背，索取风云际会身。"比喻有才华、有作为的人在难得的好时机聚合。

如美国当代女思想家理安·艾斯勒在其《圣杯与剑》一书中所界定的伙伴关系那样："伙伴关系要求人们合作并相互尊重。它包含参与、联系，并为大家的共同利益和平而和谐地工作。"可见，伙伴关系应是人人有权利并有条件实现自我。

当前保险业所遭受的批判，更多的是因为我们没有理解"金融民主化"问题，金融民主化的第一步是"金融伙伴化"。

新科技、新经济、新社会、新思想下，保险旧格局和新格局叠加产生了新保险，保险公司为了实现伙伴化需要明白：金融要为每个人而不是部分人服务，人人都能从金融活动中平等获益；金融体系的目的是管理风险、降低不公平，提高所有人的福利；金融机构要与消费者建立伙伴关系，通过金融创新为消费者谋福利；法律监管应加深人们对金融运作知识的了解，为公众提供更为可靠的信息。达成上述目标的途径在于"金融伙伴化"。

金融伙伴说

金融伙伴说，即金融的BaaS化，此时金融成为广义的后端软硬件，并且是标准化的后端软硬件，通过该后端软硬件为客户提供金融服务。

BaaS（Backend as a Service，后端即服务）主要为移动应用开发者提供各种移动后端服务，可以帮助移动应用开发者（包括网页）将他们的应用与后端云储存和后端应用开放的API连接，同时提供了用户管理、推送通知和与社交网络服务整合等功能。这些服务的提供是通过使用定制的软件开发工具（SDK）和应用程序接口（API）来实现的。

金融伙伴说的关键是不仅为用户提供金融产品设计，同时也提供金融平台服务，并不断根据客户不同阶段的需求进行金融创新，成为陪伴在用户身边的伙伴。

具体来说，金融BaaS化可以为用户带来的价值包括：

（1）打造全新的数字化商业模式，包括互联网金融、生态圈金融。新一代的金融将更加拥抱金融科技手段，实现以低成本突破零售业务发展。另外，随着主要行业生态体系的逐渐形成，先知先觉的金融业开始参与建设生态系统。

（2）实现金融业务的数字化转型，包括端到端的客户金融体验旅程重塑。进行数字化金融产品创新，建立数字化金融实验室，不断推出贴近客户需求的金融创新产品。

（3）引导用户投资金融科技。通过为用户提供金融后端软硬件服务，可以第一时间引导用户从金融产品转向对金融科技的动态掌握，并及时将金融科技风险投资应用到金融场景当中，获得投资的额外收益。

（4）形成长期稳定的金融伙伴关系。由于在软硬件上均能够全方位满足用户的金融需求，因此，用户的忠诚度提高，相互之间形成长期稳定的金融伙伴关系。

伙伴型保险机构

伙伴关系，亦称“合作关系”，是通过联系而形成的一个整体的原则。相对于“统治关系”的社会模式而言，伙伴关系是一种理想的社会组织模式。它不同于当今社会占据主导地位的强制性的等级服从体制，伙伴关系要求公平合理，意见一致，互利互惠，民主地参与决策；必须积极地倾听，富有同情心地分担，相互支持，以促进共同兴旺发达，并追求把人们结为一体。

伙伴型保险机构是指在提供保险产品和服务的过程中，通过自身产品与渠道能力，与消费者之间建立伙伴关系，不断实现平衡和共赢的保险机构。伙伴型保险机构通过角色、能力、环境三个要素，使自己成为消费者身边的保险机构。

《天下平安》中唱道：“心心相依，承诺不变，请让我就在你身边……”为客户提供简单、便捷、安全的全方位保险服务，努力从每一次与客户接触做起，提升服务质量，改善服务体验，让客户感受到你就在他的身边，最终为客户创造价值，这是成为伙伴型保险机构的关键所在。正如中国平安马明哲2017年元旦致辞所描述的那样：“让平安在你身边。”

伙伴型保险运作

（一）概述

伙伴型保险，类似平台型保险，为消费者提供丰富的保险产品和服务，但其在保险价值链、消费者生命周期上的参与程度更深，采用垂直整合的模式，成为满足消费者各类保险需求的伙伴。

伙伴型保险是指本身既有能力为用户提供保险产品与服务，又有条件为用户提供各类保险平台服务，同时还能为各类保险平台提供用户资源的保险机构。

（二）特点

具体来说，伙伴型保险机构包含下列特点：

（1）是一种双向服务。对用户能够提供保险产品与服务（软件），对平台能够提供保险用户资源。

（2）是一种多方的、长期的、相互依赖的互助合作关系。这种关系由明确或口头的合约确定，保险机构消费者之间共同确认并且在各个层次都有相应的沟通。

（3）保险机构消费者之间有共同的目标，互相信任，共担风险，共享信息，并为共同目标制订有挑战性的改进计划。

（4）以严格的尺度来衡量保险机构与消费者之间的合作表现，不断提高核心竞争力，增强多方的合作意愿。

（三）分类

对于伙伴型保险机构而言，主要分为以下三类伙伴关系：

（1）全面伙伴关系。保险机构与消费者之间是全面合作关系，一方面消费者全面使用伙伴型保险提供的软硬件服务，包括伙伴型保险提供的保险产品与服务，也包括伙伴型保险提供的各类保险平台服务；另一方面，消费者会把自己的各类资源交给伙伴型保险使用，以实现双方合作的利益最大化。

（2）战略伙伴关系。保险机构与消费者之间是战略合作关系，主要是伙伴型保险通过尊重消费者的保险需求，把消费者的保险利益置于自身思考的范围之内，为消费者量身定制保险产品与服务。这种服务不一定是即时的服务，但核心目的是满足消费者的保险需求，形成长期性的战略目标，从而不断提升自己的服务能力，维护与消费者之间的伙伴关系。

（3）利益伙伴关系。保险机构与消费者之间主要是利益关系，利益是伙伴关系的基础。没有利益关系，也就不可能建立伙伴关系。伙伴型保险主要是让每一个消费者从自身利益和保险机构利益的高度出发，形成对内、对外的合作意识和合作精神。通过自身可为消费者带来的利益水平，去维护和巩固与消费者之间的利益伙伴关系。

（四）作用

保险业源于伙伴分担风险，保险机构本身就是消费者之间达成的最高层次的合作关系，是在相互信任的基础上，消费者之间为了实现共同的目标而采取的共担风险、共享利益的长期合作关系。

（1）建立了合作伙伴关系，可以为消费者提供“软件”与“硬件”的双重保险服务，满足消费者全方位多阶段的保险需求；可以为平台合作伙伴提供保险用户资源，满足保险供给方需求。

（2）建立了合作伙伴关系，就建立了相互信任协作、共担责任、同享利益的观念，在提高组织核心竞争力的同时，可以确保平台合作伙伴的有效经营和利益分享。合作伙伴之间能够平等相处，相互尊重，获得协同效应，从而维护各方利益，也就保证了质量，提高了消费者的满意度。

（3）建立了合作伙伴关系，实现资源共享，优势互补，就可以提供有竞争力的产品。有了竞争力，在保险市场体系竞争中就能够占据有利地位，从而也就形成了多赢的伙伴关系。

（4）建立了合作伙伴关系，就可以门当户对地强强合作，使伙伴型保险可以平衡消费者之间的关系，将各消费者单独的风险聚合成联盟体的整体风险，实现风险的大数法则，从而确保风险管理的有效性，实现长期经营稳定。

（五）风险

保险业源于伙伴分担风险，伙伴型保险同样存在风险，主要表现为：

（1）选择风险。伙伴型保险的选择风险是指由于对保险机构中的平台合作伙伴选择不当而导致整个保险机构被破坏的风险。所谓选择不当是指选择的合作伙伴的实力不强、信誉不好、与保险机构的消费者服务不匹配等，合作伙伴选择不当会使整个保险机构的效率受到影响。

（2）道德风险。道德风险是指伙伴型保险的平台合作伙伴遵守合作契约的不确定性所造成的风险。

（3）利益分配风险。保险机构中的消费者是一个不可分割的利益共同体，如果保险机构管理机制不健全，利益分配机制不合理，拥有优势的消费者会为了自己的利益而置其他消费者的利益于不顾，这样就会造成保险机构中某些消费者获利水平过低，打击其合作的积极性。

（4）管理协调风险。保险机构中各消费者作为独立的市场主体有各自不同的利益取向，造成保险机构中消费者片面追求自己的利益，消费者的目标和保险机构的目标没有协调一致的计划，影响整体最优。

金融伙伴化（金融民主化的基础）是社会发展的一个必然趋势，保险伙伴化亦是如此。在我国的市场化改革中，需要结合自身实际情况，建立一个市场化的保险市场体系。

在未来的保险改革过程中，需要逐步降低保险的特许权价值；在风险交易市场化背景下，不断加速保险业的分化；对于专业化和结构化（工具型、专业型、平台型、伙伴型、活力型）保险，需保持鼓励态度；重视专业化和结构化保险的崛起。

保险源于伙伴分担风险。“人的一生，总有一些风险，保险伴随我们成长”——这是保险的初心，更是我们对于“伙伴一生”保险的期许。

道法术器之五　龙马乾坤，制胜之道：活力型保险

龙马乾坤

“守先待后，制胜之器：工具型保险”中提出“只有在无知的黑夜中，大下乌鸦才会一般黑”；“目无全牛，制胜之法：专业型保险”中提出“我们所标榜的‘专业化’更多的是思维‘标签化’、行为‘包装化’、宣传‘拟人化’……唯独不具保险‘专业化’”；“藏器待时，制胜之术：平台型保险”中提出“和气迎人，平情应物。抗心希古，藏器待时”；“风云际会，制胜之势：伙伴型保险”中提出“金融伙伴化（金融民主化的基础）是社会发展的一个必然趋势，保险伙伴化亦是如此”。顺着“守先待后、日无全牛、藏器待时、风云际会”写下去，自然而然就会升华到“龙马乾坤”。

龙马乾坤演变自中央财经大学“龙马担乾坤”主题雕塑，由著名工艺美术大师韩美林先生创作，中国再保险公司出资建设。基于此，“龙马担乾坤”成为中央财经大学校徽的主体，寓意中央财经大学既有中国第一所财经院校之历史，又具面向未来之时代精神。

龙马精神比喻旺盛的奋发向上的精神，出自唐朝李郢《上裴晋公》诗：“四朝忧国鬓如丝，龙马精神海鹤姿。”所谓龙马精神即“龙”与“马”有着共同的灵魂，马亦是龙，它是刚健、明亮、热烈、高昂、升腾、饱满、昌盛、发达的代名词。

当前保险业所遭受的批判，更多的是因为我们没有理解“龙马精神”。如此，又何以“吞吐大荒图”？

科技、经济、社会、思想均是现代人类研究的重要问题，关系到每个人的生活质量与安全，更关系到金融的稳定与发展。这四者并不是单独的分子，而是在一个复杂的巨系统内相互关联、相互作用的子系统。科技、经济、社会与思想的协调发展是一个动态的过程，科技经济结合的最终结果正是社会的发展与思想的进步。

新科技、新经济、新社会、新思想下，保险旧格局和新格局叠加产生了新保险，保险公司为了实现活力化需要认识到：从社会发展的角度看，随着互联网、物联网等技术的进步，人与人之间的关联度增加了，人的追求也提升了档次。正如未来学家杰里米·里夫金所言：“在新经济时代，人类得以从苦难和拜金主义中解脱出来，转而关注生活中的艺术，实现人性的升华。”

金融活力说

金融活力说，即金融的CaaS化、MaaS化、BcaaS化、BTaaS化、AIaaS化等，此时金融成为广义的连接器，并且是标准化、模块化的连接器，通过该连接器为客户连接金融服务。

CaaS（Communications as a Service，通信即服务或协作即服务），是将传统通信能力如消息、语音、视频、会议、通信协同等封装成API（Application Programming Interface，应用软件编程接口）或者SDK（Software Development Kit，软件开发工具包），通过互联网对外开放，提供给第三方（企业、SME、垂直行业、CP/SP以及个人开发者等）使用，将通信能力真正作为服务对外提供。

MaaS（Machine as a Service，物联网即服务），这个概念伴随着物联网产生，物联网常见的两种业务形式就是MAI（Machine Application Integration，物联网编程接口）与MaaS。随着物联网业务量的发展，将实现物联网的泛在服务，即EaaS（Everything as a Service，事物即服务）。

BcaaS（Blockchain as a Service，区块链即服务）是指利用公有区块链产生的数据，提供基于区块链的搜索查询、交易提交、数据分析等一系列操作服务，该操作服务集合可以是中心化的，也可以是去中心化的。目前在区块链领域，区块浏览器、数字货币交易平台以及公链衍生应用即存证型（Factom）、数字身份型（uPort）等都可称为区块链服务。

BTaaS（Blockchain Technology as a Service，区块链技术即服务）是指利用区块链技术构建自己的私有分布式系统，该系统可以认为是经典分布式系统（Raft/Paxos/PBFT）的衍生和强化版本。结合现有云计算技术，可以为开发者和厂商提供平台级的区块链技术服务。

AIaaS（AI as a Service，人工智能即服务）可以将人工智能技术作为云计算服务提供。目前市场上的人工智能即服务产品一般分为以下几类：机器人和数字助理、认知计算API、机器学习框架、完全托管的机器学习服务等。人工智能即服务将创造一种通用的人工智能，可以作为云服务进行访问。

金融活力说的关键是把对科技的应用融合到人们的金融生活中，并将随着大数据、物联网、人工智能、区块链等技术的发展，逐步从信息互联网向价值互联网过渡。

信息互联网是指现如今庞大复杂的信息互联网。目前信息互联网不具备金融属性，通常需要强势的第三方中介提供可信的金融服务，在信息互联网中，技术与业务可通过架构分层来实现业务和技术的耦合。

价值互联网是指构建一个自带金融属性的互联网络，该网络中第三方中介系统不再是必需的（可以存在）。目前来看通过区块链去实现价值互联网是可行的；区块链通常自带金融系统，且具有排他特性，如果将该金融系统剥离，将演变为经典分布式系统。

具体来说，金融活力说可以为客户带来如下的价值：

（1）共享化，是指通过SaaS、IaaS、PaaS、BaaS、CaaS、MaaS、BcaaS、BTaaS、AIaaS等，逐步实现一个共享的金融环境。

（2）一体化，是指把各种模式进行高度的整合，同时实现金融体系的一体化。

（3）人本化，是指以人为本，它主要的目标是更好地提供金融服务，无缝衔接客户的衣、食、住、行、医等。

（4）智能化，是指在网络、大数据、物联网和人工智能等技术的支持下，金融所具有的、能动地满足人的各种需求的属性。

活力型保险机构

在万物数字化时代，“活力企业”这种商业模式能够使企业快速迭代，从而满足不断变化的客户需求和行为，以应对行业的变迁并实现蓬勃发展。

对于保险业来说，活力型保险机构的出现，就是保险业利用智能化将一切与客户有关的事物和保险进行连接，它可以使保险机构在每一次与客户互动的过程中，为客户提供绝佳保险体验。这是渐进性的改变，选择这一模式的活力型保险机构不是在简单地做“加法”（更多产品、更多渠道、更多应用等），而是在逐步建立全新的业务模式，实现颠覆性的改变。

活力型保险机构要想成功，需要在行业内外部与客户保持超级相关性，从而提供与科技巨头同样甚至更为出色的服务，在所有触点都牢牢抓住消费者的注意力。

活力型保险机构将涉及两个方面：超级相关性和蓬勃发展。随着简单、迅速、便捷、无现金支付、非接触式的场景如雨后春笋般出现，并传导到绝大多数行业和市场，传统保险产品的可见度正在降低，咨询和提供解决方案正成为活力型保险机构的撒手锏。

与客户互动时，这些服务应该超级相关、可靠、易得及具有吸引力。活力型保险机构应成为客户的朋友和知己，当客户做决定时，活力型保险机构应就在其身边，无论是线上还是线下。这就是“活力型保险机构”的内涵。它的独特之处在于拥有类似人类的“活力”，并且拥有朋友般的特质——陪伴、智能个性化、可靠、如一和慷慨（见图3–11）。

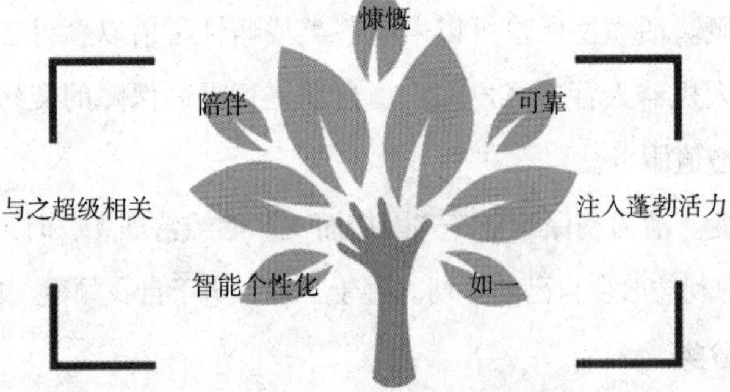

图 3–11　活力型保险机构架构

活力型保险运作

（一）概述

活力型保险在伙伴型保险基础上发展形成，通过互联网、物联网、智能网持续地感知乃至预测出消费者需求，实时做出回应，提供高度个性化的消费者体验，其提供的产品和服务也将延伸到非保险领域。

（二）特点

（1）陪伴。活力型保险就像“北极星”那样随时随地相伴客户左右。这意味着活力型保险能够助力客户在起起伏伏的人生中不断前行，提供有价值的保险服务。

（2）智能个性化。活力型保险可以洞察客户，积极了解并预测客户需求和偏好，准确把握保险发展规律，强调通过更巧妙的保险服务方案满足客户需求，提供适宜的互动和价值至上的保险体验。

（3）可靠。活力型保险在关键时刻（如咨询、投保和理赔时）可以有效强化客户的保险意识、社交互动和反馈回路（如评分、意见、评论、收集反馈、做出回应），确保消费者能够享受保险服务。

（4）如一。活力型保险可以随时随地、在任何渠道和设备上使客户的保险体验始终如一，也包括活力型保险支持的外部渠道的保险服务体验。

（5）慷慨。活力型保险可以采取各类战略性举措以赢得客户信任。例如，利用私人机器人管理客户账户、自动进行提高保障的交易、为用户提供保险外的增值服务。

（6）改变。活力型保险坚守“因您而变”的经营理念，时刻准备着为更好地满足客户利益改变自己的一切。善于学习，勇于自我颠覆、自我革命。

（三）分类

“活力型保险机构”的背后是适应数字经济的智能开放平台，构建、迭代和运营此类平台需要互联创新，利用智能技术实现战略举措。分类包括通信服务型、物联网服务型、区块链服务型、人工智能服务型，即保险的CaaS化、MaaS化、BcaaS化和AIaaS化。

（四）作用

活力型保险可以为其活力服务树立“北极星”式目标。此目标可以契合品牌价值，明确切入的优先领域，确定新业务的驱动力，使其可以着眼于那些能释放最大禁锢价值的优先事项。最关键的是，活力型保险可以在任何地方以任何方式与客户、合作伙伴和竞争对手互动。

活力型保险可以在所有渠道提供更好的、个性化的客户保险体验，包括重新考量和设计实体空间，以反映数字化因素。数字和实体渠道与数据驱动的洞察结合后，能够提高各个渠道与客户互动的潜力。

例如，埃森哲基于一家大型欧洲保险机构的真实数据分析表明，全渠道模式相对实体网点模式，其平均收入是后者的2.1倍，平均交叉销售额是后者的1.3倍，客户流失率降低了66%。活力型保险因此可以随时随地、在任意渠道和设备上明确品牌价值，提供有效体现这些价值的服务，并注意管理自身的声誉风险。

活力型保险的背后是适应数字经济的智能开放平台，以及可以构建、迭代和运营此类平台所需要的互联创新，利用智能技术实现战略举措，包括：对内对外整合、开放API，为创新服务培育沃土；为前中后台配备机器人、智能投顾和人工智能；降低并抵御网络风险，创建机制保护客户的数字化资产；创造软件快速持续开发的运营环境和管理流程，培育敏捷变革能力。

开放的、连接多元的生态平台是活力型保险的基石之一，其能够满足合作伙伴和保险产品与服务供应商的即插即用需求，兼容满足客户需要的所有行业，并且与第三方生态系统互通，以此为消费者提供更多强相关的服务。

活力型保险通过培育与生态系统合作伙伴的密切关系，可获得更多能力、提供更多服务，包括新的或可替代的金融产品、科技巨头的产品和服务、捆绑金融和非金融体验、各类内容供应商、增值服务供应商、设备制造商以及其他数字服务。

活力型保险在更多体验性与技术导向的业务模式中，可以使保险的服务始终保持柔性，并可以快速地学习经验、进行决策并做出响应，持续改进业务模式，由此确保有源源不断的活力，满足不断变化的客户需求，在竞争中立于不败之地。

（五）风险

如何构建好用户参与感、体验度，是活力型保险的主要风险点所在：

（1）保险产品问题。活力型保险做一个产品之前，如果仅依靠智能技术，而没有进行市场深度扩展与调查、了解用户需求，只是纯粹跟风，这种产品往往淘汰较快。一个好的产品肯定是有某个功能能够戳中用户痛点，获得用户的喜欢，并且让用户成为忠诚使用者。

（2）用户参与问题。活力型保险可以将保险产品需求、测试和发布都开放给用户参与，但前提是确保用户在参与之后能够获得满足感。如果不能让用户获得满足感，就无法形成用户对活力型保险的认同感。

（3）激励机制问题。设置合理的用户激励机制，是提高用户参与动力的有效手段。但如果激励机制本身有问题，或者放低门槛，让一些没有激励可能的用户参与进来，也无法实现活力型保险与客户之间真正有效的连接，甚至适得其反。

看得见的未来时代似乎是令人向往的，而看不见的未来时代则令人惊惧。这样极端矛盾的产生实在有趣。

单独从技术或者经济的方面来揣测未来就是矛盾的起点，试图这样做的人都犯了以偏概全的错误。而综合所有重要现象进行预测，却又不是一般人能做到的。因此，构建世界模型的能力至关重要，即应有全面的世界观。

例如，能够把生物学和物理学知识融会贯通，又能在文学和艺术层次上把握人的情感需求，就能更好地适应社会，这也是“工具型保险、专业型保险、平台型保险、伙伴型保险、活力型保险”选题的初衷与本意，更是我们认识和再认识专业化和结构化保险的过程。

基于前文提出的保险之“道、法、术、器、势”，保险制胜之“道、法、术、器、势”以及这个问题背后的“工具型保险、专业型保险、平台型保险、伙伴型保险、活力型保险”，对错与否，都会逐一得到验证。

正如阿摩司·奥兹在《爱与黑暗的故事》中所说的那样：我们需要谈论现在与未来，也应该深入谈论过去，但有个严格条件，即我们始终提醒自己我们不属于过去，而是属于未来。

哲学应用之一　如何让寂静的保险不寂寞

保险不寂寞：是VIE还是VIE?

（一）VIE

因为中国保险市场激烈的竞争、相对强大的巨头和潜在的监管挑战，保险公司要想崭露头角是相当不易的，要走“地狱模式”。“另外的路”是让寂静的保险不寂寞的一个重要命题，命题论证的结论就是我们对VIE的理解：一个是英文本义，另一个是英文缩写；一个表示“激烈竞争”，另一个表示“可变利益实体”；一个是“地狱”，另一个是“天堂”。只有做到在此VIE而非彼VIE间自由的切换，方能快乐地游走在地狱和天堂之间！

针对“如何让寂静的保险不寂寞”这个话题，笔者将从“价值创造而非价值寄生，信息沟通而非信息垄断，助推产业升级而非阻碍产业升级，优化保险生态而非破坏保险生态”四个方面进行阐述，结论非常简单，三个字母或一个单词、一个缩写——VIE。

（1）价值创造而非价值寄生，关键在于价值（Value）。

（2）信息沟通而非信息垄断，关键在于信息（Information）。

（3）助推产业升级而非阻碍产业升级，关键在于产业（Industry）。

（4）优化保险生态而非破坏保险生态，关键在于生态（Ecology）。

价值（V）、信息（I）、产业（I）、生态（E）四个关键词英文首字母组合是VIIE，简写为VIE。

VIE，英文本义是激烈竞争；争夺。

VIE，英文缩写表示Variable Interest Entities（VIEs，可变利益实体），即“VIE结构”“VIE模式”，也称为“协议控制”，其本质是境内主体为实现在境外上市采取的一种方式。

VIE，一个是英文本义，另一个是英文缩写；一个表示“激烈竞争，争夺”，另一个表示“可变利益实体”；一个是地狱，另一个是天堂。

我们不妨回忆一下“寂静的保险”，既是天堂也是地狱；同样，我们不妨延伸到“疯狂的健康险”，同样既是天堂也是地狱。

88家产险公司和91家寿险公司都想快乐地游走在地狱和天堂之间，都想在此VIE而非彼VIE间快乐地游走！所以，“如何让寂静的保险不寂寞？”这个问题迎刃而解，结论就是“是VIE，还是VIE？”。本部分先从总体来了解VIE，后面的四部分再从“价值（V）、信息（I）、产业（I）、生态（E）”四个维度来阐述VIE。

（二）保险为何如此寂静

中国自1805年成立第一家保险公司以来，已经走过了200多年的历史。自1949年中华人民共和国成立以来，中国保险也经历了初步发展（1949—1958年）、停办（1958—1979年）、恢复发展（1979年至今）三个大的阶段。中国保险业自1979年恢复以来，获得了快速发展。

40年来，我国保费规模从1979年的4.6亿元增长至2019年的4.26万亿元，年均增长26.4%。2019年末保险业总资产达20.56万亿元，净资产达2.48万亿元，当年利润总额为3133亿元。多层次保险市场体系初步形成，市场主体从1家增加到231家（不含互助保险机构5家），其中产险88家，人身险91家，再保险13家，集团和控股13家，保险资产管理26家。专业中介机构2647家，兼业代理机构3万余家。231家保险公司，正是我们所谓的保险大牌照。

相对于保险大牌照，还有保险小牌照，主要是指保险中介主体，包括：保险中介集团公司5家；保险专业中介机构2665家（全国性保险代理公司240家，区域性保险代理公司1531家，保险经纪公司497家，保险公估公司397家）；保险兼业代理机构3.2万余家（代理网点22万余家），其中银行类保险兼业代理法人机构1971家（代理网点近18万余家）；个人保险代理人1200万名。

随着科技的发展，我们发现科技改变了保险的方方面面：科技改变保险模式，包括直接与间接保险、中间保险；科技拓展保险广度、保险的深度与密度；科技提升保险效率，优化搜寻成本、匹配效率、风险程度；科技改进保险体验，包括场景化、生态链条、客户体验的改善；科技促进保险创新，包括交易、信用、组合。

保险主体的多元化、保险市场的巨大潜力、金融科技的变革、保险价值链条的优化……为什么保险市场还如此寂静？

“雷”声很大，迎来的不是“惊蛰”，没有唤醒“春天”；也不是“炮火”，没有杀出“重围”！“雷”声之后，我们到底迎来了什么？迎来的就是保险应该走“另外的路”。

什么是“现在的路”？什么是“另外的路”？“现在的路”是VIE，就是“激烈的竞争，争夺”，不关心是走向地狱还是天堂。“另外的路”也是VIE，就是让自己变成“可变利益实体”，让自己快乐地游走在地狱和天堂之间，最终走向天堂。

所以，要让寂静的保险不寂寞，关键在于四个方面：价值创造而非价值寄生，关键在于价值；信息沟通而非信息垄断，关键在于信息；助推产业升级而非阻碍产业升级，关键在于产业；优化保险生态而非破坏保险生态，关键在于生态。

（三）“现在的路”：VIE

英国诗人Alfred Lord Tennyson曾说过：“用我们冰冷的露珠争一滴眼泪（Vying a tear with our cold dews）。”这句话生动地描绘了VIE。

VIE，动词是指争夺；竞争；竞相；争胜；下（赌注）；冒……危险；使竞争，与……激烈竞争；使参加竞赛；使针锋相对；等等。名词是指冒的危险，争夺，等。

关于车险的发展，笔者曾指出“车险的结局可能会比我们想的都要落寞”。车险费率市场化改革的后半段应该比我们想的要更有韧性。正因为增量时代切换到存量时代会付出很多代价，所以趋势总是会朝阵痛最少、阻力最小的方向去走。车险费率市场化一定比我们预想的要慢，同时用费率驱动的车险市场也一定比我们想象的更有韧性。

既然车险注定从增量时代向存量时代转变，我们准备好切换到存量时代的“生存法则”了吗？增量时代已经不在，存量时代已经在路上。车险存量时代，如何打破保险业的“零和困境”？显然，“现在的路”（VIE）将面对的是更加激烈的竞争，直到有人走向地狱；所以，保险应该走“另外的路”（VIE）！

（四）“另外的路”：VIE

VIE结构是指境外上市实体与境内运营实体相分离，境外上市实体在境内设立全资子公司（Wholly Foreign Owned Enterprise，WFOE），该全资子公司并不实际开展主营业务，而是通过协议的方式控制境内运营实体的业务和财务，使该运营实体成为上市实体的可变利益实体。

这种安排可以通过控制协议将境内运营实体的利益转移至境外上市实体，使境外上市实体的股东（即境外投资人）实际享有境内运营实体经营所产生的利益。此利益实体指合法经营的公司、企业或投资。

显然，本书所指的保险“另外的路”（VIE）不是指“VIE结构”，而是指“可变利益实体”（Variable Interest Entities）。

既然是“另外的路”，就一定要抛弃传统观念，不能就保险论保险，而是要“跳出保险看保险”。保险作为“工具型保险、专业型保险、平台型保险、伙伴型保险、活力型保险”，已经不再是传统的保险，而是“可变利益实体”。

（1）从“可变利益实体”（VIE）来理解保险，保险变成了“价值（V）、信息（I）、产业（I）、生态（E）”的利益组合，而不再仅有“风险管理+投资理财”的功能。

（2）从“可变利益实体”（VIE）来理解保险，我们才能更好地领会保险制胜之“道、法、术、器、势”，才能更好认知“中小保险公司崛起是概念还是周期”这个问题。

（3）从“可变利益实体”（VIE）来理解保险，在新科技、新经济、新社会、新思想下，保险可供选择的商业模式包括工具型、专业型、平台型、伙伴型、活力型。

“跳出保险看保险”，让寂静的保险不寂寞，关键在于我们对VIE的理解，只有做到在此VIE而非彼VIE间快乐地游走，方能快乐地游走在地狱和天堂之间！

VIE之价值创造而非价值寄生

（一）价值

顺着第一部分“保险不寂寞：是VIE还是VIE？”的脉络，VIE的基础是价值，即“价值创造而非价值寄生”。

价值，从认识论上来说，是指客体能够满足主体需要的效益关系，是表示客体的属性和功能与主体需要间的一种效用、效益或效应关系的哲学范畴。

关于价值的本质，存在多种观点，包括“抽象说”“奥妙说”“关系说”“本性说”“情感说”“意义说”“需要说”“属性说”“效用说”“主体性说”“态度说”等，以上这些观点从不同角度、不同程度上反映出价值的某些外部或内部特性，但都有其片面性，均不能全面反映价值的哲学本质。

价值有不同的观点，但是具体保险公司的价值创造相对统一。价值创造是指保险公司供应满足目标客户需要的产品或服务的一系列业务活动及其成本结构。

影响保险价值创造的因素主要有承保利润率和投资收益率、资本成本、增长率、可持续增长率等，这些因素构成了经济增加值、内含价值、市场价值等指标的基础。

价值作为VIE的基础，是保险公司“另外的路”的基础。88家产险公司和91家寿险公司是时候回归价值思考，改变我们的思维方式了。正如阿尔伯特·爱因斯坦所说：“我们所创造的世界是我们思考的过程。要改变世界，必须改变我们的思维方式。”

（二）重新思考公司的价值

88家产险公司和91家寿险公司一起见证了中国保险业的快速发展，但是我们却忘记了思考自己在这个历史进程中的作用，我们的存在不是为了“寄生”，而是为了创造价值。

这些年来保险公司的价值寄生表现在以下方面：

（1）寄生在车险非市场化上。因为车险监管的不连续性，或者说费率市场化进程的人为干预，大多数中小保险公司受益于“地板价”和竞争方式的保护。所以，我们看到大多数中小保险公司已经忘记了出发时的“梦想”。

（2）寄生在健康险崛起上。从2010年开始，城镇职工医疗保险、城镇居民医疗保险、新型农村合作医疗保险已经覆盖了近95%的人群。在这期间，个人医疗费用支出占比从2000年的59%下降到2019年的29%，国家已经承担了近70%，而商业保险只承担了6%。

（3）寄生在非专业化险种上。从2013年开始，互联网保险得到了快速发展。但是我们不难发现，这些却与保险没有关系，退费险、航意险……哪一个场景化植入的保险是由保险公司主导的？

（4）寄生在保险业大发展上。从2000年开始，中国保险业年均增长接近20%，已成为全球第二大保险市场，你能说这是公司努力的结果吗？

（5）寄生在中国金融业大发展上，寄生在中国经济大发展上……

在这个过程中，我们到底创造了什么价值？除了就业和职业经理，还创造了什么？在这个过程中，难道我们一直在寄生吗？

（三）重新思考保险的价值

对于保险的价值，笔者不想长篇大论，我们不妨看看《保险业：为新兴市场的发展创造价值》（Sigma），保险的价值如图1-1所示。保险的价值并不是一成不变的，而是随着经济社会的发展而变化的，如图1-2所示。随着经济的发展，车险注定要进入存量市场，责任险、健康险等将逐步成为主流险种；对于寿险来说，投资型产品和年金产品已经成为主流，所以"保险姓保"本来就是一个伪命题。

正是基于保险价值的变迁，下文将从四个维度阐述保险业的转型升级。显然，变化的不应该是数字，而应该是我们的理念。

VIE之信息沟通而非信息垄断

（一）信息

顺着第一部分"保险不寂寞：是VIE还是VIE？"的脉络，VIE的基础是价值，价值的背后是信息，价值的实现在于信息的沟通，所以VIE的实现是"信息沟通而非信息垄断"。

信息沟通是指可解释的信息由发送人传递到接收人的过程；具体地

说，它是人与人（人与机、机与机）之间思想、感情、观念、态度的交流过程，是信息（情报）相互交换的过程。

信息垄断是指信息资源、信息设备及信息技术被控制在少数人手中或机器中，并被不合理地分配与享用。

不管是信息沟通还是信息垄断，信息真正的价值是什么？按照系统论的观点，信息是系统交互中（沟通中），降低系统不确定性的关键。信息论鼻祖克劳德·艾尔伍德·香农提出了信息熵的概念，为信息论和数字通信奠定了基础。

既然信息沟通可以创造价值，为什么我们看到的却是信息垄断，保险变成了“机密”，甚至变成了“天机不可泄露”？保险价值链中的所有主体都在进行信息垄断，而不是信息沟通，我们到底在惧怕什么？

保险真的这么神秘吗？真的无法沟通吗？著名电影《三傻大闹宝莱坞》中，有一个生动的例子。在电影中，主角提到了这么一种东西，是“记录、分析、总结、整理的工具，用来讨论并解释知识。包括有图片的和没图片的、硬皮的、软装订的、护封的、没护封的。有前言、简介、目录、索引，用于人类大脑的启示、理解、改进、加强和教育，通过视觉实现，有时也用触觉”。你猜这是什么？答案其实只有一个字：书。

回想一下，我们是不是在按照这个逻辑定义保险？却忘记了著名文学家胡适先生已经给出了定义：“保险，只是今日做明日的准备，生时做死时的准备，父母做儿女的准备，儿女幼小时做儿女长大时的准备，如此而已。今天预备明天，这是真稳健；生时预备死时，这是真旷达；父母预备儿女，这是真慈爱；不能做到这三步，不能算作现代人。”

保险的存在不是为了“回避”，更不是为了恐吓。雅克·朗西埃在《无知的教师》一书中说，知识精英恐吓民众，善用的方法无非有两种：

一是用极其晦涩难懂的术语、行话来过度包装观点，但其实只要花上一点时间学习，任何普通人都能掌握那种语言方式。

二是不断跟群众说，真正的知识有多么难学，“你们自己学的都是错的，只有我给你们“科普”的知识才是正确的”。而对于那些真正大师写作的深入浅出、通俗易懂的著作，知识精英则会恐吓群众该书有多么难，请勿轻易尝试。

回想一下，我们是不是这样对待“保险”的？我们提前进入了阿尔伯特·爱因斯坦所言的世界：“我害怕有一天，科技会取代人与人之间的交流，我们的世界将会充斥着一群白痴。”

如何让寂静的保险不寂寞，关键在于信息沟通，而不是信息垄断；因为，信息真实有效传递的价值就在于帮助企业实现经营目标。

（二）重新思考保险信息沟通

我们之所以回避沟通，也许是因为我们也在恐吓大众、恐吓股东、恐吓董事会，因为保险职业经理人花了时间和金钱才混到了学位、职位、地位，如果大众都能自学掌握他们所掌握的保险知识，那么他们的超然地位必然不保，所以，他们必须联合设置保险知识壁垒，从而一同享受这种利益。正因如此，我们：

（1）回避与股东沟通。认为股东知道的越少越好，结果就是股东从来不代表“资本”，而是“财大气粗”。没有“资本”约束的保险能实现价值最大化吗？

（2）回避与董事会沟通。天天给董事会“画饼”，一个比一个大，有一天发现“饼比锅”大，开始感叹“天生我材必有用”。

（3）回避与员工沟通。信息传递层层衰减，公司的发展战略都成了机密，发展目标也是机密，公司也成了机密。

（4）回避与顾客的沟通。认为顾客知道的越少越好，各种恐吓，只为维持保险高高在上的形象，或者是维护自己的那一点专业性。

（5）回避与同业的沟通。天天盯着大公司，目标都是成为“平安”，却忘记了自己的方法论。

（6）回避与监管的沟通。错过监管信号的博弈，更无法预知未来市场的走向。是因为监管高高在上，还是因为我们没有底气？不得而知。

我们回避沟通，就相当于是信息垄断。以保险销售为例，我们发现保险本来就是一个通过沟通消除障碍的过程，如图3-12所示。

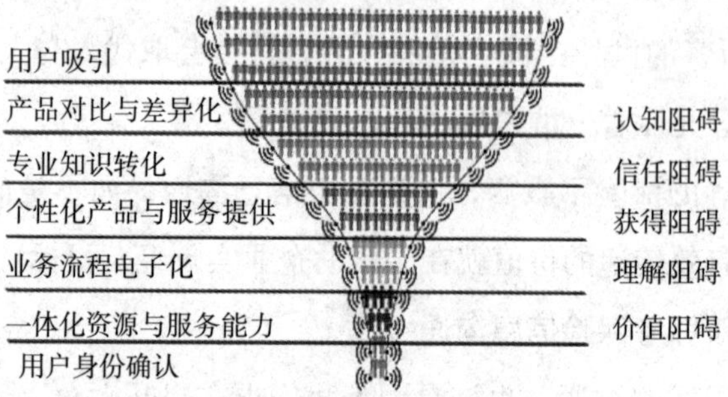

图 3-12　保险业信息沟通阻碍模型

通过图3-12我们发现，要准确理解保险信息沟通的含义，需注意以下几点：信息沟通首要是信息的传递，如果信息没有被传递，信息沟通就没有发生；成功的信息沟通，不仅需要信息被传递，还要被理解；信息沟通不再局限于人与人，开始包括人与机、机与机；保险经营过程中各种信息沟通相互关联、交错，需要一个复杂的保险信息模型。

（三）重新打造保险信息模型

漏斗模型是指呈现的是一种由上至下逐渐减少趋势的模型，模型的关键是漏斗的特性，不在于“收”，而在于“漏”。

既然保险信息沟通适用于“漏斗模型”，我们不妨基于漏斗模型重新打造公司的功能模型，以应对信息垄断所造成的信息衰减，强化信息沟通在公司价值创造中的作用，如图3-13所示。

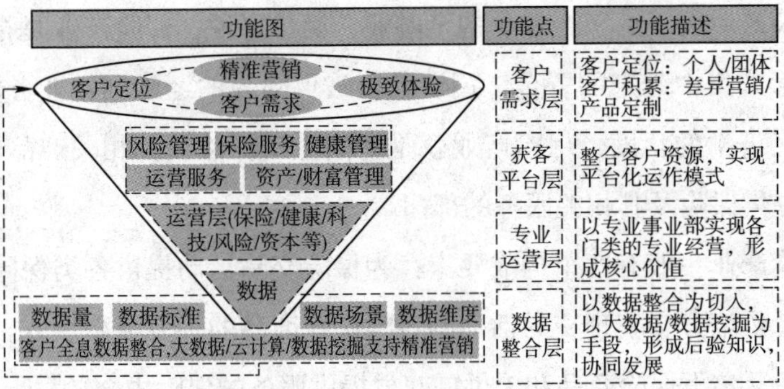

图 3-13　保险公司功能模型

通过图3-13可以看出，该功能模型包含四个层面，分别是客户需求层、获客平台层、专业运营层、数据整合层。具体到每一个层面，也都存在一个信息沟通模型，这些都是实现保险信息沟通所需要的生态环境。

社会已经发生变化，我们所需要的信息沟通模型也发生了变化，而这个问题的本质就是信息垄断，只不过垄断的主体不再局限于人，而是包括了机器。

VIE之助推产业升级而非阻碍产业升级

（一）产业

顺着第一部分“保险不寂寞：是VIE还是VIE？”的脉络，VIE的基础是价值，价值的背后是信息，价值通过信息传输的赛道是产业，赛道有快有慢，所以VIE的效率是“助推产业升级而非阻碍产业升级”。

从产业本质来看，保险产业是保险商品经济活动发展到一定阶段的产物，是资本、劳动、知识等生产要素和非生产要素资源逐渐从其他行业部门中分离出来，以风险为中心，专职分散风险、提供保障功能的一种特殊行业。

保险产业属于第三产业中的金融业，简单来说，保险产业是指提供通过契约形式集中起来的资金，用以补偿被保险人的经济利益业务的产业。从产业经济学的角度，保险产业就是专门生产保险及其相关产品的部门，也就是提供保险及其相关服务的部门。

保险产业一般有四个构成要素：为保险交易活动提供各类保险商品的卖方或者供给方，实现交易活动的各类保险商品的买方或需求方，具体的交易对象及各类保险商品和为供需双方提供服务的保险中介。

思考保险产业的未来，要求我们站得更高，正如阿尔伯特·爱因斯坦所言："同一层面的问题，不可能在同一个层面解决，只有在高于它的层面才能解决。"我们要基于市场、需求端和供给端三方面来综合分析保险的潜在机会，具体分析思路如图3–14所示。

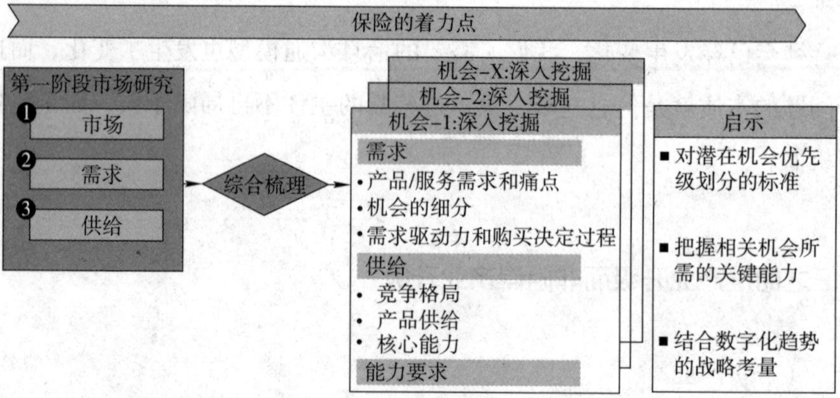

图 3–14 保险分析模型框架

（二）重新思考我们的希望

保险行业是朝阳行业，这是我们的判断；但是，保险行业并不是所有公司的朝阳行业，这是我们的最起码的认知。我们的存在是因为"希望"或"梦想"，不是因为"寄希望"或"托梦想"。

（1）寄希望车险。车险进入存量市场，车险市场一定比我们想象的还要残酷。

（2）寄希望传统财产险。可以毫不客气地说，传统财产险的费率水平已经是全球最低了，再保险公司已经开始退出这一市场。

（3）寄希望信用保证保险。我们只看到了别人的暴利，却没有思考自己的能力；结果就是，我们看到太多的公司走得太快，理念远远快于能力的提高。

（4）寄希望意外险。如果说意外险是我们的希望，而我们却把意外险变成了通道，P2P的通道、航旅公司的通道……

（5）寄希望健康险。然而，我们有“资本”疯狂吗？我们真的在做健康险吗？

（6）寄希望其他险种。随着监管越来越严，产品创新的监管成本已经开始高于创新的收益，所以创新成为奢侈品。

“希望”与“寄希望”以及“梦想”与“托梦想”显然是有区别的。作为一家独立公司或法人存在，从公司成立之始就不应该寄希望于别人，也不应该托梦想于别人，要把希望和梦想寄托在自己身上，因为这个世界没有人比自己更可依靠。

（三）重新思考产业的未来

中国保险市场作为市场经济的产物，客观上遵循着一定的规律，比如周期性规律、波动性规律、超常规性规律等。认识和掌握这些规律，需要大视野、大智慧。

随着新科技的发展，特别是数字化进程的深入和信息化时代的降临，互联网由电子信息交换网络升级为全民交流与社会经济活动的纽带，新兴技术和应用在互联网上涌现，Web 4.0、云计算、大数据、人工智能、区块链、移动互联网等是其中的典型代表。这些技术降低了互联网的使用门槛，强化了整个社会与互联网的连接与融合，同时也推动了保险业的数字化进程。我们需要重新思考保险产业的未来。

（1）理解数字化时代保险未来的风险点。随着数字化时代的到来，传统风险点已经开始发生变化，网络安全、数据安全等成为新兴的风险源，如图1–4所示。

（2）抓住数字化机遇在保险价值链中的涌现。数字化已经成为保险业的主流，我们看到一些保险公司正在数字化领域中进行探索，如图3–15所示。

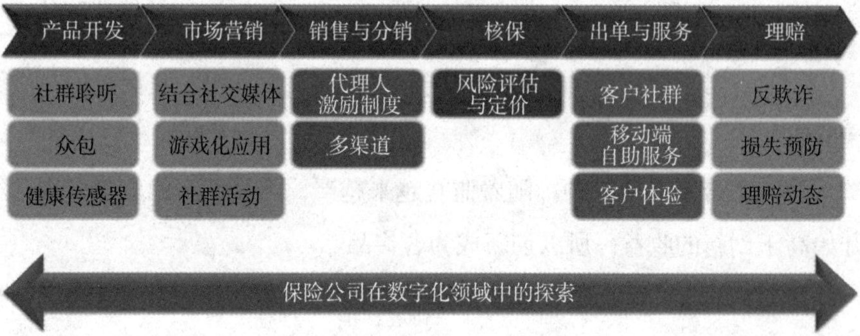

图 3–15　数字化机遇在保险价值链中的涌现

（3）抓住互联网用户需求对保险价值链的重塑。关键能力要求主要体现为优质客户体验、完善的风险控制以及高效、便利的系统/工具，如图3–16所示。

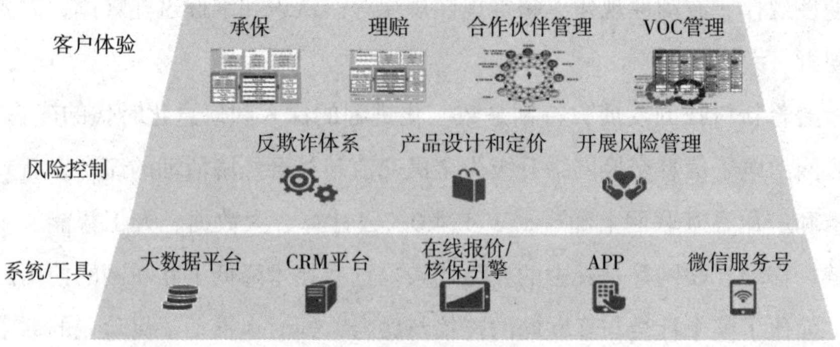

图 3–16　保险价值链的重塑

（四）重新认识新保险内涵

互联网具有交互、关联、网络、渠道、选择等多重含义，其中的主体是人（互联网用户），而不是技术。

技术直接服务于人的需求只是问题的一个方面，一项意义深远的技术（尤其是技术革命）对社会带来的更大影响往往会上升到思想和契约层面，就像我们现在获取信息的方式正从统一的官媒和门户转向自媒体和新媒体。

每个人都在生产和分享内容，媒体平台主要作为透明的分享通道存在。在信息生产、分享和选择层面，每个人都是接近平等的，相互之间可通过互动产生信任和尊重。这就是一个借助互联网平等渠道形成新型信任基础和契约重构的例子，亦是互联网思想的一个典型体现。

具体到互联网与传统保险相结合的新保险，它不仅是对传统保险的一次技术升级，更是一种新的参与形式。在这种参与中，我们更需要关注交易结构、交易协议和内容的变化以及保险权利契约结构的改变，而不应只局限于交易技术的升级。

因此，笔者认为：新保险不是简单的“互联网技术的保险”，而应是“基于互联网思想的保险”。更远一点说，从行为主体和参与形式的角度来理解，甚至从保险权利去中心化的角度来思考和前瞻，新保险将具有更丰富的内涵，展现出更多的普惠和民主保险意义，远远超出技术的层面。

对于新保险的内涵，我们也可以做出类似解读，其重点在于每个人作为社会经济的一分子，都有充分的权利和手段参与到保险活动之中，在信息相对对称中平等自由地获取保险服务，借助低成本的自动化决策技术和更加高效便捷的交易技术，逐步实现保险活动的充分有效性和民主化。

也就是说新保险很有可能表现出自下而上、去中心化、契约重构的特点。新保险活动将是点对点、网格化的共享互联，形成信息交互、资源共享、优劣互补和新型契约。每个人的保险需求和保险价值都会在这种点对点、网格化的共享互联中得到充分挖掘和满足。

新保险的这一内涵无疑更加贴合保险创新的时代要求，可为新保险带来更加广阔的视野。而互联网精神在新保险中也具有切实的指向，那就是理解保险的“点、线、面、体”。

（1）找到有需求的客户，为“点”类产业，主要利用信息不对称，但“兴起得快淘汰得也快”，所以是资源驱动型。

（2）研发有技术的产品，为“线”类产业，主要是做自主品牌自主研发，所以是产品驱动型。

（3）搭建有流量的平台，为“面”类产业，本质是场所，是网络的多变效用，是流量的批发。现在大家都在喊做平台，但要注意工具商不等于平台商，所以是平台驱动型。

（4）打造有连接的生态，为“体”类产业，所谓生态就是要企业自发地加入这个生态，本质是连接，让企业有自驱力，在中国典型的例子有微信、阿里巴巴；在全球典型的例子有苹果，所以是生态驱动型。

VIE之优化保险生态而非破坏保险生态

（一）生态

顺着第一部分“保险不寂寞：是VIE还是VIE？”的脉络，VIE的基础是价值，价值的背后是信息，价值通过信息传输的赛道是产业，产业的健康发展依赖于友好的生态，所以VIE的目的是“优化保险生态而非破坏保险生态”。

保险业作为一个经济活动系统，其组成要素包括环境、产品生产者、供应商、客户、流通等功能体系。对于保险业来说，该生态系统的产品生产者为保险企业，供应商包括保险企业及保险中介机构，客户为保险需求者。

按照管理生态学理论，保险业生态环境可分为内部环境与外部环境。

（1）从外部环境来看，包括保险业与证券、银行等其他行业或组织的关系以及与经济、社会等宏观环境的关系。

（2）从内部环境来看，包括治理结构、内部管理和控制制度、组织形式、资本运作等。其中，涵盖的生态学理论包括冗余理论、多样性、关键物种、稳定性等。

依据生态学理论，经济生态系统作为一个复杂的“生命有机体”，对其进行评价时通常采用以下四个指标：生产力、稳定性、持续性和均衡性。

通常情况下，卓越的生产力兼可持续性是经济生态系统演化所追求的最佳境界。要维持较高的系统生产力，除了使系统趋于更加开放之外，更需要解决好系统的多样性及稳定性问题，这也是成熟的保险生态系统必备的两个特性。

这就是保险生态，但笔者并不想去阐述保险生态，正如阿尔伯特·爱因斯坦所言：“我并不假装理解宇宙——它比我大多了。”我们的存在不是为了“保险”，而是为了“保险生态”。

（二）重新认识保险生态主体

保持物种的“多样性”，扩展价值链网。在形成关键物种的同时，还需要保持系统较高水平的生物多样性，以利于生态系统功能的发展和优化，这也是生态系统稳定性的基础。高生物多样性增加了具有高生产力的种类出现的机会，为能量流动提供了可选择的多种途径使之趋于稳定，增强了生态系统抗干扰能力，并能提高系统对资源的利用效率。

就保险生态系统而言，多样性表现在五个方面，即主体的多样性、组织形式的多样性、经营方式的多样性、产品的多样性以及销售渠道的多样性（见图3-17）。

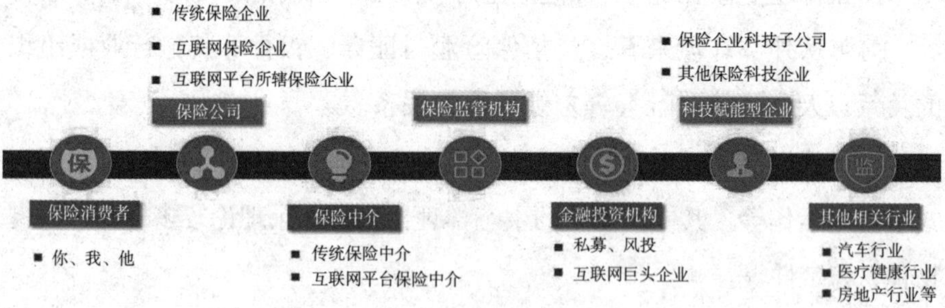

图 3-17　保险生态主体

（三）重新认识保险科技地图

大数据、云计算、人工智能、区块链，这些现在人们耳熟能详的前沿信息技术正逐渐深入人类世界的各个场景，从紧贴人们生活的共享单车、外卖订餐，到涉及全球企业的无人港、无形的有形资产比特币，新技术的触手无处不在。在科技改变一切的大浪潮下，传统保险行业也必将受到影响与冲击（见图3-18）。

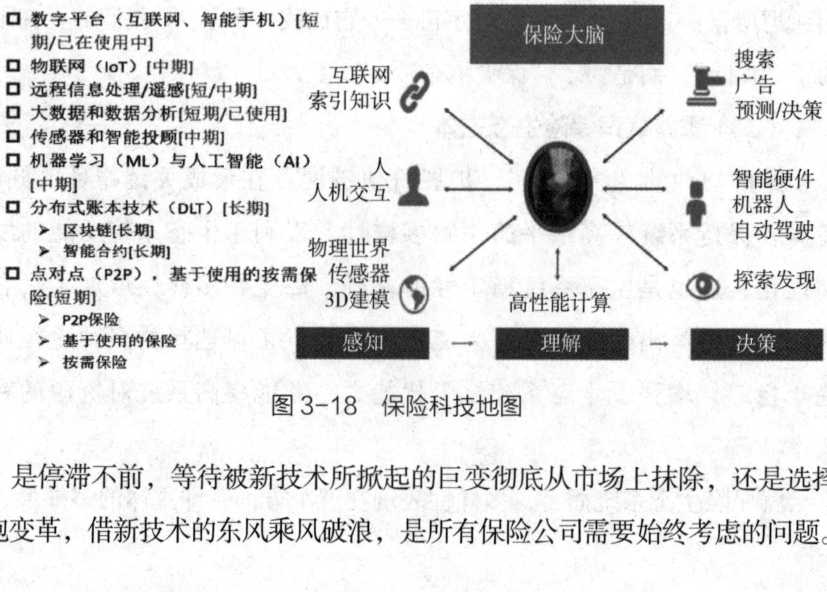

图 3-18　保险科技地图

是停滞不前，等待被新技术所掀起的巨变彻底从市场上抹除，还是选择拥抱变革，借新技术的东风乘风破浪，是所有保险公司需要始终考虑的问题。

（四）重新认识保险应用地图

保险科技应用地图是保险科技实际服务于保险行业的主战场，主要是服务于保险公司、保险中介渠道机构、保险消费者等三方主体，如图3-19所示。

保险公司作为保险产品与服务的提供者，需要保险科技对其产品开发、渠道拓展、风险控制、公司管理等方面业务进行支持。

保险中介渠道机构在专注于客户拓展与维护的同时，需要依靠保险科技为其拓展快捷的线上线下联动方式，并提高保险中介在整个产业链中的地位。

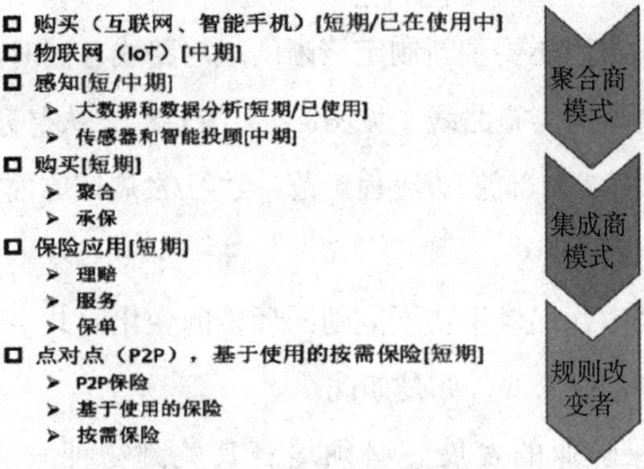

图3-19　保险应用地图

保险消费者作为保险产品与服务的消费者，在获得保险科技带来的物美价廉、公开透明的产品的同时，也会为保险科技的发展带来积极的反馈。

（五）重新认识保险价值链条

基于保险科技地图以及保险应用地图，传统的保险价值链基于人工智能（A）、区块链（B）、云计算（C）、大数据（D）相应地进行了重构，如图3-20所示。

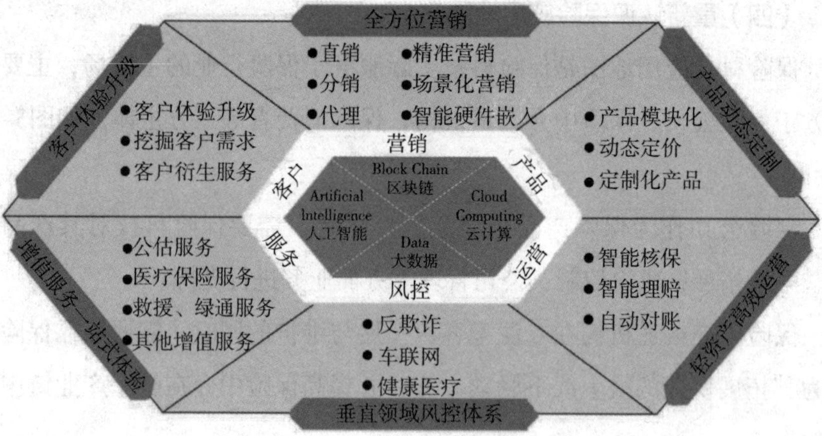

图 3-20　保险价值链条

除此之外，我们还要重新制定清晰的战略路线，同时为实现公司的战略目标而制定清晰的实施路线（见图3-7、图3-8），从财务/精算/投资、产品/销售/客户/投资、内部管理/流程规范、学习/发展四方面实现29项行动绩效目标，如图3-9所示。

在生态系统中，如果生物不能随同环境的变化而共生进化，则必将被淘汰。对于保险企业来说，亦是如此。

为了推进保险业的发展，必须培育其关键物种——可变利益实体（VIE）。所谓VIE，是指企业具有的“价值创造而非价值寄生，信息沟通而非信息垄断，助推产业升级而非阻碍产业升级，优化保险生态而非破坏保险生态”经营理念，是企业科技力与管理力、市场力以及文化力的有机结合所形成的可变利益实体。企业拥有的VIE是企业长期竞争优势的源泉，累积、保持和重建核心能力是企业的长期根本战略。

最后，关于“如何让寂静的保险不寂寞？”这个话题，笔者不想再去思考其未来，正如阿尔伯特·爱因斯坦所言：“我从不去想未来，因为它来得已经够快的了。”只有做到在此“VIE”而非彼“VIE”间快乐地游走，方能快乐地游走在地狱和天堂之间！

哲学应用之二　如何实现保险业转型升级

车险从增量时代走向存量时代，产险公司请向“六四”看齐

（一）产险“另外的路”

通过前文的论述，完成了“中小保险公司崛起是概念还是周期”这个命题的论证，结论就是产险应该走“另外的路”！

何谓“另外的路”？我们先了解一下“另外的路”产生的历史。之所以产生寂静的产险，是因为我们过度依赖车险，导致产险生态体系被破坏，最终给产险公司带来不堪重负的“灾难”。我们用遏制费用来驱动车险的发展，这无异于饮鸩止渴，产险应该走“另外的路”！

我们再了解一下“另外的路”产生的时代。2019年，国内乘用车累计零售销量2576.9万辆，同比下降8.23%。我们都知道，车险与新车销量呈强正相关（见图3-21）。

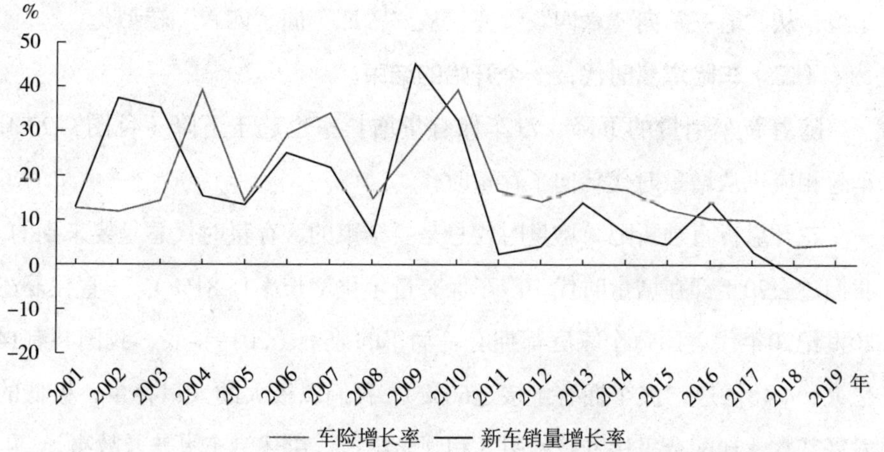

图 3-21　车险保费增长率与新车销量增长率关系

我们最后了解一下“另外的路”产生的市场化叠加。2018年9月，青

海、广西、陕西三个地区商业车险费率全面放开，此时临近年末，所以从2018年全年的数据来看，这三个地区还可以保持保费两位数的正增长；但是2019年，这三个地区的车险保费全部负增长，并且陕西保费负增长幅度超过了10%（见图3-22）。

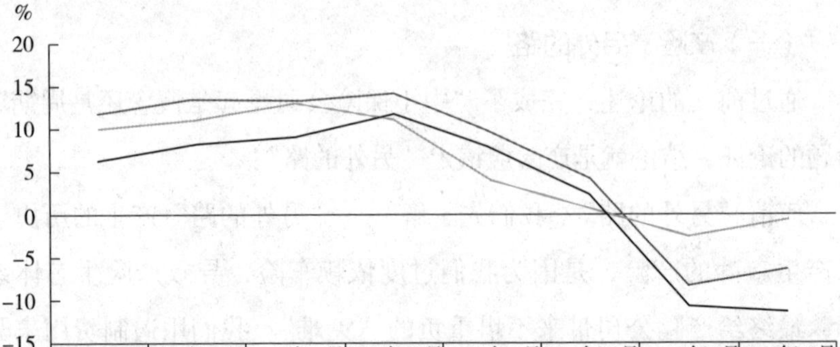

	2016年6月	2016年12月	2017年6月	2017年12月	2018年6月	2018年12月	2019年6月	2019年12月
—— 广西	11.9	13.4	13.2	14.1	9.5	4.0	−8.4	−6.5
—— 陕西	6.4	8.1	9.1	11.6	7.7	2.2	−10.6	−11.3
—— 青海	9.9	11.1	13.1	11.0	3.9	0.4	−2.6	−0.6

图3-22　车险费率全部放开地区保费增幅情况

综上，产险“另外的路”也就不言而喻了，那就是弱化车险，强化非车险；从“七三”向“六四”看齐，从“六四”向“四六”转型①。

（二）车险增量时代，一个开始的结束

随着新车销量的下降，汽车保有量增长率也趋于下降（见图3-23），车险相应也从增量时代转向了存量时代。

花开堪折直须折吧。增量时代总是要结束的，存量时代总是要来到的。我们过去20年都在增量时代（汽车保有量年化增长率15.81%），一直在复述20世纪20年代美国每个家庭都拥有一辆车的故事（2019年底，我国共有14亿人，4.48亿户，汽车拥有量接近60%）。我们以极大的人口存量，极低的发展基数，却配合极快的技术引入和观念再造，讲述汽车大普及故事。

① 注：“七三”“六四”“四六”指车险与非车险比例。

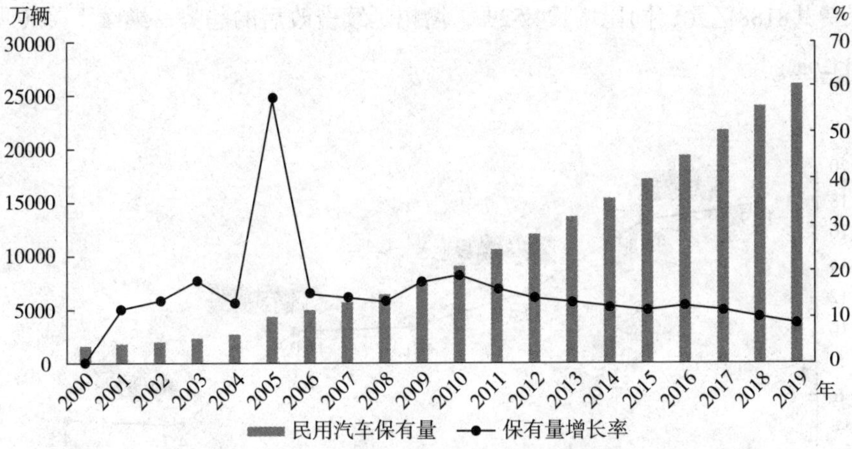

图 3-23　民用汽车保有量及增长率情况

从房子到汽车，再没有哪个时代比过去20年更好。汽车行业的生产规模是为了适应一个庞大人口基数的国度从无到有快速现代化进程而生的。老实说，这种进程也许在以后几百年都不会再出现第二次。所以，车险的结局可能会比我们想的都要落寞。

同时，车险费率市场化改革的后半段应该比我们想的要更有韧性。正因为增量时代切换到存量时代会付出很大代价，所以趋势总是会朝阵痛最少、阻力最小的方向发展。车险费率市场化一定比我们预想的要慢，同时费用率驱动的车险市场也一定比我们想象的更有韧性。

既然车险注定从增量时代向存量时代转变，我们准备好切换到存量时代的“生存法则”了吗?

（三）产险请向“六四”看齐和转型

笔者从来不相信“不破不立”这句话，宏观经济和产业运行从来没有不破不立过，破了就没了。问题的解决往往是因为“老路”走不下去了，而不是因为大家意识到“新路”更好走。

同样，我们要思考一下车险的“老路”是否还能走下去。2019年，车险保费共8188亿元，同比增长4.52%，增幅延续费改后的趋势，继续下降（见图3-24）。

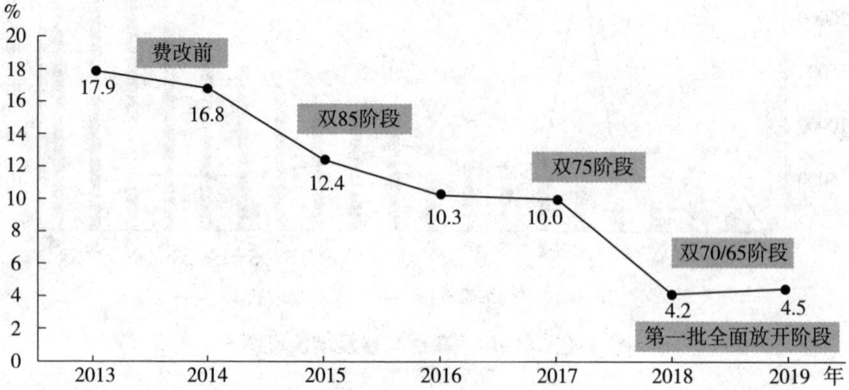

图 3-24　我国车险保费增长情况

2019年，66家经营车险的产险公司中，只有24家公司盈利，在数量上，盈利公司数量占比约为1/3（见表3-5）。而盈利的公司主要是“老三家”，保费规模前十名中除国寿财险、华安保险以外也都实现了盈利。市场前十名的车险保费都突破了100亿元，这10家公司保费占比89.34%。

表 3-5　2019 年车险经营情况

序号	公司	车险保费 / 亿元	市场份额 /%	保费增幅 /%	综合成本率 /%	承保利润 / 亿元
1	人保	2628.36	32.10	1.56	96.7	83.60
2	平安	1943.15	23.73	6.90	97.0	52.70
3	太保	932.18	11.38	5.97	97.9	16.77
4	国寿财	584.85	7.14	7.07	101.4	–7.35
5	大地	279.90	3.42	2.75	97.4	6.72
6	中华	277.14	3.38	7.10	99.4	1.62
7	阳光	246.13	3.01	3.62	97.0	7.42
8	太平	197.37	2.41	6.44	98.1	3.32
9	天安	120.45	1.47	1.16	99.2	0.93

续表

序号	公司	车险保费 / 亿元	市场份额 /%	保费增幅 /%	综合成本率 /%	承保利润 / 亿元
10	华安	106.11	1.30	6.80	103.6	–3.58
11	永安	77.87	0.95	7.58	96.6	2.63
12	安盛天平	56.72	0.69	0.52	106.9	–3.98
13	华泰	44.33	0.54	–2.55	101.2	–0.51
14	紫金	46.34	0.57	6.68	100.6	–0.30
15	渤海	32.68	0.40	–7.84	124.8	–4.71
16	浙商	32.67	0.40	–7.33	112.2	–4.02
17	永诚	25.16	0.31	–26.14	99.5	0.13
18	国任	35.83	0.44	8.63	104.9	–1.76
19	安邦	36.43	0.44	12.96	149.4	–14.83
20	都邦	31.98	0.39	–0.83	103.6	–1.15
21	英大	31.82	0.39	1.68	100.8	–0.25
22	安诚	32.46	0.40	6.03	111.1	–3.59
23	亚太	32.39	0.40	13.81	102.2	–0.67
24	中银	22.03	0.27	–8.78	108.7	–1.91
25	长安	24.43	0.30	6.59	104.3	–0.92
26	安华农业	24.91	0.30	13.75	116.0	–2.29
27	鼎和	23.76	0.29	8.68	99.1	0.20
28	富德	19.96	0.24	–3.24	106.6	–1.36
29	华海	19.28	0.24	4.62	97.1	0.57
30	北部湾	18.22	0.22	4.02	100.1	–0.02
31	华农	16.01	0.20	8.55	111.6	–1.76
32	泰山	18.26	0.22	32.45	107.3	–1.22
33	利宝互助	14.77	0.18	19.51	99.7	0.04
34	众安	12.64	0.15	10.27	110.0	–1.30
35	锦泰	11.07	0.14	1.92	112.0	–1.30
36	众诚	13.83	0.17	27.40	104.7	–0.61
37	中煤	11.02	0.13	3.15	104.3	–0.39

续表

序号	公司	车险保费 / 亿元	市场份额 /%	保费增幅 /%	综合成本率 /%	承保利润 / 亿元
38	国元农业	9.06	0.11	0.25	100.1	−0.01
39	诚泰	10.69	0.13	22.93	114.8	−1.27
40	富邦	4.89	0.06	−20.91	101.4	−0.07
41	燕赵	5.76	0.07	−4.10	104.2	−0.21
42	中航安盟	6.45	0.08	8.45	122.6	−1.27
43	恒邦	9.42	0.12	60.28	109.9	−0.82
44	安心	3.61	0.04	−27.95	99.2	0.02
45	中路	5.14	0.06	2.87	136.6	−1.97
46	前海联合	6.04	0.07	27.95	108.2	−0.78
47	阳光农业	3.75	0.05	−12.24	95.4	0.18
48	泰康在线	10.52	0.13	164.30	127.4	−2.13
49	三星	3.21	0.04	−14.97	109.2	−0.32
50	长江	4.50	0.05	28.36	123.7	−0.90
51	珠峰	3.22	0.04	13.60	156.6	−1.43
52	海峡金桥	2.88	0.04	7.72	136.7	−0.88
53	中意	2.49	0.03	13.34	94.2	0.13
54	鑫安汽车	2.57	0.03	27.04	106.5	−0.14
55	合众	2.45	0.03	33.35	122.1	−0.51
56	国泰	3.05	0.04	75.66	126.3	−0.57
57	建信	0.67	0.01	16.86	138.7	−0.23
58	东京海上	0.34	0	11.04	98.4	0.09
59	中原农业	2.35	0.03	721.88	110.0	−0.19
60	黄河	1.01	0.01	392.92	227.1	−0.62
61	安联	0.77	0.01	387.45	129.8	−0.13
62	融盛	0.67	0.01	500.18	279.6	−0.67
63	铁路自保	0.10	0	−3.36	81.5	0.40
64	现代	0.11	0	14.23	198.9	−0.09
65	日本财产	0.05	0	−29.53	94.0	0.07

续表

序号	公司	车险保费 / 亿元	市场份额 /%	保费增幅 /%	综合成本率 /%	承保利润 / 亿元
66	三井住友	0.06	0	10.01	100.2	-0.01
	全国	8188.32	100	4.52	98.6	103.60

显然，车险的“老路”对于80%的公司来说已经走不下去了！2016年我国车险占比达到73.76%之后，开始急剧下降，2019年占比为62.91%，预计2020年底将低于60%（见图3-25）。车险保费占比超过60%的公司需要思考如何在存量市场中谋得一席之地。

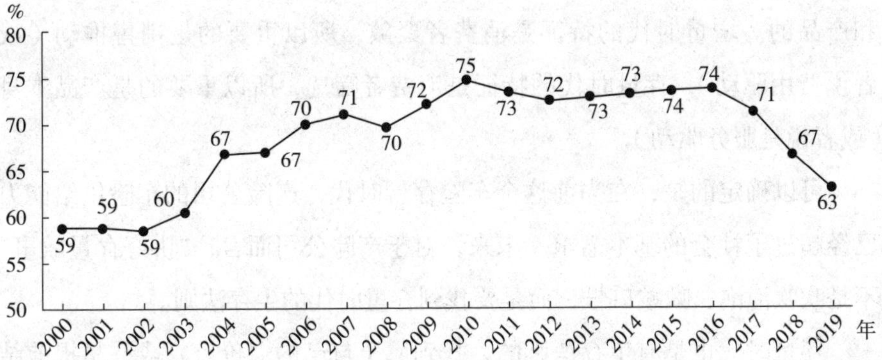

图 3-25　我国车险占比变化趋势

存量时代是很有魅力的。因为没有了新的增量，剩下的，就是下坡路。以房地产市场为例，全国250亿平方米的物业管理面积，号称龙头公司的也只有不到1%的市场占有率（无论从收入还是在管面积来说）。

所以，车险存量时代不仅小公司有压力，大公司也有压力。2019年11月1日，在中国人保2019年投资者开放日上，廖建民在《坚定推进“3411工程”，优化商业模式，持续提升价值创造能力》报告中提出，“未来我们的业务结构要进行优化，最理想的是车险占40%，非车险达到60%左右，这个是对标国际先进同业公司的业务结构”。

车险存量时代，地盘已经划分完毕，公司之间的竞争将会更激烈。公司只能通过更激进的措施或更好的用户体验来获取或留住用户，从而实现规模增长。存量的车险市场也往往代表着用户比较成熟，寄希望于通过采取惊人的创新力量去打动客户是没有希望的。

如果说现在的市场是增量时代的平衡，车险存量时代的平衡过程注定会更漫长，也会更惨烈。

（四）车险存量时代，一个结束的开始

存量时代是很有魅力的。对于产险公司来说，车险存量意味着其市场的范围是整个存量，1%~5%，有5倍之差。

存量时代是很有问题的。增量时代是论趋势的，而存量时代是看企业和产品的。增量时代的特征是消费者聚敛，所以重要的是销售推动（或者说费用驱动）；存量时代的特征是消费者筛选，所以重要的是产品本身（或者说是服务驱动）。

可以确定的是，在当前这个车险存量时代，产险公司的车险供给能力已经超过了社会的基本需求。未来，对于产险公司而言，“讲好存量故事”不是吹吹泡泡、喊喊口号，而是要找到存量时代的生存法则。

存量时代也是有生存法则的。找到属于自己的溢价点，或许是提前结束这个冬天最好的办法。所谓“溢价点”，就是“头部占位”或“山头效应”。大山头大增长，小山头小增长，无山头不增长。

正如德国哲学家马克斯·舍勒所说，“不适者生存，适者灭亡”。适者，通常是那些故步自封、不愿意接受新鲜事物和改变的人。唯有不适者，才会为了生存而战。存量之争，自我革新者胜！

车险存量时代，如何打破产险业的“零和困境”？如何自我革新？结论就是产险应该走“另外的路”！那就是弱化车险，强化非车险：第一步，从“七三”向“六四”看齐；第二步，从“六四”向“四六”转型。我们不要再乱了接下来的步伐。

寿险从增量时代走向提质时代，寿险公司请向“八二”看齐

（一）寿险“另外的路”

对于寿险业的发展认知，无论是资产驱动还是负债驱动，其实质都是“人口驱动”（保险密度）和“财富驱动”（保险深度）。关于“人口驱动”和“财富驱动”的故事不再详述，因为我们都见证了这个过程。但是，我们也看到“人口驱动”和“财富驱动”的“动能”正在改变，“人口驱动”的“动能”正在“变向”，“财富驱动”的“动能”正在“衰减”。

（1）人口驱动的“动能”，因为人口老龄化（超过65岁的人口到2035年预计将超过3亿人）、长寿风险（每3年中国居民平均寿命增加1岁）以及城市化进程和西式的生活方式（慢性病发病率上升）等原因，正在发生“变向”。

（2）财富驱动的“动能”，因为GDP增幅的放缓（人均可支配收入增幅放缓）、资产价格回归理性（资产缩水）以及社会养老医疗体制的变革等原因，正在发生“衰减”。

中国寿险业“增量时代”的两大“动能”，一个是“变向”，另一个是“衰减”；相应地，寿险业也将从“增量时代”进入“提质时代”。回看中国经济发展当前存在的问题，其深层次原因是我们没有及时从“增量时代”步入“提质时代”，被“增量时代”的数据迷惑了双眼，没有及时进行“祛病”“减肥”“提质”。寿险业迈入“提质时代”，务须做好几方面的工作：

一是“祛病”。切除历史遗留下来的“股权之争”“治理之伤”“财务之乱”等毒瘤，是促进寿险公司健康发展的必然条件。

二是“减肥”。正如“政府管了一些不应该管或者管不好的事情”，

同样，寿险公司也做了一些不应该自己做的事情。要通过聚焦进行“瘦身”，砍掉历史遗留下来的“销售之大”“科技之差”“人员之全”等毒瘤，鼓励借助周边的保险科技生态等进行内部改革，并借此实现寿险内部职能“减肥”。

三是“提质”。“减肥”不是为了“瘦骨伶仃”，而是为了“强健体魄”。要集中主要的人力、物力强化“业务之专”“服务之优”“经营之稳”等基因，实现公司的健康发展。

寿险业迈入“提质时代”，这就是寿险应该走的“另外的路”。

（二）保险合同向“八二”看齐

我们先来回顾一下“增量时代”的两大动能——“人口驱动”和“财富驱动”所产生的问题和趋势。2016年末，我们一直在纠结“保险姓保”还是“保险名保”的问题，现在来看这好像已经不是问题了。因为我们慢慢发现，无论是“保险姓保”还是“保险名保”，背后都是财富驱动“动能”的表现。

新会计准则实施之后，万能险和投连险保费进行了分拆，小部分确认为保费收入（1%左右），大部分确认为非保险合同交费，其中万能险称为保户投资款交费，投连险称为独立账户交费。

对于万能险和投连险不再确认为保费部分，而是统称为非保险合同交费，我们用非保险合同占比来衡量一家寿险公司是“姓保”，还是“名保”[①]。

“保险姓保”以来，保险业的真实情况如何？图3–26给出了最近几年非保险合同占比情况，可以看出“保险姓保”问题经过2017年的整改，2018年、2019年开始进入一个平稳期，这也许就是“保险姓保”问题的一个“最优解”，即非保险合同占比25%左右。

随着“财富驱动”的“动能”的“衰减”，保险公司也开始优化保险合同，正在向“八二”看齐（“八二”指保险合同与非保险合同比例）。

① 非保险合同占比 = 非保险合同交费 /（保费收入 + 非保险合同交费）

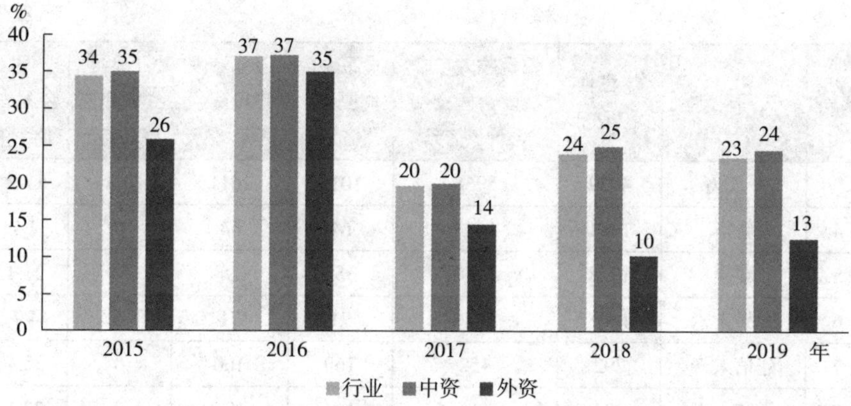

图 3-26　寿险公司非保险合同占比

2019年，寿险公司实现保险保费收入为29628亿元，同比增长12.82%。其中寿险保费收入为22754亿元，同比增长9.80%；意外险保费收入为649亿元，同比增长-1.57%；健康险保费收入为6226亿元，同比增长27.60%。2019年，寿险公司非保险合同交费为9087亿元，同比增长9.66%。保费收入和非保险合同交费合计为38715亿元，非保险合同交费占比23.5%。

从整个行业的角度来说，我们不用再纠结“保险姓保”还是“保险名保”的问题；但是，对于个别公司我们还是要关注，因为财富驱动“动能”衰减，高比例的“非保险合同”给公司的资产负债匹配以及现金流管理带来了更大的问题，“非保险合同”产生“利差损”的风险远高于保险合同。

通过表3-6可以看出，91家寿险公司中，65家公司非保险合同占比小于25%，可谓“姓保”；26家公司非保险合同占比大于25%，可谓“名保”。

表 3-6　2019 年 91 家寿险公司非保险合同占比情况

序号	公司名称	保费收入 / 亿元	保费收入和非保险合同交费合计 / 亿元	非保险合同交费 / 亿元	万能险保户投资款交费 / 亿元	投连险独立账户交费 / 亿元	非保险合同占比 /%
1	国寿股份	5684	6142	458	458	0	7.5
2	太保寿	2124	2286	162	162	0	7.1

续表

序号	公司名称	保费收入/亿元	保费收入和非保险合同交费合计/亿元	非保险合同交费/亿元	万能险保户投资款交费/亿元	投连险独立账户交费/亿元	非保险合同占比/%
3	平安寿	4939	5968	1029	1011	19	17.2
4	新华	1381	1445	64	64	0	4.4
5	泰康	1308	1660	352	298	54	21.2
6	太平人寿	1405	1476	71	71	0	4.8
7	建信人寿	292	452	160	160	0	35.4
8	天安人寿	521	715	194	194	0	27.1
9	光大永明	117	124	7	7	0	5.8
10	民生人寿	123	131	8	8	0	5.9
11	富德生命人寿	513	1164	651	651	0	55.9
12	国寿存续	6	6	0	0	0	0
13	平安养老	236	296	60	60	0	20.3
14	中融人寿	81	158	77	77	0	49.0
15	合众人寿	168	276	108	108	0	39.1
16	太平养老	50	55	5	5	0	9.2
17	人保健康	224	232	8	8	0	3.4
18	华夏人寿	1828	2679	851	851	0	31.8
19	君康人寿	362	684	322	322	0	47.1
20	信泰	210	302	92	92	0	30.6
21	农银人寿	232	244	12	12	0	5.0
22	长城	81	105	24	24	0	23.0
23	昆仑健康	34	81	47	47	0	58.0
24	和谐健康	2	617	615	615	0	99.6
25	人保寿险	981	1036	55	55	0	5.3
26	国华	376	540	164	159	5	30.4
27	国寿养老	0	0	0	0	0	—
28	长江养老	0	0	0	0	0	—
29	英大人寿	97	160	63	63	0	39.4

续表

序号	公司名称	保费收入 / 亿元	保费收入和非保险合同交费合计 / 亿元	非保险合同交费 / 亿元	万能险保户投资款交费 / 亿元	投连险独立账户交费 / 亿元	非保险合同占比 /%
30	泰康养老	90	144	54	54	0	37.5
31	幸福人寿	82	95	13	13	0	14.0
32	阳光人寿	481	653	172	172	0	26.4
33	百年人寿	456	527	71	71	0	13.4
34	中邮人寿	675	675	0	0	0	0
35	大家人寿	51	2337	2286	2286	0	97.8
36	利安人寿	131	140	9	9	0	6.6
37	前海人寿	765	768	3	3	0	0.4
38	华汇人寿	0	0	0	0	0	0
39	东吴人寿	36	59	23	23	0	39.1
40	珠江人寿	33	183	150	150	0	81.8
41	弘康人寿	127	212	85	6	79	40.1
42	吉祥人寿	20	45	25	25	0	55.5
43	大家养老	1	1	0	0	0	8.2
44	渤海人寿	61	61	0	0	0	0.8
45	国联人寿	17	17	0	0	0	0.7
46	太保安联健康	4	4	0	0	0	0
47	上海人寿	126	217	91	91	0	41.9
48	中华人寿	20	23	3	3	0	11.7
49	新华养老	0	0	0	0	0	—
50	三峡人寿	9	9	0	0	0	0
51	横琴人寿	60	66	6	6	0	9.2
52	复星联合健康	18	18	0	0	0	0
53	信美人寿	20	20	0	0	0	0
54	华贵人寿	11	11	0	0	0	0
55	爱心人寿	8	16	8	8	0	51.9
56	和泰人寿	11	16	5	5	0	32.4

续表

序号	公司名称	保费收入 / 亿元	保费收入和非保险合同交费合计 / 亿元	非保险合同交费 / 亿元	万能险保户投资款交费 / 亿元	投连险独立账户交费 / 亿元	非保险合同占比 /%
57	招商仁和	101	114	13	13	0	11.1
58	瑞华健康	0	0	0	0	0	0
59	北京人寿	13	17	4	4	0	23.3
60	人保养老	0	0	0	0	0	—
61	海保人寿	5	5	0	0	0	0
62	国富人寿	6	6	0	0	0	0
63	国宝人寿	9	11	2	2	0	17.6
中资小计		26824	35506	8682	8526	156	24.5
64	中宏人寿	100	103	3	3	0	2.7
65	中德安联	57	60	3	1	1	4.6
66	工银安盛	527	531	4	1	3	0.7
67	中信保诚	213	310	97	22	75	31.2
68	交银康联	113	144	31	31	0	21.3
69	中意	146	159	13	13	1	8.4
70	友邦	331	343	12	7	4	3.4
71	北大方正人寿	29	31	2	2	0	7.6
72	中荷人寿	54	55	1	1	0	2.0
73	中英人寿	94	98	4	4	0	3.9
74	同方全球人寿	51	53	2	2	0	4.2
75	招商信诺	180	181	1	1	0	0.8
76	长生人寿	15	17	2	2	0	12.0
77	恒安标准	39	40	1	1	0	3.1
78	瑞泰人寿	7	8	1	0	0	7.3
79	中法人寿	0	0	0	0	0	0
80	华泰人寿	62	72	10	10	0	13.5
81	陆家嘴国泰	27	36	9	9	0	24.4
82	中美联泰	144	144	0	0	0	0.3

续表

序号	公司名称	保费收入 / 亿元	保费收入和非保险合同交费合计 / 亿元	非保险合同交费 / 亿元	万能险保户投资款交费 / 亿元	投连险独立账户交费 / 亿元	非保险合同占比 /%
83	平安健康	61	62	0	0	0	0.7
84	中银三星	53	94	41	41	0	43.5
85	恒大人寿	420	557	137	9	128	24.6
86	新光海航	1	1	0	0	0	0.1
87	汇丰人寿	18	21	3	0	3	14.6
88	君龙人寿	6	6	0	0	0	2.9
89	复星保德信	41	63	22	22	0	34.7
90	中韩人寿	7	8	1	1	0	7.6
91	德华安顾	9	15	6	2	3	39.0
外资小计		2805	3209	404	185	219	12.6
合计		29628	38715	9087	8711	376	23.5

关于“姓保”与“名保”的问题，笔者基于最近几年的数据给出了25%临界值，这对于行业来说可能是最优解，但对于各公司来说一定不是最优解，所以上面的“姓保”与“名保”也不用太在意。重要的是，我们是时候向“八二”看齐了。

“财富驱动保险”的“动能”的衰减，要求寿险要从“新旧动能”切换到“保险驱动财富”的“新动能”上来。

“财富驱动保险”与“保险驱动财富”虽然看似一样，但其本质差异很大。人保集团发布“聚焦‘风险管理+财富管理’，构建‘保险+科技+服务’新模式”，中国平安发布“实施‘金融+科技’双驱动战略，通过五大核心技术聚焦四大生态圈”，中国人寿发布“对标国际一流，打造四大驱动‘引擎’”等，都是明证。

“财富驱动保险”与“保险驱动财富”的本质的差异，也决定了所采用的战略、策略的不同。寿险公司向“八二”看齐，最重要的是重新进行“八二”定位。

（三）保险业务向“八二”看齐

寿险公司健康险保费收入从2000年的64亿元增长到2019年的6226亿元，年均增长27.28%，健康险保费行业占比从2000年的6.6%增长到2019年的21%，如图3–27所示。

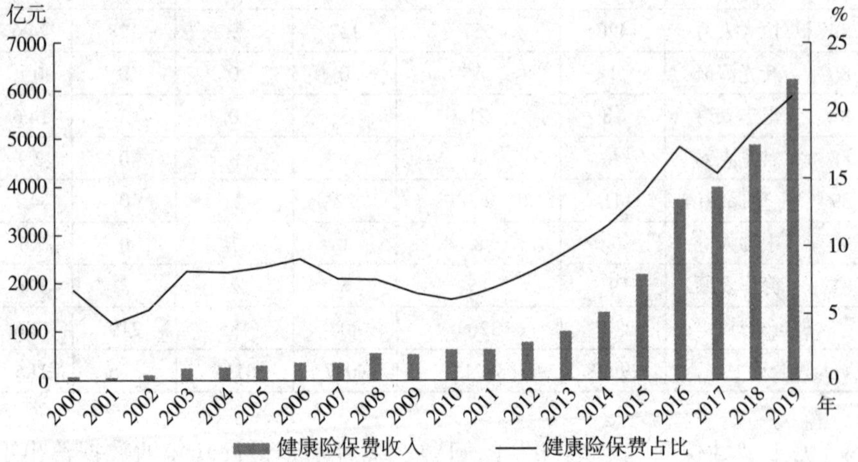

图 3–27　寿险公司健康险保费收入情况

可见，因为“人口驱动”的“动能”的“变向”，寿险业务结构已经开始发生变化，健康险比例在逐步提升。笔者在《什么决定中国健康险的未来？》一文中指出，基于“健康风险漏斗模型+健康沟通漏斗模型+健康数据漏斗模型+健康集聚漏斗模型”所打造四位一体“未来健康漏斗模型”，我们才能透过健康险的“疯狂”领悟那慑人的冷静与理性，才能成就未来健康险的无限可能（见图3–28）。

面对如此巨大的市场，我们不能无视它的存在，然而现实却是真的有公司无视它的存在。表3–7给出了2019年91家寿险公司健康险保费收入、保费收入增长率、公司健康险保费占比、市场占有率及简单赔付率情况，91家产险公司中有87家经营了健康险。

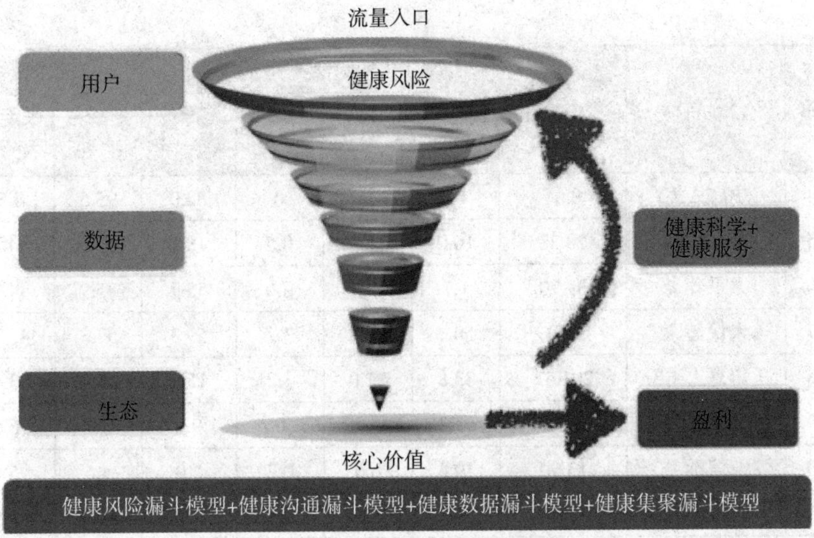

图 3-28 健康险价值模型

表 3-7 2019 年各寿险公司健康险经营情况

序号	公司名称	2019 年实际值					业务结构分析	
		保费收入 / 亿元	同比增长 /%	公司占比 /%	市场份额 /%	简单赔付率 /%	短期占比 /%	长期占比 /%
1	国寿股份	1068.83	27.2	18.8	17.2	44.6	52.9	47.1
2	太保寿	561.66	34.6	26.4	9.0	25.8	21.2	78.8
3	平安寿	1206.28	16.8	24.4	19.4	21.7	3.2	96.8
4	新华	534.39	23.6	38.7	8.6	13.8	8.7	91.3
5	泰康	302.94	34.8	23.2	4.9	20.8	23.2	76.8
6	太平人寿	392.48	31.8	27.9	6.3	18.5	20.7	79.3
7	建信人寿	19.00	65.6	6.5	0.3	44.3	58.1	41.9
8	天安人寿	68.89	29.8	13.2	1.1	13.2	0.5	99.5
9	光大永明	24.63	56.0	21.0	0.4	36.1	35.9	64.1
10	民生人寿	29.84	9.8	24.2	0.5	16.2	5.9	94.1
11	富德生命人寿	131.56	34.8	25.6	2.1	13.3	12.5	87.5
12	国寿存续	0.44	–94.1	7.2	0	2047.2	81.1	18.9
13	平安养老	167.61	18.4	71.0	2.7	82.6	99.0	1.0

续表

序号	公司名称	2019 年实际值					业务结构分析	
		保费收入 / 亿元	同比增长 /%	公司占比 /%	市场份额 /%	简单赔付率 /%	短期占比 /%	长期占比 /%
14	中融人寿	0.01	−11.7	0	0	82.0	95.5	4.5
15	合众人寿	28.28	10.0	16.9	0.5	18.1	15.5	84.5
16	太平养老	39.90	1.7	79.4	0.6	55.7	55.7	44.3
17	人保健康	199.12	50.1	88.8	3.2	59.3	57.3	42.7
18	华夏人寿	201.42	33.8	11.0	3.2	15.9	16.9	83.1
19	君康人寿	1.53	91.3	0.4	0	9.7	3.4	96.6
20	信泰	13.90	79.8	6.6	0.2	7.0	4.6	95.4
21	农银人寿	18.48	28.1	8.0	0.3	15.5	10.5	89.5
22	长城	16.04	42.6	19.8	0.3	11.6	5.7	94.3
23	昆仑健康	33.55	84.4	99.3	0.5	2.8	1.7	98.3
24	和谐健康	2.06	−35.5	85.8	0	114.4	−4.0	104.0
25	人保寿险	201.11	27.6	20.5	3.2	27.2	12.7	87.3
26	国华	7.92	42.1	2.1	0.1	12.5	2.8	97.2
27	国寿养老	—	—	—	—	—	—	—
28	长江养老	—	—	—	—	—	—	—
29	英大人寿	9.01	32.4	9.3	0.1	14.9	26.9	73.1
30	泰康养老	71.01	34.3	78.7	1.1	18.4	15.0	85.0
31	幸福人寿	11.42	13.8	13.8	0.2	26.1	23.1	76.9
32	阳光人寿	86.39	30.7	18.0	1.4	23.9	15.8	84.2
33	百年人寿	54.33	87.9	11.9	0.9	9.8	9.8	90.2
34	中邮人寿	4.48	32.9	0.7	0.1	70.5	60.6	39.4
35	大家人寿	1.33	−16.7	2.6	0	21.8	7.0	93.0
36	利安人寿	4.38	17.6	3.3	0.1	36.5	52.3	47.7
37	前海人寿	3.63	−5.8	0.5	0.1	29.2	26.4	73.6
38	华汇人寿	0.02	−7.4	14.9	0	34.3	0.0	100.0
39	东吴人寿	12.48	5.5	34.8	0.2	50.9	47.1	52.9
40	珠江人寿	1.40	35.1	4.2	0	42.8	42.1	57.9

续表

序号	公司名称	2019 年实际值					业务结构分析	
		保费收入 / 亿元	同比增长 /%	公司占比 /%	市场份额 /%	简单赔付率 /%	短期占比 /%	长期占比 /%
41	弘康人寿	5.98	38.6	4.7	0.1	9.3	0.3	99.7
42	吉祥人寿	4.32	26.1	21.5	0.1	21.3	23.4	76.6
43	大家养老	0	−42.0	0.0	0	0	100.0	0
44	渤海人寿	1.68	113.5	2.7	0	36.4	29.7	70.3
45	国联人寿	0.78	40.9	4.7	0	25.4	20.8	79.2
46	太保安联健康	2.97	31.3	83.8	0	85.3	98.3	1.7
47	上海人寿	1.18	147.3	0.9	0	51.4	46.6	53.4
48	中华人寿	1.96	−22.8	9.7	0	33.0	21.6	78.4
49	新华养老	—	—	—	—	—	—	—
50	三峡人寿	0.45	—	4.9	0	3.4	12.3	87.7
51	横琴人寿	2.11	75.8	3.5	0	10.9	13.1	86.9
52	复星联合健康	16.82	245.3	92.9	0.3	11.9	16.6	83.4
53	信美人寿	0.46	−53.7	2.3	0	106.1	62.0	38.0
54	华贵人寿	0.23	168.9	2.1	0	74.0	100.0	0
55	爱心人寿	1.08	121.7	14.0	0	45.4	61.3	38.7
56	和泰人寿	0.27	—	2.5	0	2.9	6.6	93.4
57	招商仁和	4.32	178.3	4.3	0.1	6.9	11.1	88.9
58	瑞华健康	0.22	—	97.3	0	1.0	15.5	84.5
59	北京人寿	2.20	108.8	17.4	0	49.7	86.6	13.4
60	人保养老	—	—	—	—	—	—	—
61	海保人寿	1.27	—	26.3	0	2.0	0.1	99.9
62	国富人寿	0.17	—	2.8	0	3.5	24.0	76.0
63	国宝人寿	0.43	138.2	4.7	0	12.2	24.8	75.2
中资小计		5580.63	27.4	20.8	89.6	28.6	24.9	75.1
64	中宏人寿	37.98	26.9	38.1	0.6	12.6	3.6	96.4
65	中德安联	9.15	20.0	16.0	0.1	25.1	20.7	79.3
66	工银安盛	35.16	31.0	6.7	0.6	28.1	26.6	73.4

续表

序号	公司名称	2019 年实际值					业务结构分析	
		保费收入 / 亿元	同比增长 /%	公司占比 /%	市场份额 /%	简单赔付率 /%	短期占比 /%	长期占比 /%
67	中信保诚	54.99	18.8	25.8	0.9	17.3	16.5	83.5
68	交银康联	5.61	23.0	5.0	0.1	19.9	17.8	82.2
69	中意	37.71	34.7	25.7	0.6	52.7	54.7	45.3
70	友邦	178.69	31.0	53.9	2.9	11.6	15.9	84.1
71	北大方正人寿	7.51	34.1	26.2	0.1	23.7	27.3	72.7
72	中荷人寿	11.08	26.7	20.4	0.2	15.8	1.4	98.6
73	中英人寿	36.99	20.6	39.4	0.6	17.6	12.2	87.8
74	同方全球人寿	29.05	21.7	57.5	0.5	16.7	10.7	89.3
75	招商信诺	37.20	8.6	20.7	0.6	27.8	23.4	76.6
76	长生人寿	4.86	86.2	32.7	0.1	24.8	22.7	77.3
77	恒安标准	12.26	17.0	31.7	0.2	19.1	13.1	86.9
78	瑞泰人寿	3.24	60.7	48.5	0.1	16.5	15.0	85.0
79	中法人寿	0	–54.3	62.3	0	0	100.0	0
80	华泰人寿	16.46	17.5	26.6	0.3	12.3	13.6	86.4
81	陆家嘴国泰	6.37	21.3	23.8	0.1	26.7	24.8	75.2
82	中美联泰	30.01	34.8	20.9	0.5	16.5	16.3	83.7
83	平安健康	59.95	65.1	97.5	1.0	31.6	87.3	12.7
84	中银三星	4.15	25.6	7.8	0.1	22.9	21.4	78.6
85	恒大人寿	16.80	45.5	4.0	0.3	15.3	3.9	96.1
86	新光海航	0.16	4.8	17.6	0	33.3	0	100.0
87	汇丰人寿	0.10	–2.4	0.5	0	27.1	–0.1	100.1
88	君龙人寿	1.01	–1.6	18.0	0	23.8	6.3	93.7
89	复星保德信	3.12	91.3	7.7	0.1	9.3	4.6	95.4
90	中韩人寿	1.94	18.0	25.9	0	12.0	4.3	95.7
91	德华安顾	3.51	31.4	39.8	0.1	12.4	18.3	81.7
外资小计		645.05	29.6	23.0	10.4	20.2	24.4	75.6
合计		6225.68	27.6	21.0	100.0	27.8	24.9	75.1

关于健康险的问题，寿险公司第一步要做的是保险业务结构向“八二”看齐[1]。

中国经济发展的“人口红利”已经耗尽，虽然寿险业发展的“人口红利”尚在，但也已经开始“变向”，相应地，“人口驱动保险”的动能也在重构。这就要求寿险公司从“新旧动能”切换到“保险驱动健康”的“新动能”上。

“人口驱动保险”与“保险驱动健康”有本质的差异，保险从“果”开始向“‘果—因’连接器”转变，也就是我们常说的健康险从“产品”向“支付”转变。健康险只有转换到“支付”，才能成为大健康产业链条中一个“节点”，而不是在一个“节点”上的一个旁支。

“人口驱动保险”与“保险驱动健康”本质的差异决定了所采用的战略、策略的不同。寿险公司向“八二”看齐，最重要的是重新进行“八二”定位。

（四）寿险存量时代，一个没有结束的开始

美国学者迈克尔·波特将国家优势的发展阶段分为四个阶段，即要素驱动阶段、投资驱动阶段、创新驱动阶段、财富驱动阶段。应用到寿险业，可以分为三个阶段，即要素驱动阶段（人口驱动）、财富驱动阶段（包括投资驱动）、创新驱动阶段。

要素驱动（人口）、财富驱动（投资驱动）大致属于粗放型发展方式，而后期的创新驱动则为集约型发展方式。这是因为与要素驱动、财富驱动模式相比，创新驱动是更高级的发展阶段。

所以，前面提出保险合同向“八二”看齐和保险业务向“八二”看齐，“看齐”的目的是“定位”，从要素驱动（人口）、财富驱动（投资驱动）的粗放式发展阶段提升到创新驱动的集约化发展阶段。

最近，我们看到中国人寿、中国人保、中国平安等公司纷纷提出“科技+”“+科技”的定位，其深层次原因是“人口驱动变向”和“财富驱动

---

① “八二”是指寿险业务（含意外险）与健康险业务比例。

衰减”，寿险业急需进行“新旧动能”的切换发展模式的升级。

创新驱动是当前寿险业发展中不可回避的一个阶段性驱动力，需要以科技创新作为其萌发与促动的动力来源，但创新驱动发展路径在起点、条件、阶段、驱动力（驱动主体）、方式、体制机制等方面与人口驱动、财富驱动存在着诸多不同之处。

同时，创新驱动的基础又是“人口驱动变向”和“财富驱动衰减”所导致的寿险合同与寿险业务的调整优化，所以创新驱动的目的也相应调整为减少“人口驱动变向”所产生的风险和“财富驱动衰减”所产生的波动。

寿险业迈入“提质时代”，这就是寿险应该走的“另外的路”，目的是减少“人口驱动变向”所产生的风险和“财富驱动衰减”所产生的波动。

寿险业从“增量时代”迈向“提质时代”，如何打破寿险业“动能”的“变向和衰减”？具体到未来的发展路径大概分为三步：第一步，从“人口驱动保险”迈向“保险驱动健康”；第二步，从“财富驱动保险”迈向“保险驱动财富”；第三步，借助“创新驱动”降低“人口驱动变向”的风险和“财富驱动衰减”的波动。为了咱们即将来临的春暖花开，一起顺应变革！

健康险从增量时代走向最好时代，产寿险请向“二八”看齐

（一）健康险“另外的路”

对于健康险而言，显然现在还是“增量时代”，但也不再是“兴起时代”，我们要思考如何进入“最好时代”。健康险保费收入从2015年的2410亿元增加到2019年的7066亿元，2025年预计达到2万亿元。

自2015年以来，无论是国家层面、社会资本还是企业方，在大健康产业领域都动作频频。其中，在国家层面，2015年以来连续下发《“健康中国2030”规划纲要》《关于促进和规范健康医疗大数据应用发展的指导意

见》《关于促进医药产业健康发展的指导意见》《关于推进医疗卫生与养老服务相结合的指导意见》《国务院关于印发“十三五”国家战略性新兴产业发展规划的通知》《中医药健康服务发展规划（2015—2020年）》等几十项政策，从产业目标、重点任务、各细分行业、技术突破等方方面面给予详细规划和意见，并提供财税、资金、人力等各项扶持政策。

2019年9月29日，国家发改委、银保监会等21个部门联合印发《促进健康产业高质量发展行动纲要（2019—2022年）》，主要是为了加快推动健康产业发展，促进形成内涵丰富、结构合理的健康产业体系。

显然，健康险开始进入“最好时代”，但是我们不要忘记“最好时代”往往也是“最坏时代”。正如查尔斯·狄更斯在100多年前所说的那样：“这是最好的时代，这是最坏的时代；这是智慧的时代，这是愚蠢的时代；这是信仰的时期，这是怀疑的时期；这是光明的季节，这是黑暗的季节；这是希望之春，这是失望之冬；人们面前有着各样事物，人们面前一无所有；人们正在直登天堂，人们正在直下地狱。”健康险从“存量时代”（“兴起时代”）迈入“最好时代”，这就是健康险应该走的“另外的路”。

（二）健康险的“二八”定律

“二八”定律又名“80/20”定律、帕累托法则（Pareto’s Principle），是19世纪末20世纪初意大利经济学家帕累托发现的。他认为，在任何一组事物中，最重要的只占其中一小部分，约20%，其余80%尽管是多数，却是次要的，因此又称“二八”定律。

我们先来回顾一下产寿险公司的健康险，以及寿险公司的短期和长期健康险。表3-8~表3-12给出了2019年产险公司短期健康险保费、寿险公司健康险（全部、短期、长期）保费、产寿险公司短期健康险保费的分布情况。

通过表3-8可以看出，2019年88家产险公司，健康险保费规模前10名市场份额合计达到90.6%，市场集中度大于“二八”定律。

表 3-8　2019 年产险公司短期健康险保费分布

序号	公司名称	保费收入 / 亿元	市场份额 /%
1	人保股份	487	57.9
2	太保财	51	6.1
3	众安财产	46	5.5
4	中华联合	41	4.8
5	大地财产	37	4.4
6	泰康在线	29	3.4
7	安心财产	23	2.7
8	国元农业	20	2.4
9	太平保险	17	2.0
10	平安财	12	1.4
11	其他公司	78	9.4
合计		841	100

通过表3-9、表3-10、表3-11可以看出，2019年91家寿险公司，健康险保费规模前10名市场份额合计达到77.9%，短期健康险保费规模前10名市场份额合计达到83.2%，长期健康险保费规模前10名市场份额合计达到80.4%，市场集中度基本符合“二八”定律。

表 3-9　2019 年寿险公司健康险保费分布

序号	公司名称	保费收入 / 亿元	市场份额 /%
1	平安寿	1206	19.4
2	国寿股份	1069	17.2
3	太保寿	562	9.0
4	新华	534	8.6
5	太平人寿	392	6.3
6	泰康	303	4.9
7	华夏人寿	201	3.2
8	人保寿险	201	3.2
9	人保健康	199	3.2

续表

序号	公司名称	保费收入 / 亿元	市场份额 /%
10	友邦	179	2.9
11	其他公司	1379	22.1
合计		6225	100

表 3-10　2019 年寿险公司短期健康险保费分布

序号	公司名称	保费收入 / 亿元	市场份额 /%
1	国寿股份	565	36.5
2	平安养老	166	10.7
3	太保寿	119	7.7
4	人保健康	114	7.4
5	太平人寿	81	5.3
6	泰康	70	4.5
7	平安健康	52	3.4
8	新华	46	3.0
9	平安寿	39	2.5
10	华夏人寿	34	2.2
11	其他公司	260	16.8
合计		1546	100

表 3-11　2019 年寿险公司长期健康险保费分布

序号	公司名称	保费收入 / 亿元	市场份额 /%
1	平安寿	1167	24.9
2	国寿股份	504	10.8
3	新华	488	10.4
4	太保寿	443	9.5
5	太平人寿	311	6.7
6	泰康	233	5.0
7	人保寿险	176	3.8
8	华夏人寿	167	3.6

续表

序号	公司名称	保费收入 / 亿元	市场份额 /%
9	友邦	150	3.2
10	富德生命人寿	115	2.5
11	其他公司	925	19.8
合计		4679	100

通过表3-12可以看出，2019年88家产险公司和91家寿险公司，短期健康险保费规模前10名市场份额合计达到73.5%，市场集中度小于“二八”定律。

表 3-12　2019 年产寿险公司短期健康险保费分布

序号	公司名称	保费收入 / 亿元	市场份额 /%
1	国寿股份	565	23.7
2	人保股份	487	20.4
3	平安养老	166	7.0
4	太保寿	119	5.0
5	人保健康	114	4.8
6	太平人寿	81	3.4
7	泰康	70	2.9
8	平安健康	52	2.2
9	太保财	51	2.2
10	新华	46	1.9
11	其他公司	635	26.5
合计		2386	100

《“健康中国 2030”规划纲要》的发布，表明“健康中国”正式上升为国家战略。面对如此巨大的市场，80%的公司的市场份额不足20%；所以，健康险虽然进入“最好时代”，但是对于大多数公司来说将变成“最坏时代”。

综上，可见“二八”定律在健康险领域完全适用。“兴起时代”我们可以不关注“二八”定律，但是“最好时代”必须关注“二八”定律，因为“最好时代”就是“最坏时代”。

（三）健康险的长尾效应

既然“二八”定律在健康险领域完全适用，那么我们可以借助长尾效应来寻找“最好时代”的生存法则，避免滑入“最坏时代”。

长尾（Long Tail），又称长尾效应（Long Tail Effect），2004年由《连线》总编辑克里斯·安德森（Chris Anderson）提出，用来描述诸如亚马逊公司、Netflix等网站的商业和经济模式，主要指那些原来不受重视的、销量小但种类多的产品或服务。由于总量巨大，累积起来的总收益超过主流产品的现象。在互联网领域，长尾效应尤为显著。

长尾效应的根本就是强调“个性化”“客户力量”和“小利润大市场”，也就是要赚很少的钱，但是要赚很多人的钱。要将市场细分到很细小的程度，然后就会发现这些细小市场的累积会带来明显的长尾效应。

长尾的提出是互联网发展的一项重要里程碑。通过互联网技术，可以解决传统经济学意义上的很多约束，这也就为商家提供了更为广泛的思路。长尾是一种理念，一种指导企业自身定位以及战略和战术行为的思维方式。

对于如何抓住长尾市场，克里斯·安德森在《长尾理论》一书中提出了三项法则：让所有的东西都可以获得；将价格减半，让它更低；帮消费者找到它！对于如何抓住长尾市场，具体到健康险，产寿险公司要做好以下几点：

（1）从价值而非优势出发。首先要确定高价值，再去思考优势；不要因为容易而去做一件事，要因为有价值才做。

（2）思考差异化优势。价值越高的领域，竞争越激烈，越要凭借独特的优势，所以不要着急布局健康险，要用足够的时间观察对手，思考差异化优势再进入，并确保自己的差异化优势能够延续。

（3）从身边的头部做起。不要想太远，从身边头部开始；再小的系统头部，都有巨大的效应，可以推动健康险布局到下一个头部。从边缘地带一点点往前，虽然慢，但总有前进。一旦空降进入一个不了解规则、无法把握的赛场，即使偶尔获胜，最后也可能输得精光。

我们天天盯着网络互助，却不曾行动。我们看到，大多数保险公司都集中全部资源开发“大头市场”，例如百万医疗，那是因为过去行业供给未达到饱和。到了健康险“富足经济”时代，长尾市场便显示出另一个版本的需求曲线。

长尾市场开发能帮助消费者找出所需要的产品或服务信息，减少消费者的搜寻成本，从而发掘长尾市场上的潜在需求，延展长尾。供给和需求的连接成本变低，那么能改变的不仅仅是数字，还有市场的整个内涵。这不仅仅是量的变化，也是质的变化。

所以，当长尾市场被应用到健康险领域，非商业内容的市场需求就会显现无疑，这些需求转向长尾产品，供给这些产品的经济学也会进一步发展。

（四）健康险最好时代，一个没有结束的开始

《“健康中国2030”规划纲要》可概括为实现“四个转变”：定位上，从以治病为中心向以人民健康为中心转变；策略上，从注重“治已病”向注重“治未病”转变；主体上，从依靠卫生健康系统向社会整体联动转变；行动上，努力从宣传倡导向全民参与、个人行动转变。因此，“健康中国”下的健康险，不是简单模块的叠加（产品的组合），而是再造质变（产业链的重构）。健康险在“二八”定律和长尾效应的双重作用下，未来的发展至少需要经历三个阶段：

第一阶段，改造形态（产品与技术）。实现健康险产品的制度化、技术化、数据化，运营的互联网化、自动化、智能化，将健康险改造成金融工具、载体。

第二阶段，改造模式（账户与服务）。调整健康险经营模式，利用互联网理念（如以用户为中心）改造自身体制来适应健康险未来账户化、服务化经营的需要。

第三阶段，改造价值（配置与连接）。健康险成为整个健康产业链的一个节点，在这个链条里进行资源的配置，逐步实现健康产业链协同。在这个阶段，健康险可以围绕健康产业的配置和连接功能构建自己的生态，并让自己的生态融入整个“健康中国”大生态中。

正如宋代禅宗修行的三个境界那样，健康险发展的三个阶段也将是一个逐步提升的过程。第一境界是“落叶满空山，何处寻芳迹”（韦应物《寄全椒山中道士》）；第二境界是“空山无人，水流花开”（苏轼《十八大阿罗汉颂》）；第三个境界是“万古长空，一朝风月”（崇慧禅师《五灯会元》）。

我们只有参透了健康险的大是大非，才能领会其与天地精神往来的“悟”。一起顺应发展，为了面朝大海、春暖花开！健康险最好的时代，注定也是最坏的时代！健康险从“存量时代”（兴起时代）迈入“最好时代”，这就是健康险应该走的“另外的路”。健康险的“二八”定律注定对于一些公司是“最坏时代”；同时，健康险的长尾效应注定对于一些公司是“最好时代”。产寿险请向“二八”看齐，因为“这是希望之春，这是失望之冬”。

意外险从短期时代走向长期时代，产寿险请向“四六”看齐

（一）意外险“另外的路”

对于意外险而言，现在显然还是“增量时代”，但已不再是“短期时代”，我们要思考如何进入“长期时代”。

2018年意外险保额共3808.86万亿元，人均保额共273万元，人均保额为人均可支配收入的69.54倍。显然，这个数据不能说明任何问题，而导致

数据偏差的主要原因也非常简单，就是我们重复统计了短期、极端期意外险的保额。

意外险在我们的印象中就是短期（一年或一年以下）甚至极端期（航意险）的，而长期意外险（一年以上）还没有走入我们的视野。虽然一些公司也在创新，但一直没有成为主流。究其原因，不在精算，也不在销售，而在我们还停留在“短期时代”。现在，是时候迈向“长期时代”了。

短期意外险已经“市场饱和”，再走下去一定会“破”，因为虚假的繁荣正在消退，是时候关注长期意外险了。意外险从“短期时代”迈入“长期时代”，这就是意外险应该走的“另外的路”。

（二）意外险的“长短期”

我们先来回顾一下产寿险公司的意外险，相对于产险健康险来说，产险意外险得到了长足发展，保费占比大多数年份都维持在30%以上；因最近几年超高速增长，保费占比已接近45%（见表3-13）。

表 3-13　2000—2019 年产险和寿险意外险经营情况

年份	保费收入 / 亿元			赔付支出 / 亿元			赔付率 /%			保费占比 /%	
	寿险	产险	合计	寿险	产险	合计	寿险	产险	合计	寿险	产险
2000	43	38	81	12	19	31	27.0	50.0	37.7	53.7	46.3
2001	45	29	74	23	15	38	50.8	50.8	50.8	60.8	39.2
2002	54	25	79	33	15	48	60.0	60.0	60.0	68.2	31.8
2003	76	24	100	49	9	58	65.1	37.9	58.7	76.3	23.7
2004	86	31	117	29	10	39	33.9	33.0	33.7	73.5	26.5
2005	95	46	141	28	16	44	29.5	34.5	31.1	67.2	32.8
2006	101	62	163	29	24	52	28.3	38.4	32.1	62.0	38.0
2007	116	74	190	30	33	63	26.0	44.8	33.3	60.9	39.1
2008	131	73	204	34	28	62	26.1	39.2	30.7	64.3	35.7
2009	156	74	230	36	28	64	22.9	38.2	27.8	67.9	32.1
2010	190	86	276	43	28	71	22.8	32.9	25.9	68.9	31.1

续表

年份	保费收入 / 亿元			赔付支出 / 亿元			赔付率 /%			保费占比 /%	
	寿险	产险	合计	寿险	产险	合计	寿险	产险	合计	寿险	产险
2011	229	105	334	53	29	82	22.9	27.9	24.5	68.5	31.5
2012	260	127	387	61	36	97	23.5	28.2	25.1	67.2	32.8
2013	310	151	461	65	44	109	21.1	29.2	23.7	67.3	32.7
2014	371	172	543	73	55	128	19.8	32.1	23.7	68.3	31.7
2015	436	200	636	86	66	152	19.7	33.1	23.9	68.5	31.5
2016	502	248	750	102	81	183	20.4	32.5	24.4	67.0	33.0
2017	589	313	902	123	101	224	20.9	32.2	24.8	65.3	34.7
2018	659	417	1076	144	124	268	21.8	29.7	24.9	61.3	38.7
2019	649	527	1176	144	154	298	22.2	29.2	25.3	55.2	44.8

图3-29给出了2000年以来寿险和产险意外险保费占比情况，数据呈现周期性波动。可见，产险意外险增长是商业模式驱动的，前有银行房屋抵押贷款捆绑意外险，后有P2P变相收费捆绑意外险。

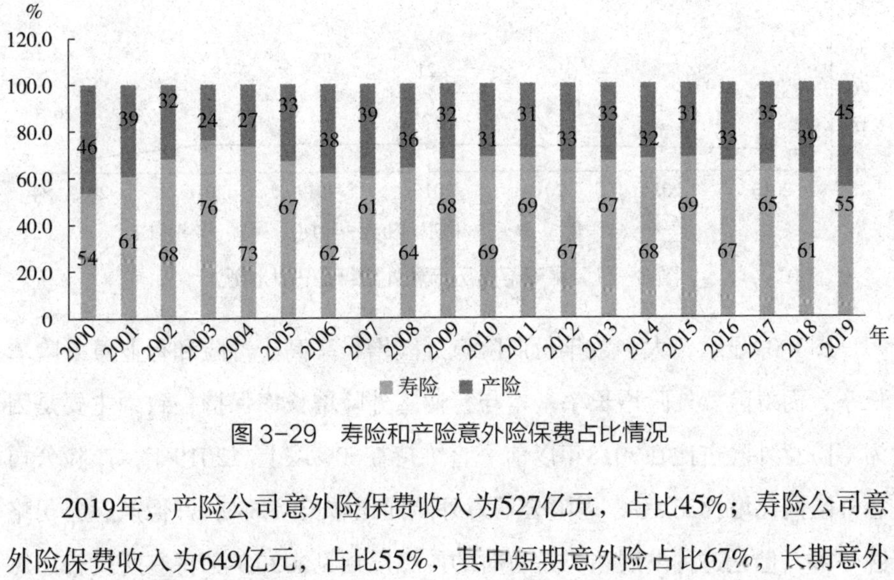

图 3-29　寿险和产险意外险保费占比情况

2019年，产险公司意外险保费收入为527亿元，占比45%；寿险公司意外险保费收入为649亿元，占比55%，其中短期意外险占比67%，长期意外险占比33%（见图3-30）。

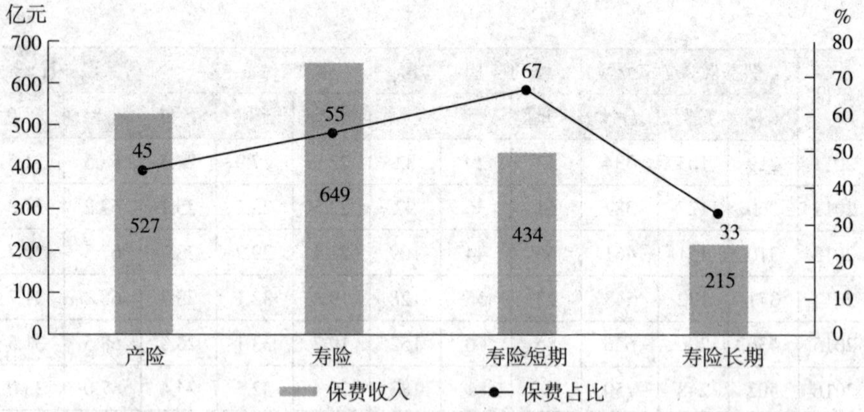

图 3-30　2019 年意外险保费分布情况

具体到长期意外险，主要经营方是平安寿险（见图3-31）。

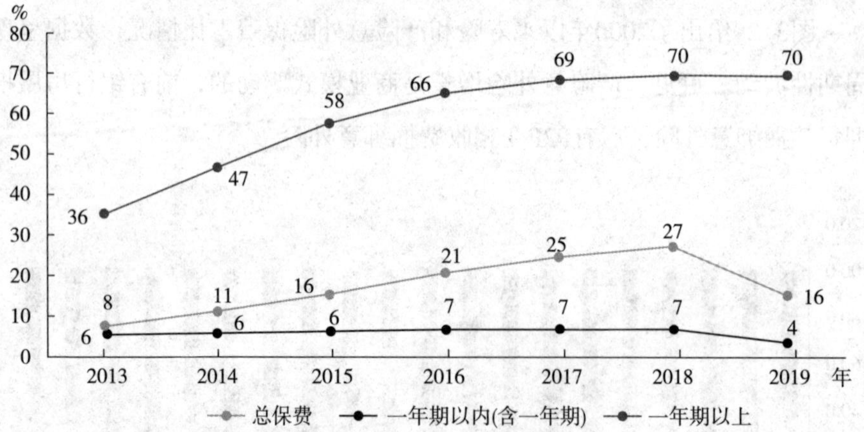

图 3-31　平安寿险历年意外险行业占比情况

图3-32显示，大多数年份产险意外险增长率高于寿险和行业意外险增长率，而寿险意外险增长率基本与行业意外险增长率保持一致，主要是因为寿险意外险占比在2018年以前一直维持在60%以上。2019年，产险公司意外险同比增长26.4%，寿险公司意外险同比增长-1.6%，好像产险公司略胜一筹，但是这种发展趋势是暂时的，可以预见2020年必将有所反转。对于意外险市场而言，2020年将是一个分水岭，产险公司与寿险公司的保费

分布有望回归“四六”（产险意外险与寿险意外险比例）。

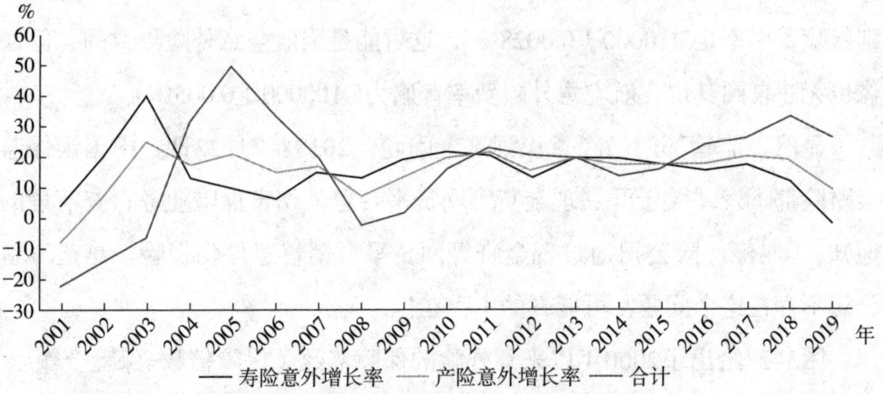

图 3-32　寿险和产险意外险保费增长情况

对于产险公司而言，长期意外险也不陌生（房屋抵押贷款、人人意外险等都是长期意外险），注定2020年意外险创新方向定格“长期”，长期与短期意外险保费分布有望走向“四六”（产险长期意外险与短期意外险比例）。

对于寿险公司而言，长期意外险本来就应该成为主攻方向，因为疾病和意外是人一生中的两个重大风险，注定2020年有更多寿险公司将意外险创新方向定格“长期”或“返本”，长期与短期意外险保费分布有望走向“四六”（寿险长期意外险与短期意外险比例）。

综上，意外险从“短期时代”走向“长期时代”，产寿险公司都要向“四六”看齐。

（三）意外险的“不立不破”

我们回到开篇提到的意外险的一个问题，2018年全行业意外险保险金额为3808.86万亿元，人均保额为272.96万元，人均保额为人均可支配收入的69.54倍。健康险也有类似的问题，2018年全行业健康险保险金额为797.8万亿，人均保额为57.17万元，人均保额为人均可支配收入的14.57倍。

如此算来，意外险和健康险已经饱和，未来的发展空间在哪里？没有空间了，那就清理一下“垃圾”吧，即所谓“不破不立”。

2018年行业意外险保费为1076亿元，如果保险金额为3808.86万亿元，则保险费率不足3/10000（0.0028%）；这可能是因航空意外险导致的，但好像也无法自圆其说，航空意外险费率普遍为5/100000（0.005%）。

显然，监管部门已经意识到这个问题。2019年7月22日，中国银保监会财险部下发《关于开展现金贷等网贷平台意外伤害保险业务自查清理的通知》，叫停保险公司通过现金贷等网贷平台销售意外伤害险。难道寿险公司不存在这个问题？可能真的不存在！

图3–33给出了2000年以来意外险的保障倍数（保障倍数=保险金额/人均可支配收入，保险金额计算时假设的费率为0.05%）。从图中可以看出，意外险保障倍数逐年上升，也就是说意外险保费增长高于人均可支配收入的增长，保障倍数从2000年的2.04倍上升到2019年的4.28倍。

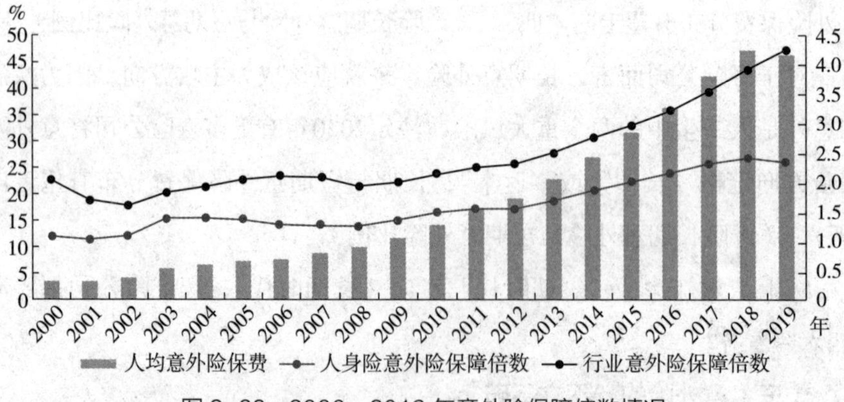

图3–33　2000—2019年意外险保障倍数情况

按照正常的保险规划，意外险保险金额应该为年收入的20倍左右，显然意外险的发展空间巨大。如果保障倍数达到10倍，整个市场的意外险保费将达到2747亿元。可见，意外险未来的市场空间可期。

这就是意外险，一个切实履行“保险姓保”的险种。意外险市场竞争日趋激烈，市场竞争格局已演变为产寿险公司分庭抗礼。所以，我们看到产险公司与寿险公司的意外险均走向“四六”。

意外险竞争的最终结果一定是费率越来越低，这是相对标准化产品的市场规律；所以，我们是时候从“短期时代”走向“长期时代”了，因为“短期时代”的意外险已经没有创新空间。所以，我们看到短期与长期意外险也将走向“四六”。

（四）意外险长期时代，一个没有结束的开始

意外险当下最重要的是要回归真实，抛却最近几年虚假的繁荣。意外险一定要“不立不破”，“立”在“真实长期”，“破”在“虚假短期”。繁华过后尽是空，洗尽铅华才是真。

意外险要把“假”的源头切断，把“人性”的拷问切断。面对人性的恐惧和贪婪，意外险要思考的问题很多，大部分都不是技术所能解决的，我们要看得更远，想得更多。从头来过，已经交了这么多学费，岂能做不好？

“没人知道，明天和意外哪个先到”，在意外险“增量时代”，关键是从“短期时代”走向“长期时代”。

一起“不立不破”，短期有效，长期有利！意外险“增量时代”的虚假繁荣正在退去，在这之前我们要把“立”放在“破”前，没有“立”住之前，不要“破”，所谓“先立后破，不立不破”。为了“立”，要从“短期时代”走向“长期时代”，实现“短期有效，长期有利”；即使“中期是痛苦的”，也要确保“短期是有利的，长期是积极的”。为此，产寿险请向“四六”看齐。

哲学应用之三　如何迎接保险中介黄金期

面向寿险的保险专业中介进入黄金发展期

（一）缘起

2019年，互联网保险在沉寂一段时间后，终于迎来了一丝曙光，互联网保险人显得无比兴奋。这一切皆因：2006年成立的慧择网在美国上市，且其主营业务转型长期寿险；专注长期寿险的互联网保险创业公司小帮规划等平台获得资本的青睐，水滴保、轻松保等平台也都开始布局长期寿险；大童保险、明亚保险、永达理等保险专业中介近几年高速发展，引领了寿险专业中介的新未来。

这一切皆因“长期寿险”而起，我们已经感受到“面向寿险的保险专业中介开始进入黄金发展期”。

此时，一位朋友问了笔者两个问题：“您认为一些保险代理公司从财险业务转型做寿险业务的原因是什么？”“随着我国保险业日益发展，您认为专业保险中介公司的发展前景如何？”

面对这两个问题，笔者突然想到了2008年进入保险业时，朋友来咨询车险服务。然而也不知道从什么时候开始，咨询车险已经变成了咨询返佣多少。说实在的，笔者并不知道返佣多少，因为笔者不卖保险。

为什么会发生这种事情，有人说是因为车险电销，有人说是因为竞争太激烈，有人说是保险消费者觉醒了，有人说是保险专业中介没落了……

我们知道，产险公司60%以上的业务是车险。随着车险监管越来越严，同时消费者对车险返佣已经“门儿清”，面向车险的保险专业中介已经没有利润空间而成为保险公司的通道（处理费用的通道），所以面向车险的保险专业中介貌似鸡肋。

同时，产险公司40%的非车险业务已经被非专业的“关系代理人”和“关系经纪人”以及打着“肥水不流外人田”旗号的内部经纪人（In-house Broker，内设的保险中介机构）等控制，这40%的非车险业务已经不需要“专业”，所以面向非车险的保险专业中介早就成为鸡肋。

当然，产险市场还有那么一点专业市场，但中资保险专业中介真的很难“专业”，也就很难胜任了，最后，我们能记住的只有Marsh、Aon、Willis等这些英文字母。所以，保险代理公司从财险业务转型做寿险业务，也就不足为奇了。我们再来看看寿险市场，可谓“天时、地利、人和”。

2016年，保监会提出“保险姓保”。受制于投资型业务的限制，银保产品开始下降。同时，寿险公司也在寻求转型，因为投资市场的不确定性导致银保业务早就无利润了，于是寿险公司开始重视个人代理人。

中国人寿、平安人寿等公司已经深耕个人代理人市场，但是对于一些中小寿险公司，特别是最近几年新成立的寿险公司来说，布局个人代理人市场周期会比较长，所以转向与专业保险中介公司合作也就顺理成章了。

综上，“面向寿险的保险专业中介开始进入黄金发展期”。我们看到保险专业中介已经或开始从产险市场转向寿险市场，预期将成为未来一段时间保险专业中介发展的主流趋势。面向产险的保险专业中介除了专业机构，大多数已经变成了通道，更变成了鸡肋，不再赘述。

（二）发展

2019年，寿险公司实现保费收入29628亿元，同比增长12.82%。为了进一步分析寿险公司各渠道保费收入情况，表3-14、图3-34给出了2000—2019年各渠道保费及其占比情况，可以看出保险专业代理、保险经纪渠道虽然保费占比合计不足2%，但可喜的是保持了高速增长。

表 3-14　2000—2019 年寿险公司各渠道保费情况　　单位：亿元

年份	寿险公司合计	公司直销	个人代理	保险专业代理	银邮代理	其他兼业代理	保险经纪业务
2000	959	220	513	6	211	6	3
2001	1393	307	744	9	320	9	4
2002	2246	477	1204	15	528	15	7
2003	2986	615	1606	18	717	21	9
2004	3195	640	1725	18	782	21	9
2005	3643	711	1975	19	906	23	9
2006	4060	602	2226	27	1181	15	9
2007	4946	589	2600	34	1691	17	15
2008	7338	585	3083	45	3590	21	14
2009	8144	539	3569	59	3886	75	16
2010	10501	749	4315	63	5245	102	27
2011	9560	539	4267	60	4577	95	22
2012	9957	740	4835	70	4131	143	38
2013	10742	1027	5496	77	3940	158	44
2014	12690	1268	6175	75	4947	163	62
2015	15859	1338	7533	88	6617	198	85
2016	21692	1616	10017	121	9575	238	125
2017	26040	1752	13066	180	10584	274	184
2018	26261	2013	15452	235	8032	273	256
2019	29628	2383	17230	363	8976	307	369

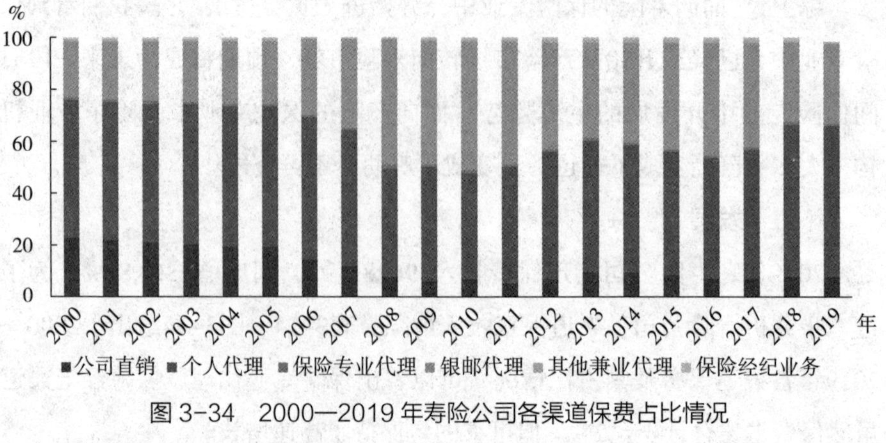

图 3-34　2000—2019 年寿险公司各渠道保费占比情况

为了更直观地分析保险专业中介（保险专业代理、保险经纪）业务情况，图3-35给出了2005—2019年保险专业中介保费收入、占比及增长率情况，2016年以来，增长率维持在40%左右，远高于其他渠道。

总体来看，保险专业中介占比不足3%，远低于寿险公司自有代理人业务占比。因此，其未来发展空间可期，但关键是如何发展，如果仍停留在寿险公司代理人策略上，那么其竞争优势并不明显。所以，我们看到采取“网电结合”“线上线下”结合的慧择、小帮规划等异军突起。

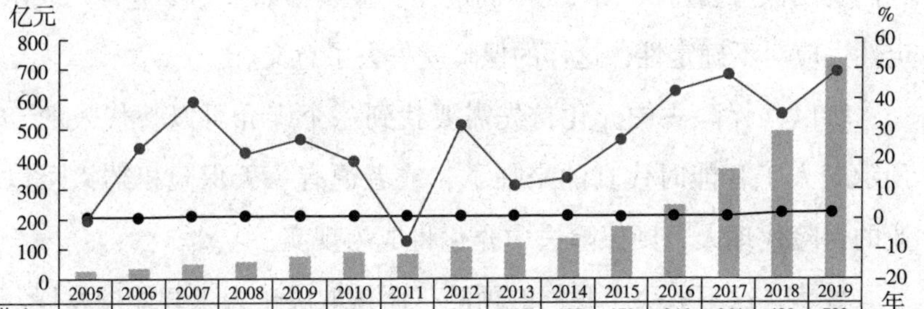

	2005	2006	2007	2008	2009	2010	2011	2012	2013	2014	2015	2016	2017	2018	2019
保费收入	28	35	49	59	75	89	82	108	120	137	173	246	364	490	732
保费占比	0.8	0.9	1.0	0.8	0.9	0.9	0.9	1.1	1.1	1.1	1.1	1.1	1.4	1.9	2.5
保费增长率	0.0	23.7	39.1	21.7	26.5	18.8	-7.9	31.3	11.4	13.4	26.6	42.3	47.9	34.8	49.3

图 3-35　保险专业中介市场保费收入、占比及增长率情况

“面向寿险的保险专业中介开始进入黄金发展期”，其市场空间足够大，但关键是如何发展。不管是中资公司，还是外资公司，保险专业中介未来的发展空间都是一样的，面对的竞争对手都不是别人，而是自己。最近看到一些面向寿险的专业中介公司开始恶性竞争，甚至相互诋毁，人员跳动频繁。请大家尊重自己的专业，明白自己的竞争对手不是别人，而是自己。

（三）缘灭

既然有缘起，也一定有缘灭。缘起缘灭，缘聚缘散，一切都是“天意”，所以我们应该好好珍惜当下，珍惜当下的黄金期。

之前的那位朋友还问了笔者另外一个问题：“有人说保险未来发展将逐渐‘产销分离’，对专业中介来说是一大利好；也有人说保险业的发展有去中介化的趋势，保险专业中介越来越难做。你怎么看这两个观点？”

首先，产销分离和去中介化是两个不同的概念。产销分离是因为专业化发展的需要，保险专业中介正是因专业化而生，所以，保险专业化发展是因，产销分离是果。保险专业中介不是因为产销分离而受益，而是因为专业化而受益。

再说去中介化，首先去掉的是非专业，因为去中介化不会去专业化。保险作为金融的一个分支，相对于理财、银行存款来说要复杂得多，因为我们要用保险去解决未来的不确定性。显然，如果不专业，则表示用不确定性去应对不确定性，这样的保险就失去了意义。

所以，保险去中介化首先需要找到一个媒介可以替代人的专业，这预示着人工智能时代真的来临了，或者说有一天保险机器人可以取代专业的保险代理人，则保险去中介化将成为现实。

显然，这不取决于我们的预测，而是取决于人工智能的发展。正如笔者在《人工智能时代真的来临的标志》一文中所说的那样，现在“让人类变蠢比让机器变聪明更简单”，但是保险专业中介的发展决不能以此为“座右铭”，专业才是自己的立根之本。

遗忘“让人类变蠢比让机器变聪明更简单”这句话，好好珍惜自己的“专业”二字吧，我们相信面向寿险的保险专业中介将进入黄金发展期。

面向寿险的保险专业中介的市场在哪里

（一）市场在哪里

“面向寿险的保险专业中介进入黄金发展期”之后，其市场在哪里？

显然，保险专业中介（保险专业代理、保险经纪）面对的竞争对手包括公司直销（含互联网保险业务）、个人代理人、银行邮政代理、其他兼业代理，同时还有因“产销分离”而产生的直属保险代理。

另外，保险专业中介面对的市场包括寿险、意外险和健康险三大险种。其在每个险种上的经营状况如何？哪个险种是比较好的突破口？

2019年，寿险公司实现保费收入29628亿元，同比增长12.82%，各渠道、各险种保费收入情况如表3-15所示，其中其他兼业代理和保险经纪业务没有分险种的数据。

表3-15　2019年寿险公司分渠道分险种保费情况

渠道类型	寿险		意外险		健康险		合计	
	保费收入/亿元	增长率/%	保费收入/亿元	增长率/%	保费收入/亿元	增长率/%	保费收入/亿元	增长率/%
公司直销	1120	12.9	96	-18.0	1167	29.1	2383	18.4
个人代理人	12405	7.1	375	9.1	4450	26.4	17230	11.5
保险专业代理	190	79.6	21	-3.0	152	41.5	363	54.6
银行邮政代理	8789	11.7	52	-14.8	136	34.6	8976	11.7
其他兼业代理	—	—	—	—	—	—	307	12.6
保险经纪业务	—	—	—	—	—	—	369	44.5
直属保险代理（属于保险专业代理）	24	28.3	1	-32.4	10	14.8	35	21.1
合计	22504	9.8	544	-1.6	5905	27.6	29628	12.8

通过表3-15可以看出，保险专业代理、保险经纪业务实现了高速增长，分别为54.6%和44.5%；但是保险专业代理渠道的意外险却出现了负增长。相对于其他渠道来说，保险专业代理、保险经纪业务的重心在寿险和健康险，这与我们的直观印象不谋而合。所以，面向寿险的保险专业中介的市场在“寿险和健康险”上。

（二）险种渠道情况

为了进一步分析各渠道险种变化情况，下面的分析中我们暂不考虑其他兼业代理和保险经纪业务渠道，因为这两个渠道没有细化到险种的数据。

（1）对于寿险来说，保险专业代理经历了2016年、2017年的高速增长，在2018年进行了调整，2019年开始恢复高速增长，具体如图3-36所示。

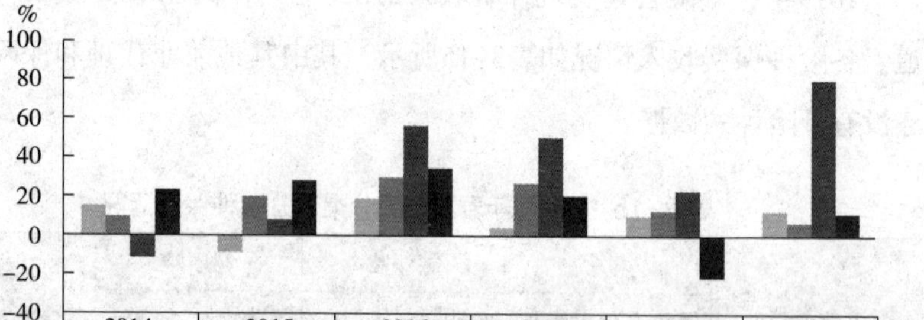

	2014	2015	2016	2017	2018	2019
公司直销	15	–8	19	4	11	13
个人代理人	10	20	30	27	13	7
保险专业代理	–12	8	56	50	23	80
银行邮政代理	24	28	35	21	–22	12

图 3-36　寿险各渠道保费增长率情况

（2）对于意外险来说，保险专业代理市场在萎缩，连续多年出现负增长，具体如图3-37所示。这主要是因为“飞单”平台的发展，一些线下业务转至线上；另外，因为意外险相对比较简单，消费者开始选择在线购买，保险专业代理无法发挥其专业价值。

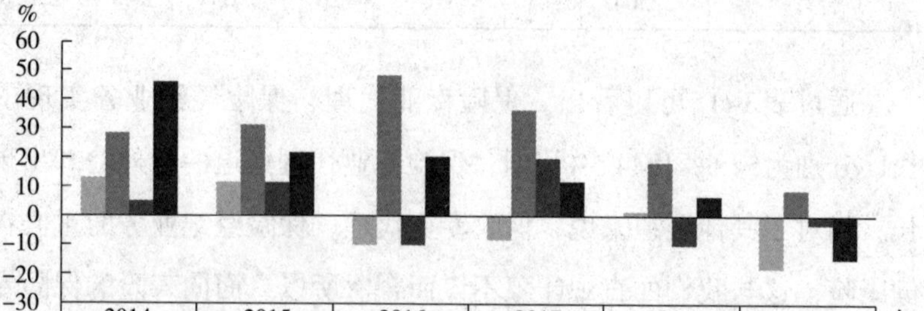

	2014	2015	2016	2017	2018	2019
公司直销	13	12	–9	–8	2	–18
个人代理人	29	31	49	37	19	9
保险专业代理	5	12	–10	20	–9	–3
银行邮政代理	46	22	20	12	7	–15

图 3-37　意外险各渠道保费增长率情况

（3）对于健康险来说，2016年以来，保费增长率基本维持在50%以上，具体如图3-38所示。

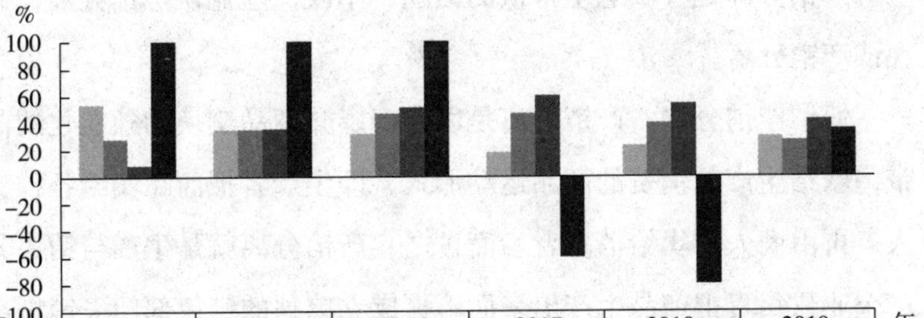

	2014	2015	2016	2017	2018	2019
公司直销	54	34	32	17	22	29
个人代理人	28	35	47	46	40	26
保险专业代理	8	35	51	60	54	41
银行邮政代理	441	311	204	−60	−79	35

图 3-38　健康险各渠道保费增长率情况

通过图3-36、图3-37、图3-38，我们对公司直销、个人代理人、保险专业代理、银行邮政代理四大渠道各险种变化情况有了初步了解。总体来看，保险专业代理要回归“专业险种”。

（4）对于整个行业来说，图3-39进一步说明了面向寿险的保险专业中介正在回归“专业险种”。所以，面向寿险的保险专业中介的市场在“专业险种”上。

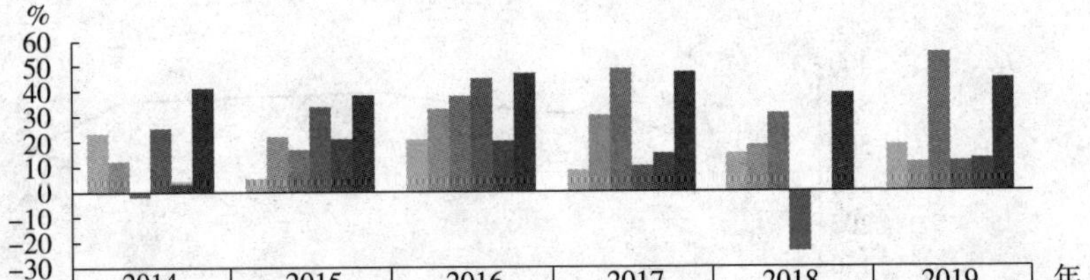

	2014	2015	2016	2017	2018	2019
公司直销	24	6	21	8	15	18
个人代理人	12	22	33	30	18	12
保险专业代理	−2	17	38	49	31	55
银行邮政代理	26	34	45	11	−24	12
其他兼业代理	3	21	20	15	0	13
保险经纪业务	41	38	47	47	39	44

图 3-39　寿险公司各渠道保费增长率情况

（三）产销分离表现

产销分离是一个老生常谈的话题，不仅保险业谈产销分离，制造业也在谈产销分离。

何谓产销分离？产销分离是以专门媒介商品交换的独立化的商人为纽带，联结生产与消费的商品运动形式，即生产者把商品卖给各种类型的商人，再由商人转卖给消费者。简言之，产销分离就是生产与销售分开，生产企业只负责把产品生产出来而不再成立单独的销售部门去销售产品，它通过成本核算直接把产品卖给销售公司，而销售公司成为单独的只负责销售产品的独立法人而不再归属生产厂。

可见，产销分离有一个“买卖”的过程，既然涉及“买卖”，就有“对价”问题、“协作”问题，包括“专业对等”“信誉对等”“价值对等”等。显然我们所说的保险业“产销分离”还没有解决这些问题，可能需要一个漫长的过程。

图3-40给出了保险公司下设的专属代理公司（保险直属代理）保费收入在保险专业代理中的占比情况，总体来看，基本维持在10%左右。从保险公司角度来看，想通过“直属代理”实现产销分离尚且不易，对于整个行业来说更是“路漫漫其修远兮”。

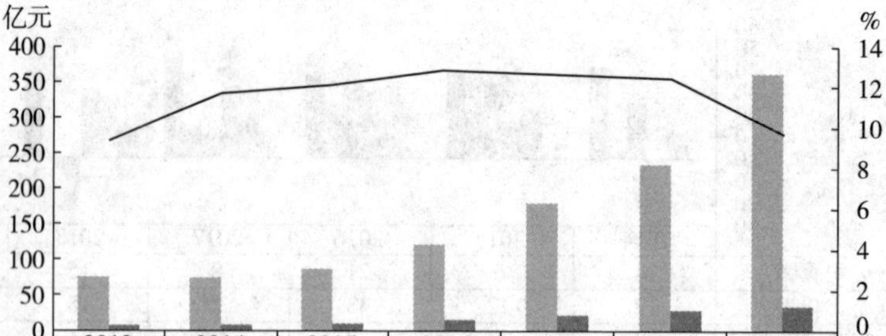

	2013	2014	2015	2016	2017	2018	2019
保险专业代理	77	75	88	121	180	235	363
保险直属代理	7	9	11	16	23	29	35
直属占比	9	12	12	13	13	12	10

图 3-40　保险专业代理中直属代理占比情况

所以，面向寿险的保险专业中介的市场在“产销分离”的过程中。

（四）市场就在那里

2019年末，保险大牌照共231家，相对于保险大牌照，还有保险小牌照，主要是指保险中介主体，主要包括（截至2019年年底）：保险中介集团公司共5家；保险专业中介机构共2665家（全国性保险代理公司共240家，区域性保险代理公司共1531家，保险经纪公司共497家，保险公估公司共397家）；保险兼业代理机构共3.2万余家（代理网点共22万余家），其中银行类保险兼业代理法人机构共1971家（代理网点近共18万余家）；个人保险代理人共1200万名。

2018年，保险中介渠道实现保费收入3.37万亿元，占全国总保费收入的87.4%。其中，实现财产险保费收入0.95万亿元，占同期全国财产险保费收入的77%；实现人身险保费收入2.4万亿元，占同期全国人身险保费收入的92.3%。分渠道来看，保险专业中介渠道实现保费收入0.49万亿元，保险兼业渠道实现保费收入1.07万亿元，营销员渠道实现保费收入1.8万亿元，分别占同期全国总保费收入的12.7%、27.7%、47%。

2019年，保险中介渠道实现保费收入3.74万亿元，占全国总保费收入的87.07%。其中，实现财产险保费收入1.02万亿元，占同期全国财产险保费收入的76.21%；实现人身险保费收入2.72万亿元，占同期全国人身险保费收入的91.96%。

对于这么多家保险中介机构而言，我们要正视已经取得的成绩，同时更要正视存在的问题。

首先，专业的人做专业的事，更吻合当前保险市场需求，也更符合专业保险中介的理念。

其次，互联网加持（赋能）升级之后的保险产销分离模式，不仅强调专业化的分工，更强调无缝对接式的“协作”，实现整个保险链条的“无缝对接”。例如，大童保险推出的“保单管家”“好赔服务”等，都是为了实现“无缝对接”。

最后，随着互联网保险的渗透，消费者正借助互联网新思维，完成与传统保险概念的嫁接。在这个过程中，保险专业中介要发挥“专业”价值，确保这次“保险概念的嫁接”是正向的、长久的，而不是逆向的、临时的，更不要过度消费消费者的“保险概念”。

总而言之，随着时代的发展、保险业的进步、保险市场需求的转变，传统保险专业中介产销分离的模式，借助“互联网+”升级后回归保险专业中介的价值，有其吻合趋势。

面向寿险的保险专业中介的黄金市场，我们如何进入

（一）延续

“面向寿险的保险专业中介进入黄金发展期”中提出：遗忘“让人类变蠢比让机器变聪明更简单”这句话，好好珍惜自己的“专业”二字，如此足矣，我们相信面向寿险的保险专业中介将进入黄金发展期。

“面向寿险的保险专业中介的市场在哪里”中提出：随着互联网的渗透，消费者正借助互联网思维，完成与传统保险概念的嫁接。

那么，寿险市场已经在那里，并且已经进入黄金时代，如何进入呢？

要回答这个问题，我们需要明确“黄金市场”的几个核心概念：

（1）背景：知识经济智能进化时代。

（2）基础：保险专业新要求+互联网新趋势。

（3）手段：“线上线下/网电结合”。

（4）目标：知识进化利润。

关于黄金市场的其他问题，我们不用思考太多。因为我们不能替代消费者进行思考，所以如果我们思考得太多，难免变得“虚伪”，甚至变得“动机不纯”。我们以前替消费者思考太多，导致保险演变成“保险概念”。

现在，希望保险能回归“保险专业”。

关注核心概念，避免过度消费保险概念（思考太多），即“面向寿险的保险专业中介的黄金市场怎么去”的答案。

（二）类比

对于保险专业中介黄金市场的考察，可以采用类比的方法，从一个相对成熟的互联网行业——电子商务着手，观察其创新逻辑。

电子商务的初衷仅在于依托互联网技术把传统的商品贸易形式迁移至线上以降低交易成本、吸引价格敏感用户。但随着参与者的增加和交易额的上升，电子商务与传统商务的区别日益明显，已完成对传统商务的颠覆。电子商务实现这一颠覆的步骤包括：

首先，它通过新型的交易技术（线上交易、网络支付等）扩大了销售范围和消费者的选择权，提升了消费体验，降低了商品展示与销售的成本。

其次，它带动了企业的经营过程（依托信息系统的企业流程再造）、组织机构（依托快速信息交流的组织机构扁平化）和生产工具（柔性生产、制造技术）的优化，降低了生产与运输成本。

最后，它为企业搜集、理解、响应用户的个性化需求提供了快速、低成本的手段（如在线反馈、客户关系管理系统、基于数据的客户需求分析系统等）。

换言之，电子商务以交易上网为契机，不但节省了交易成本、提高了商务效率，而且驱动、融合了整个产业链（包括生产、物流、渠道和支付）的改造，其特点在于：

第一，价值创新。电子商务把互联网作为商品销售渠道，与线下渠道形成差异化竞争策略。单就购买体验来讲，它与线下渠道互有长短，但是电子商务带来了关键的低成本优势，为用户创造了更大的价值。

第二，同时覆盖头部市场与长尾市场。对于标准化的热门商品，电子商务不在话下。对于个性化的小众需求，由于品类足够丰富、商品供应者众多，电子商务同样可以满足，而其满足成本与热门商品并无显著差异。

第三，以消费体验带动流程优化。对于用户体验的重视，是电子商务成功吸引海量用户高频购买的前提。这种体验不仅体现于软件操作层面，而且贯穿于商品查找、支付、交付和售后服务的全过程。例如对于货品交付周期和价格的关注导致供应链的不断优化，直接促进了物流行业的大爆发。

第四，消费者地位反转。电子商务汇集起来的庞大用户数，使得个性化产品也能拥有不小的市场。在商品的设计与生产、自身权益保护方面，个人消费者开始拥有发言权。消费者地位的反转推动了制造企业流程的再造，强化了渠道的服务职能，使得商业服务更加贴近本质。

基于互联网的电子商务时代，保险的“互联网化”没有走向成功，因为互联网处于“人人互联”阶段，而保险还处于知识的启蒙时代，未进入知识经济智能进化时代。

（三）变化

互联网、金融科技的不断发展，引领了新一轮的全球信息技术革命，新技术的触手不断深入经济社会发展的各个领域。随着全球互联网进入中速发展阶段，全球互联网行业整体呈现出两大特点：一是用户规模、网络流量持续保持增长，互联网服务覆盖面显著提高；二是全球移动互联网的极速扩张浪潮开始退却，互联网增长引擎开始由“人人互联”向“物物互联”方向转变。这种倾向，对保险的“互联网化”产生了巨大的影响。

互联网发展趋势的变化，注定未来一段时间的互联网保险一定是“线上线下/网电结合”的，所以保险专业中介行业的黄金市场也注定要发生变化，从“线下”向“线上线下/网电结合”演变。

互联网在进化，同时我们看到知识也在进化。Web 1.0 时代，是信息共享；Web 2.0 时代，是信息共建；Web 3.0 时代，是知识传承；Web 4.0

时代，是知识分配。所以，我们正在走向“知识经济智能进化时代”。

Web 3.0 时代，我们看到互联网呈现出的三大功能是信息共享、网络传播和电子商务，这三大功能恰恰涉及人类生活三大基本面；随着Web 4.0时代的来临，其所带来的知识传承、知识进化功能开始显现，保险已非“保险概念”这么简单。

知识是人类全部认识结果的总和，人类的知识进化与智慧进化是同步进行的，智慧进化是知识进化的前提，当人类的智慧进化到某种程度时，人类才能有认识世界的能力。原始的保险概念经验知识形成之后，消费者自然而然地需要更为精确的保险专业理论知识。

知识经济智能进化时代的到来，注定使消费者不再满足于认知“保险概念经验知识”，而是转换为认知“保险专业理论知识”，而这也证实了专业保险中介的价值所在。正如珍·P. 摩尔所言：“知识的进化巧妙地解释了为什么和怎么样使有良好基础的知识理论促进组织行为。事实上，没有这种智慧我们不可能获得成功。”所以，面向寿险的保险专业中介的黄金市场，我们如何进入？关键在于我们对于互联网新趋势和知识经济智能进化时代的理解。

（四）趋势

通过前面的类比分析，我们发现，电子商务创新的达成并未改变商务的逻辑，却使得商务更加贴近商业服务的本质——对接生产者与消费者。

同样，面对互联网发展新趋势，面向寿险的保险专业中介的创新，其核心不仅仅在于互联网技术和保险逻辑，更在于互联网线上和保险专业服务线下的融合。核心关键词包括：

（1）长尾。传统保险“代理人模式”已经触及了“所能触及的消费群体”，已经完成了“保险概念经验知识”的传播，现在要完成的是“保险专业理论知识”的进化，所以要找到需要进化的人群。我们看到，“保险课程”“保险自媒体”正在发生作用。

（2）专业。有效解决长尾问题的关键是专业，因为保险专业中介承担的任务不再是单一的售卖保险而是对保险专业理论知识的传承和进化。售卖保险只是结果，这种关系一定不能错乱。只有通过专业化保险产品组合的优化扩大购买群体，进而使这个长尾市场崛起，成为“肥尾”，最后才能演变成“主流”。对于大量长尾需求的广泛满足使得专业保险中介具有爆炸式的口碑传播效应，而专业化则成为用户规模增长的催化剂。

（3）去中心化。此去中心化非去中介化，面对长尾市场的专业化服务，保险交易结构的多元化和消费者地位的反转与去中心化互为因果，共同保证了用户需求的有效满足，并防止了强制性垄断权力的形成。

因此，面向寿险的保险专业中介的创新逻辑很可能在实质上体现了互联网经济的典型特征，具有普遍性：它并不改变保险行业本身的逻辑，却使保险行业更接近原始本质。

面向寿险的保险专业中介创新逻辑实为互联网逻辑与互联网精神在保险领域的体现，以此类推保险行业，我们认为面向寿险的保险专业中介的创新在于我们对长尾、专业、去中心化的理解和落实，更在于我们对于互联网发展新趋势的理解和落实。

（五）时代

保险作为一门应用经济学科，其知识进化方向一定是内容上更高的真理性和形式上更高的简单性。保险知识的进化过程如下：综合统一已有的保险知识，批判地继承并发展已有的保险知识，彻底抛弃误导性（诱导性、欺骗性）的保险知识，让保险从保险概念回归到保险专业。

保险知识进化主要表现出下面三种外部特征：

一是内容方面的进化。保险知识内容的增长和进化有着非常广泛的含义，例如，保险知识体系的精确度或逼真度提高，解释力更强，发现更多的检验保险知识正确性的新事实等。这正是保险课程、保险自媒体正在努力的方向。

二是形式方面的进化。保险知识形式的内核和表征正在发生变化，利用更加先进、方便而经济的语言及其他精致符号系统来表述人类的保险认识和思维成果；保险理论体系在结构上更加精致、完备；保险理论所包含的逻辑矛盾更少；包括更多的事实组；等等。这正是保险服务的专业化、无缝化耦合的表现，正如大童保险推出的“快保”“保单管家”“好赔服务”等，通过无缝对接实现了保险知识形式方面的进化。

三是工具方面的进化。创造保险知识的方法和技术中介、手段的进步与完善，也包括新方法的发现、新的认知手段的获得等。这正是专业保险中介未来努力的方向，在保险知识内容进化、形式进化之后，一定要实现保险知识工具的进化。

人类走过了知识进化的漫长历程，从石器文化到铜器文化，从文字语言文化到信息程序文化，从工业经济知识到知识经济知识。知识进化的过程也是知识进化利润产生的过程，这就是知识价值的形成过程。知识进化利润是指在知识进化之后，知识在生产、交易等过程中所产生的盈利。

在知识经济智能进化时代，保险知识的进化使陈旧的保险概念的传播历程得以终结。保险知识进化正是利用互联网技术和保险专业理论知识，不断提炼出具有保险专业价值的思想与观念，以最迅速的方式将其转化为产品并立即推向市场，从而产生保险知识进化利润。这方面的保险知识进化包括：

（1）一级进化：产生具有保险专业价值的思想与观念的进化，助力消费者完成保险知识的进化，从“保险概念”向“保险专业”进化。

（2）二级进化：创造保险产品过程的进化，保险“互联网化”的发展简化了帮助消费者优化“保险组合”的过程。

（3）三级进化：保险经营、销售和服务的进化，保险销售、核保、理赔的互联网化，通过“线上线下/网电结合”推动了保险销售和服务的人性化。

知识经济智能进化时代，通过保险知识的内容进化、形式进化、工具进化，实现了保险知识的一级进化、二级进化、三级进化，进而产生了知识进化利润。

（六）黄金期

我们要清醒地认知保险的时代正在发生变化，面对保险专业中介的黄金时代，一定会有来自现实的批判和嘲讽，但这正是我们对保险现状的反思，正是我们对“保险概念”和“保险专业”的思辨。

顺着“延续—类比—变化—趋势—时代”的逻辑，我们回答了面向寿险的保险专业中介的黄金市场，我们如何进入的问题。回答这个问题的关键是我们对几个核心概念的理解：①背景，知识经济智能进化时代；②基础，保险专业新要求+互联网新趋势；③手段，线上线下/网电结合；④目标，知识进化利润。

所以，面向寿险的保险专业中介的黄金市场，我们如何进入？关注核心概念，避免过度消费保险概念。在知识经济智能进化时代，我们不能替代消费者进行思考。如果我们思考得太多，难免变得“虚伪”，甚至变得“动机不纯”。我们以前替消费者思考了太多的历史，导致保险演变成“保险概念”，希望黄金时代之后保险能回归“保险专业”。

至此，完成了“如何让寂静的保险不寂寞”“如何实现保险业转型升级”“如何迎接保险中介黄金期”三个命题的论证，这是“保险哲学之反思”“保险制胜之‘道、法、术、器、势’”的延续，希望能通过这些所谓的“不刊之论”与大家一起呼唤保险业的春天，唤醒高质量发展、唤醒一个发展模式、唤醒保险人的激情……

不刊之论比喻不能改动或不可磨灭的言论，用来形容文章或言辞的精准得当，无懈可击，出自汉朝扬雄《答刘歆书》：“是悬诸日月不刊之论也。”笔者并不想用“不刊之论”来形容自己的言论或文章，只是想回答“专业化、结构化的‘第二类市场主体’路在何方”这个严肃的问题。

通过总结“保险制胜之‘道、法、术、器、势’”背后的“工具型保险”“专业型保险”“平台型保险”“伙伴型保险”“活力型保险”，我们明白，我们需要谈论现在与未来，也应该深入谈论过去，但有个严格条件：我们始终提醒自己，我们不属于过去，而是属于未来……

我们知道，保险新格局是“超大型、大型、中型、小型、微型”与“集团化、专业化、结构化、其他（包括局限为地方性、自设为综合性等）”的叠加演变，其结果一定是“有人欢喜有人忧”“几家欢喜几家愁”。

反观88家产险公司和91家寿险，部分公司还处于一种“少知而迷”“无知而乱”的状态。“少知而迷”，其结果一定是自负；“无知而乱”，其结果一定是误读。显然，笔者不是为了批判当前保险业，更不想为其所遭受的批判进行辩解，而是希望一起回到哲学层面思考中小保险公司存在的问题。

参考文献

一、参考的相关书籍

[1] 陈辉. 金融科技：框架与实践[M]. 北京：中国经济出版社，2018.

[2] 陈辉. 监管科技：框架与实践[M]. 北京：中国经济出版社，2019.

[3] 陈辉. 相互保险：开启保险新方式[M]. 北京：中国经济出版社，2017.

[4] 陈辉. 相互保险：定义保险新方式[M]. 北京：中国经济出版社，2018.

[5] 陈辉. 相互保险：创新保险新方式[M]. 北京：中国经济出版社，2018.

[6] 陈辉. 相互保险：开创保险新未来[M]. 北京：中国经济出版社，2019.

[7] 陈辉. 相互保险：理论与实务教程[M]. 北京：中国经济出版社，2019.

[8] 陈辉. 小数据之美：精准捕捉未来的商业小趋势[M]. 北京：中信出版社，2019.

[9] 陈辉. 股票连接保险的定价、准备金评估和风险对冲研究[M]. 北京：中国财政经济出版社，2011.

[10] 张宁，陈辉，赵亮. 中国金融科技创新发展指数报告（2018）[M]. 北京：财经科学出版社，2019.

[11] 寇业富，张宁，陈辉，等. 中国保险公司竞争力评价研究报告（2011）[M]. 北京：中国文史出版社，2011.

[12] 寇业富，陈辉，张宁，等. 中国保险公司竞争力评价研究报告

（2012）[M]. 北京：中国文史出版社，2012.

[13] 寇业富，陈辉，张宁，等. 中国保险公司竞争力评价研究报告（2013）[M]. 北京：中国财政经济出版社，2013.

[14] 寇业富，陈辉，张宁，等. 中国保险公司竞争力评价研究报告（2014）[M]. 北京：中国财政经济出版社，2014.

[15] 寇业富，陈辉，张宁，等. 中国保险公司竞争力评价研究报告（2015）[M]. 北京：中国财政经济出版社，2015.

[16] 寇业富，陈辉，张宁，等. 中国保险公司竞争力评价研究报告（2016）[M]. 北京：中国财政经济出版社，2016.

[17] 寇业富，陈辉，张宁，等.中国保险公司竞争力评价研究报告（2017）[M]. 北京：中国财政经济出版社，2017.

[18] 寇业富，陈辉，张宁，等. 中国保险公司竞争力评价研究报告（2018）[M]. 北京：中国财政经济出版社，2018.

[19] 寇业富，陈辉，张宁，等. 中国保险公司竞争力评价研究报告（2019）[M]. 北京：中国经济出版社，2019.

[20] 寇业富，陈辉，张宁，等. 中国保险市场发展分析蓝皮书（2016）[M]. 北京：中国经济出版社，2016.

[21] 寇业富，陈辉，张宁，等. 中国保险市场发展分析蓝皮书（2017）[M]. 北京：中国经济出版社，2017.

[22] 寇业富，陈辉，周桦. 中国保险市场发展分析蓝皮书（2018）[M]. 北京：中国财政经济出版社，2018.

[23] 寇业富，陈辉，周桦. 中国保险市场发展分析蓝皮书（2019）[M]. 北京：中国财政经济出版社，2019.

[24] 张宁，林锦添，陈辉. 每个人都可以成为精算师——新非寿险精算实务[M]. 北京：经济科学出版社，2020.

[25] 陈辉，李晓林. 寿险公司价值评估研究[M]. 北京：中国财政经济出版

社，2017.
[26] 奚玉莉，杨芮，陈辉，等. 互联网保险新模式[M]. 北京：中信出版社，2016.
[27] 陈辉，参编. 人身保险产品研究——机理、发展与监管[M]. 北京：中国财政经济出版社，2010.
[28] 哈维 ·W. 鲁宾. 保险学词典[M]. 李晓林，寇业富，陈辉，等，译. 上海：上海财经大学出版社，2010.

二、参考的其他相关资料

[1] 小城不小公众号，Small Is The New Big。
[2] 央财国际研究院网站，http://www.yangcai.org。
[3] 中国精算科技实验室数据库，http://www.ciaslab.com。
[4] 中国人民银行网站，http://www.pbc.gov.cn。
[5] 中国银行保险监管管理委员会网站，http://www.cbrc.gov.cn。
[6] 中国保险行业协会网站，http://www.iachina.cn。
[7] 国家统计局网站，http://www.stats.gov.cn。
[8] 国家数据，http://www.data.stats.gov.cn。
[9] 百度百科网站，http://baike.baidu.com。
[10] 维基百科网站，http://zh.wikipedia.org。
[11] 国际研究数据库，http://www.lexis.com。
[12] 百度、谷歌等网站以及微信公众号发表的一些文献，不再详述。